精神分析とトラウマ

平井正三　櫻井 鼓［編著］

クライエントと
ともに生きる心理療法

金剛出版

はじめに

　児童虐待，いじめ，性暴力，交通事故，そして災害といった出来事が，日々報道されている。世界の国々では戦争に関連するニュースも続いている。今このときも，多くの人がトラウマを負い，トラウマを負った人へのケアが行われ続けている。

　精神分析においてトラウマといえばフロイトの時代からのテーマと言えるだろう。しかし，現代社会が生み出すトラウマや PTSD の治療に対しては，エビデンスが担保された持続エクスポージャー療法など他の精神療法を用いた手法が主流となっているのが現状で，精神分析的なアプローチが取り上げられることは多くはない。精神分析的な考え方は，個人の心の中の，過去のトラウマの理解には援用できても，目の前にある社会問題，アキュートな問題については対応できないと思われているからかもしれない。しかし，トラウマという語が網羅する範囲の広狭は時代によって異なれど，人生における極度の体験による心の傷を見つめるといった作業は臨床における根源的で普遍的なテーマのはずである。そもそも精神分析は，性的トラウマも虐待も戦争も喪失も，その射程に収めてきた。本書の編者の一人である平井正三氏が創設にかかわった日本精神分析的心理療法フォーラムの 2021 年大会では「心理療法で語られるトラウマの物語」と題したテーマを据え，精神分析と現代におけるトラウマの問題を再考した。

　本書は，その試みをきっかけとし，精神分析とトラウマに造詣の深い著者らによる論考を改めて収載して作られたものである。各章の説明は各部の扉に付しているため，ここでは全体像を概説するにとどめる。第Ⅰ部では，精神分析の歴史の中でトラウマがどのように見出され，論じられてきたのかについて詳述されるとともに，これから私たちが向き合うべき課題が示唆されている。本書を読み進める上での足がかりとなる部で，以降の部で展開される実践につながっていく。第Ⅱ部では被虐待経験や発達障害をもつ人とトラウマとの関連が

論じられる。臨床で多く出会うであろうこれらのクライエントへの精神分析的心理療法の実践が，複数の事例を通して描かれる。第Ⅲ部ではいじめ・犯罪被害・被災にみられるトラウマの問題へと展開する。社会的にも関心の寄せられるテーマについて，理論にとどまらない実践のありようを伝える部となっている。そして巻末には，関連する用語の解説を付した。本書を，精神分析に馴染みのない方や初学者にも手に取ってもらうことを願い，平井氏に多くの尽力をいただいたものである。

　本書作成の過程では，副題に複数の候補が挙がり，最終的に「クライエントとともに生きる」になったという経緯があった。精神分析的な実践は，セラピストから具体的な何かをクライエントに与えたり，明確な答えを出したりするものではない。しかし，精神分析のまなざしは，目の前の事象をどう捉えたらよいのかの手がかりを伝えてくる。そしてそれは，ともに考え，自分たちで掘り当てていくことの価値を示してくれる。

阪神・淡路大震災から 30 年を迎える 2025 年 1 月に

櫻井 鼓

目次

はじめに …………………………………………………………………………… 3

第Ⅰ部　精神分析とトラウマ──理論的考察

第1章　精神分析と心的外傷 ………………………………… 福本　修　9

第2章　知らない出来事のトラウマ性 ……………………… 森　茂起　39

第3章　精神分析がトラウマ臨床に提供するもの
　　　　精神分析の役割の批判的再検討 ………………… 平井正三　59

第Ⅱ部　発達とトラウマ──発達性トラウマ，ASD

第4章　発達性トラウマと回復
　　　　間主観性／相互主体性ゲームの観点から ………… 平井正三　83

第5章　ASDとトラウマ
　　　　トラウマの反復と回復をめぐって ………………… 平井正三　107

第6章　トラウマを抱えた子どもの精神分析臨床
　　　　………………………………………… 西村理晃　吉岡彩子　135

第Ⅲ部　コミュニティとトラウマ──いじめ，犯罪被害，災害

第7章　いじめの問題に心理学ができること ……………… 上田順一　159

第8章　トラウマの軌跡
　　　　犯罪被害者との経験 ………………………………… 櫻井　鼓　177

第9章　被災とトラウマ治療
　　　　福島での実践 ………………………………………… 堀　有伸　193

用語集 …………………………………………………………………………… 217

あとがき ………………………………………………………………………… 227

第Ⅰ部

精神分析とトラウマ

理論的考察

精神分析はトラウマ理解や臨床に提供できるところがまだあるのだろうか？

　第Ⅰ部では，改めて，精神分析がトラウマの問題にどのような貢献をしてきたのか，そしてしうるのだろうかという問いをめぐる論考から構成されている。

　第1章「精神分析と心的外傷」で，福本修は，フロイトにおけるトラウマ論を吟味していく。福本は，フロイトに見られる，心的外傷に関わる五つのモデルを抽出し，その視点から彼の五大症例を検討する。そして，それらはいずれも神経症というフロイトの枠組みではとらえきれない部分を含んでいることを指摘する。福本の論述はさらに，フロイトに分析を受けた，米国の精神科医カーディナーの戦争神経症論，そしてウィニコットの偽りの自己論，そしてビオンの変形理論へと続いていき，神経症論に収まらないトラウマ理解がどのように展開していったのかを追っている。

　第2章において，森茂起は，児童養護，戦争，大災害という自身の関心領域から，知らない出来事が持つトラウマ性という観点を取り上げる。森は，出来事がのちに外傷的な意義を帯びるという，フロイトの事後性の概念，そして，語りえない秘密の持つ作用に関わる，アブラハムとトロークの埋葬概念がこうした事態を理解するのに有用な精神分析理論であることを示す。森はまた，当事者が知らない秘密が問題になるケースにおける治療についても論じ，語りえない秘密というトラウマが隠されている埋葬室が存在しているかもしれないという考えをもって臨床を行うことが有用であろうとしている。

　続く第3章で，平井正三は，精神分析がトラウマをどのように理解し，その治療に取り組んできたかを概観する。そしてそこには，ハーマンの指摘する社会的側面，そしてヴァン・デア・コークの指摘する神経－生理学的側面への十分な理解がなかったかもしれないと示唆する。そのうえで，クライン，そしてビオンという英国の流れを中心に，今日に至るまでトラウマの問題がどのように精神分析で扱われてきたかを批判的に論じる。最後に，精神分析実践は，長期にわたりクライエントと時間をともにする中で，経験の意味についてともに考え，その人がより主体的に人生に向かう手助けとなりうると示唆している。

第1章
精神分析と心的外傷

福本 修

はじめに

　心的外傷は，さまざまな観点からその病原性や成立過程，影響範囲や対処法などについて論じられてきた。その中で精神分析的なアプローチは，精神病理に関して卓越した説明を提供してきたが，治療法としては特に優れているとも有効であるとも見なされてきたわけではない。むしろフロイト（Freud, S.）が当初，記憶の回復や経験の意味の洞察によって問題は解消するとした想定に反して，臨床を重ねるほどそうした捉え方の限界が現れ，精神分析的なアプローチはそれを乗り越えていくことを迫られてきた。ある意味で精神分析は，通常の範囲を超えた素因および養育経験の影響とどう折り合っていくか，試み続けること自体を指している。以下では，トラウマに対する精神分析のパラダイムの展開を，主としてフロイトに即して概観し，その後の発展については補足として述べたい。

I　カタリーナ再読

　最初に，フロイトが1回の面接でヒステリー症状を消失させたとされている，カタリーナ（『ヒステリー研究』病歴C：Freud, 1895）を思い起こしてみよう。これは一種の自由連想とカタルシス法を組み合わせたもので，『ヒステリー研究』の一部ながら，もはやマッサージのような身体接触も，催眠暗示も用いていない。その一方でそれは精神分析や精神分析的心理療法の症例ではなく，精神分析的なコンサルテーション面接としても，肝心なところがフロイト

自身の言う「当て推量（guess）」で終わっているのに，成功例の雛型とされてきた。しかしその概念枠の基本構造および理解過程に関わる危うさは，現代に至るまで持ち越されていることが見られるだろう。

　フロイトは夏の休暇中に訪れたアルプスの避難小屋で，18歳くらいの娘に声を掛けられる。カタリーナと呼ばれていた娘はおそらく女将の娘か親戚で，彼が医者だと知って，彼女は突然襲ってくる呼吸困難が2年間続いている，と相談し始める。フロイトは彼女の「息が詰まる」という症状の描写から，「誰かが後ろに立っていて，突然つかみ掛かって来るのではないか」という不安内容を引き出す。そこには「ぞっとするような顔」が見えた。彼は話を進めて，症状の起点である2年前に，カタリーナが何を経験したのかを問う。彼女はすぐに，叔父が従妹のフランツィスカといるところを見たと話す。「おじさんはフランツィスカの上に乗っかってました」。当時，その後ほどなく彼女は呼吸困難となり，頭が真っ白になり，両目は固く閉じ，激しい頭痛がした。数日後には，めまいと吐き気が襲うようになった。ただカタリーナは，自分が何に驚いたのか，16歳になったばかりで分からなかった，と言う。また，「ぞっとするような顔」と直ちに結びつくものはなかった。

　フロイトの探求はここで途絶えたかのようだったが，カタリーナはもっと以前，さらに2，3年前に起きた二つのことを語る。一つは，叔父に寝込みを襲われかかったこと，もう一つは，叔父と従妹の間に何かがあると感じたときのことである。彼女はそれぞれについて詳しく話し終えると，別人のようになり，不機嫌そうだった顔は生き生きとして，気分は高揚した様子となる。それを見たフロイトは，カタリーナが二つの出来事のつながりを理解したと受け取る。

　フロイトの推測はこうである。カタリーナはフランツィスカたちの場面を目撃して，自分に対する叔父の行為と彼ら二人のしていることが結びつき，以前には不明だったその意味すなわち性交渉であることを理解し始めると同時に，防衛を開始した。潜伏期を経て，嫌悪感の代替である嘔吐が転換症状として現れた。つまり，彼女の嫌悪感は最近目撃した場面が原因ではなく，貯留したままでいた先立つ経験の想起を，それが刺激したためである。「ヒステリー者は，主に回想に苦しんでいる」。だから，浄化反応＝カタルシスは，後の概念で言えば抑圧されている無意識内容を意識化させることで，症状への代替を解消させるのである。逆に言えば，解釈という言語化が無意識の層に到達しない

限り，鬱積と症状への派生は続く。カタリーナが最初の症状の嘔吐を訴えなくなったのは叔母に話したからだが，代わりに，お前のせいで離婚になった，と怒りで歪んだ叔父の顔が，不安を引き起こす像として残った。——こうしてフロイトは，外傷の事後的効果・無意識の次元・抑圧や転換という防衛機制・言語化による意識化と症状の解消といったヒステリーに関する一連の発見を，カタリーナとの遭遇において検証している。

　これは見事だが，見事過ぎるが故に，疑念も沸いてくる。曖昧さと綻びは，まずフロイトの報告の中にある。一つは，問題の病理性あるいは外傷としての程度である。彼は一方で，「性の世界が初めて娘の前に開けてくるとき，その処女の心情には襲いかかってくるような恐怖があり，若い娘における不安はそのような恐怖から帰結してくる」と書き，こうした不安を発達に伴う普遍的なものと見る。その一方で，その不安が遷延する事態となったのは，「性的感覚が早期に傷つけられた」ためだと示唆する。では，それは「想起」すれば回復するものなのだろうか。その外傷性を「性」に限定するのは適切なのだろうか。フロイトは，すべてを知っていると話した彼女が「当惑して微笑んでいる」ように見えると，「これ以上彼女をしつこく問い詰めることはできない（I could not <u>penetrate</u> further / ich kann nicht weiter in sie dringen）」と，性的な含意を読者に伝えている。すると性的な力は，それに呼応しているカタリーナがいるにせよ，フロイトの側にかなりあるのではないのだろうか。

　もう一つは，想起の速さと症状が解消したとされる速さである。フロイトに声を掛けられてから思い出し気分が軽快するのに，どれだけの時間カタリーナは話したのだろうか。その間カタリーナは主に説明をしており，不安発作に襲われたわけでも「恐ろしい顔」を見たわけでもない。フロイトは『ヒステリー研究』の序説である「暫定報告」で，こう書いている。「誘因となる出来事の想起を完全に明晰な形で呼び覚まし，それに伴う情動をも呼び起こすことに成功するならば，そして，患者がその出来事をできる限り詳細に語りその情動に言葉を与えたならば，個々のヒステリー症状は直ちに消滅し，二度と回帰することはなかった」。続いて——「情動を伴わない想起は，ほとんどの場合全く何の作用もない」。カタリーナはフロイトと話して，このような意味で何かを感じていただろうか。彼女からのアプローチを叙述した文章から受け取られるのは，彼女の情動としては，性的なものさえ窺わせる興奮であり，叔父との場

面にあったはずの「不安」や「恐怖」は窺われない。それはフロイトの知的・性的興奮と響き合っているように思われる。だから，現代の言葉で言えば，本来の主題を扱っているというよりも何らかの共謀が起きていないだろうか？と疑われるやり取りである。もちろん，このやり取りもまた，「叔父」との間で共有されていたものの一部である可能性はある。

　約30年後，フロイトはこの報告の記述の一部を修正した（1924年の注追記）。「実はカタリーナは女将の姪ではなくて実子だったのである。つまりあの娘は，実の父親から性的誘惑を受けて病気になったのであった。この症例で私が行なったような歪曲は，病歴を語る際には絶対に避けるべきものである。こういう種類の歪曲は，症例を理解する上でもちろん重大な意味を持っている……」と。確かに，叔父でなく実父であれば，外傷が一回の接近で済まず，日常生活の秘事として継続された可能性が強まるという意味で重大である。そもそもカタリーナの両親が離婚に至るまでの家庭内不和は，一場面のみの問題ではなく，持続的に影響して当然である。しかし追記をしても考察の変更はしないフロイトは，外傷に関する理解の構図を維持する。一つは，外傷を起こすものに性的な性質を認めることであり，もう一つは，それ故に経験の意味は後から明らかになり，それが瀰漫性の精神症状や，時には受傷時よりも強烈な衝撃をもたらすことである。

　本当の追記は，フロイトの死後に始まった。今では，カタリーナはフリース（Fließ）宛1893年8月20日付手紙に登場していたことが知られている。「つい先頃，僕はラックス山で宿屋の主人の娘から相談を受けました。それは僕にとっては素晴らしい症例でした」（Masson, 1986）。エレンベルガー（Ellenberger, H.）やスウェールズ（Swales, P.）らの調査報告を要約したボルク＝ヤコブセン（Borch-Jacobsen, M., 2011）から適宜抜粋すると，カタリーナの実名はアウレリア・クローニッヒ（Aurelia Kronich）であり，1875年1月9日にウィーンで生まれ，1929年9月3日に急性の心疾患で亡くなった。一家は彼女が10歳の時に，シュネーベルク山の避難宿泊施設の運営を始めたので，彼女はフロイトが推測したような山村育ちではなかった。フロイトはウィーン近郊のその地に何度も行ったことがあり，以前からお互いに見掛けていた可能性もある。

　父親ユリウス・クローニッヒ（Julius Kronich）は，全従業員に手を付ける

ような人物で，彼と彼女の 25 歳の従姉（Barbara Göschl）との情事はフロイトが書いている通りだったとされている。それは近所に知れ渡り，母親ゲルトルーデ（Gertrude）は子どもたちを連れて，近くのラックス（Rax）にできたばかりの施設に移った。父親はその後，4 人子どもをもうけたという。カタリーナの生涯や伴侶，子孫についても詳しく知られているが，それらは省略して，報告との関係で重要な点を述べよう。

　フロイトによる改変に，プライバシー保護のための偽装が含まれていることは理解できる。しかし，出来事の時期を移動させると，構図の意味自体が変化する。その最たる例は，叔父＝父親が彼女を威嚇したのが，2 年前ではなく僅か 9 カ月前だったことである。近くに住み続ける父親の脅しは現実的で，彼女の不安の源は，少なくともその一部は意識し難いものではなく明瞭だった。カタリーナはこの時点で 18 歳に近く，本文ですべてを知っているとされている年齢にある（「あなたは今や成人した娘さんだから，すべて知っていますよね──」「はい，今はね，勿論知っています」）。だから，この件を性の目覚めへの処女の不安と結び付けるのはおかしいし，カタリーナが近隣の誰もが知っていそうな最近の出来事をフロイトに話したことに，どれほどのカタルシス効果があったのかは不明である。医療者に話すことに特別な効果があるとすれば，それまでのウィーンの医師たちは話を聞かなかったのだろうか。

　フロイトに批判的なスウェールズそして彼を引用するボルク゠ヤコブセンは，これに先立つ叔父＝父親による性的暴行未遂の件も疑っている。カタリーナの娘と孫娘へのインタビュー調査では，それを本当に起きたこととして確認できず，彼らはむしろ否定的だったという。カタリーナは話を誇張しがちで，何か経験していたら黙っていられなかっただろう，とのことである。そうは言っても，誰かに話すことができないままに過ぎることはありうるし，フロイトがそこまで意図的に捏造すると考える理由はない。カタリーナが年齢的に性的な意味が分からないことも分かることも，どちらもありうる。

　問題は，意図的ではなくても，フロイトの見方に偏りがあった場合である。「私は神経症の性的病因論の，更に別の隙間を埋める確かな可能性を見ています。私は，処女と仮定できるに違いない，猥褻行為 Mißbrauch/abuse を受けていなかった青少年の不安神経症を理解していると思います。私はそのような二人の例を分析しています。それは性への胸騒ぎがする恐れであり，その背後

には彼らが見聞して半ば理解した事柄があります。だから，病因は純粋に情動的ですが，それでもやはり性的な性質のものです」（1893 年 5 月 30 日付のフリース宛書簡；Masson, 1986）。ボルク゠ヤコブセンは，カタリーナに遭った「Freud は，直ちにこれが『処女の不安』の症例だと気づいた。この概念は，ちょうど 2 カ月前に彼が Fließ 宛の手紙で定式化したものだった」と書いている。これはかなりの皮肉で，フロイトは図式をちょうど思い付いたばかりでなく，それに合致する症例まで発見した。それは合致する要素のみ抽出して，そのように見てしまっている疑いを免れない。フロイトは記憶と欲望に満ちており，患者そして読者に雄々しい考えを押し付けている。後に彼は同じことをドーラにして拒絶された（Freud, 1905）。カタリーナとは関わりが続き，彼は彼女の息子のコンサルテーションもした。

　ここには，精神分析的な理解に伴いがちな問題がある。実例が粉飾によって成り立っていたら，今日の科学の基準では研究不正である。だが真偽を検証する手段は限られており，その判断も推測に近い。厄介なのは，そこに含まれている直観には正しさが含まれていて，他では得難いものがあることである。後からの事象が外傷的な効果を発揮するという「事後性」の図式は，その一例である。

　しかしそれももはや，心の力動を理解していくうえで共有財産となっており，精神分析的なアプローチに固有なわけではない。そこでは，つねに未知の前線で考えることが求められている。

Ⅱ　フロイトの五つの外傷モデル

　フロイトには，外傷に関わるものとして少なくとも五つのモデルを認めることができる。(1) 事後性，(2) 素質と偶然による二重の決定，(3) 喪の作業かメランコリーかという対象喪失への反応，(4) 外傷の反復性と刺激保護・その破綻，そして (5) 集団が被る歴史的外傷である。それぞれにほぼ対応する彼の著作は，(1)『ヒステリー研究』（Freud, 1895）・「心理学草案」（Freud, 1895），(2) 一連の技法論，特に「転移の力動論に向けて」（1912）および『精神分析入門講義』（Freud, 1915-1916），(3)「喪とメランコリー」（Freud, 1917 [1915]），(4)『快原理の彼岸』（Freud, 1920），そして (5)『モーセという男と一神教』（Freud, 1934-38）である。

1. 事後性

　これはすでに素描したように，あることを経験したその時点では明確でなかった衝撃が，後からはっきりと経験されることである。それは，一般に思春期青年期になって性的な意味を理解するようになることと一致するが，この時期に限定されない。それが良い経験と感じられるものに入るならば，侵襲的な影響はなく，トラウマにもならないだろう。むしろ，良い超自我の形成に役立つかもしれない。それから，抑圧されていた経験が後になって意識化される場合も事後的ではあるが，良かれ悪しかれ「意味」の範囲に収まるならば，トラウマとして強い部類に入らない。トラウマは，自我を圧倒し主体性を無力化するところに特徴がある。しかしフラッシュバックは，後から繰り返しやってくるが，反復として理解されて「事後性」の概念には結び付けられていない。

　ブロイアー（Breuer, J.）とフロイトは，1893年の「暫定報告」で「通常のヒステリーと外傷性神経症との病因的類似性」を認めたうえで，「心的外傷あるいはそれに対する想起は異物として作用する」とした。ここで「想起」は，精神症状を発症しても意識化されて把握されることなく後まで異物として機能している。この論文は，潜伏した「想起」に対する治療としてカタルシス（浄化）法を提唱した。「カタルシス」はアリストテレスの『詩学』に由来するとされているが，劇の効果で浄化されるのは観客の魂であって登場人物のそれではないならば，想起しつつ語る患者に結び付くものではない。「カタルシス」は，医学領域に転用されて，嘔吐や下痢を引き起こして悪いものを排泄させることを指すようになったという。彼らはおそらく後者の意味を精神的な問題に適用して，治療作用の比喩とした。

　一般に比喩はよく見ると，通用する範囲の限界がある。医療行為としてのカタルシスは，食当たり程度の急性一過性の障害ならば，日頃から健康であることを前提として，有害物質を排除する治療に相当しうるだろう。膿瘍のようにやや慢性化して雑菌が増殖した病像は，ヒステリー者が苦しむ「回想」に類似している。その治療は切開してドレナージを行う外科的治療に相当するように見える。しかしそれが成り立つには，膿胞を形成していて周囲の組織と癒着を起こしていない，炎症が広がっていないなどの条件がある。また，抗生剤の使用に該当するものなしで完治するのだろうか，という疑問も出る。カタルシスを通じた除反応は，一般心理に共通の精神分析以前の考え方だが，洞察が解

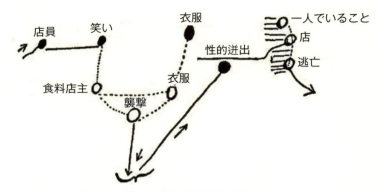

図 1-1　誤った結合と事後的外傷

決をもたらすという理解も似たモデルである。それは対象関係の質の変化という長期的な過程と対照的で，込み入った問題では対症療法を繰り返すこととなる。ブロイアーの患者アナ・O は，その典型例である。

　本来の意味での「事後性」は，「心理学草案」（Freud, 1895）でエマという症例を通じて説明されている。エマには現在，一人で店に行けないという症状がある（フロイトはそれを強迫と呼んでいる）。エマ自身はその原因を，外傷的な経験と結び付けている。それは 12 歳の頃に，店に買い物に行って二人の店員に笑われて，「何らかの驚愕の情動に襲われた」経験である。エマは，服装を笑われた，そして店員の一人に性的関心を持たれたと考えた。しかしこれらは，反応にそぐわない些細なことである。エマはもう一つの想い出をフロイトに報告した。それは 8 歳の頃のもので，エマはある食料品店にお菓子を買いに行き，そこで「店主が衣服の上から彼女の性器をつまんだ」という。そしてもう一度同じ店に出向いた。そこで彼女がまた被害を受けたのかどうかは，明記されていない。書かれているのは，「あたかも襲われるのを挑発したかったかのように二度目に出向いたこと」で，彼女が自分を責めていることである。フロイトは，エマの意識に上っていても結び付けられていない関連性を図示している（図 1-1）。フロイトの説明の力点は，エマは意識している範囲で考えて「誤った結合」を生じているが，8 歳の時点での経験が性的成熟とともに，事後的に影響し，その性的迸出が不安に転じた，という機制にある。店員の笑い

と性的関心を含む眼差しが引き金となったことは，それらが店主の振る舞いと等価に，つまり具象水準で経験された可能性を示唆する。

このように「事後性」は意味の生成や付加に関わるが，それが全貌を表すことになるとは限らない。1893 年のフロイトには，「転移」概念が欠けている。「草案」のエマが Emma Exstein（1865-1924）だったとすると，フリースの医療過誤とフロイトによるその否認を含めて，エマの服従性について考える必要があるだろう。

2.　神経症の図式：素質と偶然
（Δαίμων καί Τύχη［Endowment and Chance］）

ここで述べたいのは，フロイトの神経症総論における「外傷」の位置なので，すでに何度か行なったことがある（福本，2023）が，『精神分析入門講義』のものを参照する（図 1-2）。

フロイトが明記したのは，（⇓）より上段である。第 1 行は，神経症が発症に際してその準備と引き金が組み合わさって顕在化することを示している。次いで第 2 行は，その準備が幼児期に，性的体質と環境の相互作用を通じて行われることを示している。性欲動の変遷つまり精神－性発達が神経症の型選択を決定する。「誘惑理論」を撤回したフロイトは，心的外傷を理論の中に畳み込んだ。例えば去勢の脅威は，通常の発達過程で経験されることであり，次の段階に進む契機である。だがそれは，本人の生来のものと環境が提供する（しない）ものの相互作用によって，さまざまなバリエーションが生まれる。本人の欲動の特性もあれば，刺激の過剰あるいは過小があり，後者は外傷として働くだろう。

では，1910 年代にフロイトが完成させたこの図式は，どの範囲で該当するだろうか。神経症の問題がこれで尽きているのならば，彼は「メタ心理学論集」を完成させていただろうし，改めて論じ直すこともなかっただろう。しかし実際には，彼は新たな考察を迫られて欲動論を組み換え続け，1920 年には大胆な提案をするに至る。「ナルシシズム」概念の提唱，「喪の仕事」「自己愛的同一化」などは，非神経症構造の探究である。神経症のこの図式に収まって治療を比較的短期に終えていった人たちは，神経症者と言ってもほぼ正常の人たちだったことだろう。逆に言えば，フロイトが最初に定式化したのは正常と共通する神経症構造で，長期化した難治例はこの図式に収まらない問題を抱えてい

18　第Ⅰ部　精神分析とトラウマ——理論的考察

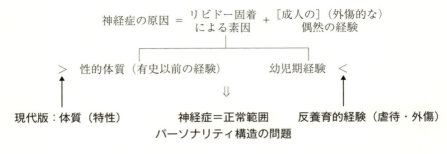

図1-2　『精神分析入門講義』(1917) 第3部第23講の図式と現代版

たことだろう。初期の精神分析療法は，比較的短期間の集中的介入だった。

　より現代の問題に目を向ければ，精神の健康に影響する因子として，図の右外（＜）に反養育的な経験を，左外（＞）に発達特性を考えられそうである。そこでは心の基盤は神経症構造を採っていないので，神経症モデルによる理解と介入は限界に直面する。

3. 喪の作業かメランコリーの反芻か

　外傷は快ではないが，不快や苦痛がすべて外傷的になるわけではない。その典型は，成長のための努力の過程に伴う苦痛である。そこでは，快原理が意図的に放棄される。対象喪失もまた，快原理には従っていないが，「正常な生活態度からのはなはだしい逸脱が伴う」にもかかわらず，病的な状態とは見做されない。というのも，「私たちは，喪は一定の時間がたてば克服されると信じている」からである。しかしそれは，意識的努力が左右するものではない。どのような機制が働くかが分かれ道である。その場面は，こう描写されている。

　　「ある対象選択，すなわち特定の人物へのリビドーの拘束〔Bindung; attachment〕が存在した。次いで愛された人物の側から現実の侮辱や失望を蒙り，その影響によってこの対象関係は揺るがされた。それに続いて生じたのは，リビドーをこの対象から撤収して新たな対象に遷移させるという正常な結果ではなく，別の，その実現のためにより多くの条件が要求されるように見える結果だった。すなわち，対象備給はほとんど抵抗する力

がないことが明らかにされ，撤去された。だが自由になったリビドーは他の対象へと遷移させられず，自我の内に撤退させられた。しかしリビドーはそこで任意の使用に供されたのではなく，断念された対象への自我の同一化を打ち立てるために使われた。そのため対象の影〔亡霊 Schatten; shadow〕が自我の上に落ちて，自我はいまや，あたかも一つの対象のように，見捨てられた対象のように，ある特別な審級から判定することができるものになった」（Freud, 1917［1915］）。

　愛情対象からの「現実の侮辱や失望」は，外傷的である。続いてフロイトが書いている「正常な結果」は，時間を経た後の結果である。リビドーを「新たな対象に遷移させる」とは，振られたらすぐ別の対象に「遷移」するかどうかを思えば，それは大して愛着がない場合に限られ，断念にももっと作業が必要である。ここでの大きな対比は，現実を受け入れるか，その代わりに幻覚的満足を得ようとするかにある。それは自我の一部を，喪失した対象に仕立て上げるという形で行われる。この差は発動される心的機制の違いに由来するので，外傷を経験する以前のパーソナリティ構造の問題である。
　正常な喪は，今ではよく知られているように，さまざまな交渉を含む。対象への多少の失望があっても，良い内的対象として保持される限り，自我は対象の都合も勘案して受け入れようとする。いよいよ放棄する過程について，フロイトはこう書いている。「現実による指図は即座に実現することができない。この指図は時間と備給エネルギーの多大な消費を伴って一つ一つ遂行される。そしてその間，失われた対象の存在は心的に維持される。リビドーがその中で対象と結ばれていた想起や期待のすべてについて，その一つ一つが焦点を当てられ，過剰備給がなされ，リビドーの引き離しが執行される」。「過剰備給」が繰り返し取り上げることならば，一々の対象あるいはその側面についてのこの3段階は，よりマクロには，「想起，反復，反芻処理^{ワークスルー}」の過程である。このリズムは，カタルシスとは異なる回復経過のモデルだが，自然回復でもあって，そこに治療者の価値と役割は含まれていない。
　「対象の影」の引用の続きに戻ると，フロイトは「以上のような仕方で，対象喪失は自我喪失へと転換され，自我と愛された人物との間の葛藤は，自我批判と同一化によって変容された自我との間の内的葛藤へと転換された」として

いる。確かに舞台は移って内的な問題となっているが，それはメランコリーすなわち自己愛神経症と強迫神経症に共通している。だが葛藤が成立するのは，強迫神経症の場合である。メランコリーでは，「自我は対象に圧倒されている」。この不平等の所在は，現実の対象にはない。それはとりあえず「良心」とされるものに関わる。メランコリーにおいては，サディズムが過剰かつ過酷である。フロイトは旧来の二大欲動論（リビドーと自我欲動）を使って複雑な説明をするが，その冷酷さの源は，やがて「死の欲動」と呼ばれるようになる。

　このようにフロイトは，外傷よりは内因に傾いており，メランコリーの寛解は自我を誹謗する「憤激が存分に荒れ狂って鎮まる」か，正常な喪や躁病では「対象が価値のないものとして放棄される」かという，自然経過のみを挙げている。そこに外傷を見ることができるのかどうかは，より早期における愛情対象からの「現実の侮辱や失望」を，どう考慮するかに懸かっている。また，フロイトは自己愛神経症を分析治療の対象外とした。これは，メランコリーの機制が全面を占めている場合，今でも妥当と思われるが，現代の気分障害には，さまざまなものが含まれており，アプローチの余地はありうる。

　その後，フロイトにおいて外傷の問題は，一旦潜伏したかに見えたが，第一次世界大戦の後遺症や精神病の病態を考察の対象としたことで，再び浮上してくる。

4. 外傷の反復性と刺激保護・その破綻

　『快原理の彼岸』（Freud, 1920）は，フロイトが「死の欲動」概念を導入したことで知られているが，最初の草稿はその概念を含んではいなかった（May, 2015）。元々，心の装置の働きは「快原理」の支配下にあると考えられ，それを超えた適応も「現実原理」によって回収されていたところへ，それらに反するように見える事態が現れた。それが戦争神経症を当時の代表とする「外傷性神経症」である。しかし，外からの偶然の出来事である外傷の話が，なぜ内的に持続する欲動に転換されたのだろうか。フロイトの論述の流れを辿ってみよう。

　彼が最初に取り上げるのは，外傷性神経症患者の夢の生活である。それは患者を何度でも当の災害状況に連れ戻し，破局へと向かわせる。そのことは，患者がそれについて極力考えたくないし，考えないようにしているのに対照的であり，願望を充足させる夢の本来のあり方に反している。「患者は外傷に，い

わば心的に固着している」。それに対して子どもの遊びは，反復を含むが，外傷的状況を能動的に克服しようとする試みとして理解できる。その対比は，前後の論文を参照すると分かりやすい。「喪とメランコリー」は，「遊びを通じた克服と外傷への固着」と言い換えてもよいものである。つまり，遊びは喪の作業の一実践形態であり，メランコリーの自己愛的同一化は一種の固着である。『自我とエス』では，破局の場面は死の欲動が純粋培養される場である苛酷な超自我へと実体化される。フロイト以後の表現を用いれば，遊びが象徴水準にあるのに対して，外傷経験は非常に具象的で，意味による昇華を容易に受け付けないものである。

　次にフロイトが注目した現象は，「反復強迫」である。それは外傷夢で顕著だが，一般に症状は反復し，変化に抗するものである。その由来は，快原理に求めることはできないが，同じように，むしろそれ以上に，「根源的で，基本的で，欲動的なもの」として現れる。こう書けば，それを「死の欲動」と呼ぶまでにあと一歩に見える。

　しかしそれでは思弁的に過ぎるので，フロイトはこれまでのモデル，心の装置を巡る議論につなげようとする。そこで導入されるのが，刺激保護として機能する皮膜を持った小胞というモデルである。高度に分化した器官からなる有機体について，一つの生きた小胞を通じて考察するのは大胆な還元だが，“生きた”小胞であるということで，多くの問題を棚上げにすることができる。この単純なモデルで重要なのは，刺激を受容する膜の存在と，その保護作用を破綻させるほど強力な「外傷性興奮」である。ここでフロイトが思弁的なのは，小胞のモデルを用いる点ではない。また，外的要因がなければ内的要因によるだろうと推論するのは，論理的に必然的である。思弁の始まりは，反復強迫，それも魔的な強迫があるように見えるという臨床的事実に対して，そこに外的な要因の関与がないとする点にある。外傷を被ったのと同じ精神状態があり，かつ何ら外的な出来事として認められるものがないのなら，内的に起こったと考えるしかない。そうならば，それを引き起こした力を欲動の一種として措定し，「死の欲動」と名付けたうえでその性質を研究することができる，ということになる。考察の方向性としては，なぜその力が常在するはずなのに通常は働いていないのか，ということであり，フロイトの用意する答えは，それは外に投影されるか性の欲動によって中和されているからだ，というものである。

刺激保護は，外の力によっても内の力によっても破綻しうるので，どちらから説明することも可能である。後の「皮膚」機能や「包容（containing）」についての議論も，同じ位相にある。

5. 外傷の世代間伝達

　フロイトは最晩年に，『モーセという男と一神教』（Freud, 1934-38）という，一見したところ精神分析の臨床から離れた論考を書き綴った。それは，モーセが高貴なエジプト人だったとしたら，という奇想を含んでおり，彼の執筆動機からして理解困難なところのあるものである。ここではこのテクストを読み解く余裕はないので，そこに含まれる「抑圧されたものの回帰」という構図が，個体内での力動を超えて集団および歴史にわたって展開されていること，外傷論という観点からすると，「事後性」概念の拡張であることを確認するのみにしておく。それを小規模で捉えれば，ある家族の中の世代間伝達として理解されているものである。伝達の機制は，アブラハムとトローク（Abraham, N. & Torok, M., 1976；1978）が，埋葬による体内化として論じている。これは，過去の家族にとって外傷的な出来事が，喪の仕事を経て受容され歴史の一部とならずに，封じられたまま伝えられていくことである。出来事は意味の次元に届かず，埋葬自体が意識されていないことだろう。それがユダヤという民族に拡張されても，それほど違和感はないかもしれない。ただしフロイトは，ユダヤ民族にとっての外傷を神聖化しようとしているのではなく，その「唯一神という理念」を精神分析的に説明しようとしている。また，戦争のように，広く歴史的・文化的軋轢の問題をそこに汲み取ることもできるだろう。

　以上のような五つの外傷モデルは，どれか一つのみではなく，パーソナリティの形成上も症状の展開上も，複合的に働くことが多い。しかしながら，フロイトがこうしたモデルを主軸として臨床を行ない，症例を考察していたかと言うと，そうではない。彼がリビドーの展開や固着を論じて，それを実証しようとすることに傾注していたことは明らかである。しかしながら臨床記述では，フロイトの意図やそれを概ね反映する理論的定式化の要約を超えて，外傷の次元の作用が認められることがある。すでにカタリーナについて素描したが，次に彼のいわゆる五大症例について，そうした観点から振り返ってみよう。

Ⅲ　トラウマから見たフロイトの五大症例

1.　ドーラ：「あるヒステリー症例分析の断片」(Freud, 1905［1901］)

　フロイトは「ドーラ」と名付けた症例を，『夢解釈』の出版約 1 年後に治療した。当時の彼は，自体性愛が近親姦空想を伴う自慰空想となり，それが抑圧されてヒステリー症状を呈する，というリビドー理論を実証しようとしていた。それは夢分析を含む点で，『夢解釈』の臨床応用編としても企図されていた。しかし面接は 11 週間でドーラからの中断という結果に終わり，フロイトはその機会を「転移」の重要性の認識へと活かした，という流れは，発表当時からの標準的な理解である。その際，ドーラ 14 歳の時の K 氏との接触が背景として挙げられ，事後性（前節の外傷モデル 1.）の構図が下敷きされている。

　ドーラの両親の夫婦関係は良好と言い難く，父親は性病歴があって不倫を継続しており，母親は「主婦精神病」（おそらく重症の強迫性障害）に罹患していた。ドーラの性別と同胞順位は，彼女に有利なものではなかった。ドーラの神経症の図式（同 2.）においてフロイトは，自体性愛としてドーラの親指しゃぶり＝自慰＝口唇域を過度に刺激，という等式を想定しているが，「親指しゃぶり」自体，ネグレクトへの対処行動かもしれないし，そもそも一般的な事柄で特別な意味はないかもしれない。また，女性性の発達に関して，フロイトは触れていないわけではない（Balsam, 2015）が，治療において両親とは異なる対象としての機能は果たしていない。固着という古典的な見方をするにしても，それに至る「累積的な外傷」への顧慮は乏しいと思われる。

　フロイト自身が反省として挙げているように，彼はドーラの父親の主治医であり，利害関係者だったうえに，ドーラの受診動機は，自分の治療の希望以外のところにあった。結果的に彼の性理論を押し付けることになったのは，外傷の反復強迫（同 4.）が実演されていると見做される。他方，刺激保護の破綻に関しては，ドーラの夢にも症状にも，その兆候は認められない。夢には展開があり，表象を保っている。世代間連鎖に関しては，詳しい研究を確認していないが，19 世紀末ウィーンでの女性たちから近現代ヨーロッパユダヤ人の命運まで，幅広い文脈となり，却って個別性が見えにくくなるかもしれない。

　フロイトが彼女の夢の性的な意味を明らかにした話をしていると，ドーラは，それで一体何が成果ですかとあしらい，翌日にはもう来ないと告げて終

わった。にもかかわらず，1年以上して彼女がフロイトと面接したのは，彼の欲動解釈が効果を発揮したのではなく，彼が最後にようやくドーラの「人生計画」について話すという真っ当な応答をしたからであるだろう。

2. ハンス：「ある5歳時の恐怖症の分析」（Freud, 1909）

　本論文発表時のフロイトの関心は，『性理論三篇』の小児性欲理論を裏付けることにあった。恐怖症とは不安ヒステリーであり，それはリビドーが不安に転化したまま，抑圧のために再びリビドーとして利用できないでいる状態である。恐怖対象である馬は，ハンスが偶然に観察したフリッツルの馬遊びの中の転倒から，父親の口髭および母親の妊娠・分娩への連想を経て選ばれ，「父親に対する敵対的で嫉妬に満ちた感情と母親に対するサディズム的で性行為の予感に対応した衝動」を意味するとされた。この論文は，主にエディプス・コンプレックスを実証するものとして読まれてきた。「父親と母親への関係においてハンスは真に小さなエディプスであり，父親を『あっちへ』と取り除いてしまい，美しい母親と二人きりになりたい，その傍で寝たいと思っている。……」。これらの理解は，現代でも成立はしているが，神経症の図式（前節の外傷モデル2.）のごく一部を抽出したものである。

　症例ハンスは，2004年の関係者インタビューの情報制限解除まで，フロイトの最も成功した治療と目されてきた。実際，フロイト自身がハンスは「健康かつ有能な若者になった」（『素人分析の問題』（1926））とその予後を確認している。ハンス゠ハーバート・グラーフ（1904年4月10日生～1973年4月5日没）はその後，音楽の領域で世界的な活躍をした。ただ，フロイトは同じ論文の中で，ハンス症例を紹介する際に，「重度の心的外傷にもかかわらず思春期を申し分なくやりすごすことができた」と書いている。「重度の心的外傷」とは何のことだったのだろうか。あるいは，「思春期を申し分なくやり過ごすことができた」とは。それはおそらく，母親とは違って，ということである。

　すでにハンス関連の情報開示がなされ，その紹介をしたことがある（福本，2015）ので，母親の病理性については，そちらを参照していただきたい。フロイトの考察で特徴的なのは，トラウマの側面が欠けていることである。キリンを巡るやり取りは，その問題を示唆している。二人の育児で余裕を失った抑うつ状態の母親が虐待を起こしたことが，ハンスの恐怖症発祥の引き金であり，

父親の介入は，とりあえずの救済を提供した可能性がある（4月3日には，ハンスは朝早く，父親のベッドにやってきている。父親が「どうして今日は来たんだい？」と尋ねると，彼は「パパのそばにいないと怖くなるんだ。ベッドの中にいてパパのそばじゃないと怖くなるんだ。もう怖くなくなれば，ぼく，もう来ないよ」と答えている。ハンスにしてみれば，経験している通りのことを言っているのだろう。「パパのこと好きなのに，どうしてぼくが**ママ**を好きで，それで怖がっているって言ったの？」（強調は原著））。

　恐怖症治癒以後のハンス自身の具合には，それほどの問題はなかったように見えるが，彼の最初の妻は薬物乱用者で，1960年に自殺した。彼の対象選択は，養育の影響を受けているようである。彼自身は乱脈にならずむしろ世話役で，父親に同一化していると言える。彼の妹ハンナはより深刻な影響を受けたようであり，30代後半で二度目の結婚が破綻して，自殺した。幼児期がすべてを決定するとしてよいかどうかには疑問も沸くが，精神分析的な観点からすると，事後性と反復強迫（同1. および4.）は妹により強く表れているようである。

　世代間伝達（同5.）として，母親のオルガ自身，家庭環境に大きな問題があったと思われる。彼女は後に，フロイトを離れてアドラー派のところにも行く。人生の出発点で受け入れられなかったとき，家庭は探し求められ続ける。その極限として，精神分析コミュニティ自体がその後の人生を引き受けなければならなくなったのは，狼男の場合である。

3. 鼠男：「強迫神経症の一例についての見解」（Freud, 1909）

　この症例は，フロイトが唯一詳しい面接記録を残したことによって，フロイトによる理論的な定式化と臨床記述に認められる事象との開きに関して，従来からさまざまに論じられてきた。フロイトが表立って主題としているのは，精神分析の自由連想と解釈によって，抑圧された憎悪を意識化し，強迫神経症を治癒に至らしめることである。この論考を通じてフロイトは，強迫の理解に「万能感」「両価性」などを付け加え，「肛門性愛」への理解を深めた。彼はエディプス・コンプレックスという術語を用いてはいないが，強迫性障害の言語をヒステリーの言語の方言，つまり同じ神経症構造を持つものと見ている。

　以上のようなフロイトの議論に対して，今日までに，治療開始当初から動い

ていた転移逆転移関係・母親への依存と葛藤や強迫症状の精神病性など，さまざまな点が指摘されている。フロイトは死んだ父親との葛藤を軸にして，強迫を症状とする神経症の構造をエディプス・コンプレックスから説いたが，その構造である限りで，正常と共通している。しかし鼻眼鏡を巡る強迫行動にせよ鼠刑の強迫観念にせよ，正常範囲を逸脱している。それらの強さは，「両価性」や「肛門性愛」では説明困難である。さらに，「譫妄」となると，神経症の範囲さえ超えている。その由来は，体質（素因）に求められるしかないかもしれないが，もう一つの可能性がある。具体的に見てみよう。

　鼠男は，治療面接の初回から自分の性生活の歴史を積極的に語り，2回目では「鼠刑」に触れる。彼は詳しく述べたがらない様子なので，フロイトは彼に，「私自身は残酷な人間ではないし，必要もないのにあなたを苦しめる気はない」と打ち消し，強迫的機制を用いて彼に保証する。彼はなお言い淀むので，フロイトは「肛門の中にですね」と付け加えた。すると彼は，「彼自身知らない快に対する恐怖」とフロイトが理解した「奇妙に複合された表情」を浮かべた。それは，鼠刑が「私にとって大切な人に起こる」という表象と関連していた。彼はこうした観念を，決まり文句で押しとどめた。それから彼の話は，鼻眼鏡を巡る強迫に移っている。そして最後には，彼は「茫然として混乱した様子」で，フロイトに何度も「大尉殿」と呼び掛けたという。

　これらは，時間的継起がこの通りなのか断言できないが，いずれにしても，譫妄およびフロイトと大尉の混同において，鼠男は強迫観念や強迫行為を語ろうとしたり避けようとしたりして，神経症的な振る舞いの範囲を逸脱している。「鼠刑」という表象にしても，なぜそこまで避けられなければならないのだろうか。その一方で，フロイトが認めた表情は，彼が倒錯的な何かを感じているかのようである。もしも「鼠刑」という表象が，精神に破綻を引き起こしかねないほどの脅威となるものなら，それは表象と言うより，フロイトの外傷モデル4.の，刺激保護の破綻に近い。それは名状し難い恐怖の封印であり，トラウマ性記憶を引き寄せるものである。また，フロイトを大尉殿と呼ぶのは，虐待者との混同があり，象徴等置が生じたための可能性がある。

　その源をさらに辿ろうとすると，「せっかちでかっとなってしまう」父親から「時折とても厳しい折檻を受けた」という患者の報告が目に付く。フロイトが自慰の禁止や去勢の威嚇を主題にするのに対して，鼠男もそれに沿った素材

を述べはしているが，彼の語りは次第に攻撃的な内容となっていく。攻撃は特に，フロイトの娘アナや母親に向けられる。「まもなく彼は，私や私の家族を，夢や日中空想や思い付きの中で，極めて乱暴かつ下品な形で罵るように」なった（論文から）。面接記録の方を見ると，「a 裸の女性〔＝フロイトの娘〕の尻，毛には虱の卵，虱の幼虫。［…］b 私の母親の裸の体，二本の刀が脇から胸に突き刺さっている。下腹部，特に性器は私と子供たちによって食べ尽くされている。［…］c 不潔な輩，彼の裁判書記官の一人が，裸でいるところを想像，一人の女性がフェラチオをする。その女生徒はまたもや私の娘だ！」と，とんでもない内容である。

　しかしフロイトは，不思議に理知的である。「私は，性倒錯についてのこの土曜日の講義を繰り返した」（覚え書きより）。鼠男もまた，「私に対して意図的に，最大限の恭しさ以外のものは決して見せない」ようにしようとした。彼は，「教授はどうして，私のような下品で素性の知れない輩に罵られているのですか。私を放り出さないといけません」（論文）と，素性の知れない輩との同一化に翻弄されている様を，自己認識しているようである。だが，彼は寝椅子に寝ていられず，立ち上がって部屋の中を歩き回る。そして「絶望的な不安を感じながら度を越した折檻から身を守ろうとする人のような振る舞いを見せた。頭部を両手の中に入れて守る，顔を腕で覆う，苦しそうに表情を歪めながら突然歩き出す，などの振る舞いである」（同）。フロイトは明らかに，鼠男に「度を越した折檻」を，おそらく父親から被った人を見ている。彼がフロイトに罵詈雑言を浴びせるとき，彼は虐待者に同一化しているのだろうか，そしてそれが反転すると，虐待される場面が再演されるのだろうか。

　ただ，こうした展開はそれ以上続かない。フロイトが自分の身内には殺人犯はいないことを保証した（11 月 23 日）辺りから，彼は「父親によるひどい折檻」を，可能性の範囲に留めて，フロイトを恐れた様子は示さなくなる。彼は鼠関連の連想と性的活動が活発になり，フロイトの方は自分への文句（「鼻ほじり屋」12 月 8 日）や娘への侮辱（「娘が両目の代わりに便の汚れを二つ付けている」夢，同）を意に介さない。そして鼠男の父親に関しては，「そもそも父親は，本当のところまったく素朴で善良な，真にユーモア溢れる人物であり，それは通常は彼の高く評価できるところだった。とはいえ，父親の兵隊風の単純な流儀に対して，過度の繊細さから恥ずかしいという気持ちがあるのも

28 第Ⅰ部 精神分析とトラウマ——理論的考察

明白である」と，フロイトは総括している。鼠男は，「自分の性質のよくない
ものはすべて母親の側から来ている」（12月19日）と言い出している。

　本例では，強迫的機制が前面に出ることで，彼の状態へのトラウマの関与
は，可能性の一つに限られている。それ以上の明確化は困難だが，フロイトが
解明した神経症としての機制は，後には誰にでも見られるものとなり，鼠男の
特異性を説明するものではなくなった。とすると，改めてトラウマについて問
う必要があるだろう。

4. シュレーバー：「自伝的に記述されたパラノイア（妄想性痴呆）の 一症例に関する精神分析的考察」（Freud, 1911）

　シュレーバー症例についてのフロイトによる理解に関しては，あえてトラウ
マを言う意義は乏しそうである。彼は42歳の時に帝国議会に立候補して落選
しなければ重症心気症にならなかったかもしれないし，51歳の時に控訴院院
長にならなければ，精神病状態にならなかったかもしれない。しかしそうした
ことは通常，発症の契機として理解され，トラウマとして捉えることはしな
い。これは，病態を内因性として考えているからである。また，その後の家族
研究によって，シュレーバーの父親が彼の妄想の中の神のように，全能的で支
配的だった可能性が知られるようになった。彼のさまざまな症状には，父親の
開発した矯正器具を連想させるところがある。しかしこれらも，症状の内容に
関しては示唆的だが，病像の形成との関わりは不明である。その後のフロイト
による展開を考慮すると，本症例は神経症構造による考察の限界を示している
と言うこともできるだろう。

　神経症構造とは，極めて図式的に言うと，主体と対象が全体対象として関わ
り，両者の関係を第三項が調整する構造である。精神内界のこととして表せ
ば，それはフロイトの超自我 – 自我 – エスという第二局所論が記述したもので
あり，「〜したい（エス）が，〜なので（超自我），〜をする（自我）」という
神経症的葛藤が構造化されている。葛藤はあくまで自他の区別があった上での
ことで，対象を幻覚的な実在として経験することはない。それを対人関係とし
て述べれば，息子は母親を愛したいが，父親が禁止するので，父親に同一化し
て他の対象を選択するという，正常なエディプスの三者関係の構造である。

　シュレーバーの発症の契機は，主治医を対象とした女性的（受動的・同性愛

的）欲望空想の出現とされる。再発して，愛情は憎悪へと反転し，同性愛願望は外界からの迫害妄想へ，迫害者は主治医から神へと交替している。そして主治医も神も分裂する。シュレーバー自身も分裂し，主治医のための淫売婦から，神自身に官能的快楽を与える任務を持つ者へと変貌する。この誇大妄想の成立によって，シュレーバーは神という一者との関係を通じて一応の均衡を回復する。フロイトはこの経過を「私は一人の男性を愛している」に対して，否定による「私は彼を愛していない」からそれを逆転させた「私は彼を憎んでいる」を経て「彼が私を憎んでいる」と投影した結果，「だから私を迫害する」と結論づける。

　フロイトのこの操作は，『機知』や『日常生活の精神病理学』で，力動的過程を言語の形式で定式化したものに似ている。しかしこの定式化では，願望充足の色彩が強いヒステリーの投影と大差がなくなり，区別は表現されていない。無意識的空想において主体と対象の能動受動が逆転されることは珍しくないが，そこに「刺激保護」の破綻はない。つまり，神経症では表象が現実と混同されることはない。その後，フロイトは二つの道を提示したように思われる。一つは，物表象と語表象を区別し後者を前意識に結び付けるものである（「無意識」（1915））。現実に合致しない妄想は，対象から撤収されたリビドーが，語表象に過備給された結果である。ただこれは，確信性を表現したことにはなったとしても，迫害の圧倒性をあまり示していない。言葉で定式化するならば，平叙文ではなく，「死ね」「殺す」などの命令形や逆らえない意志の表現の方が，より合致するだろう。それは自我に対する超自我の態度として，『自我とエス』（1923）において論じられるようになる。

　トラウマ性の記憶は，フラッシュバックとして顕現するとき，幻覚的な実体性と威力を発揮する。それは「刺激保護」が突破されるためだが，その背景には，過酷な超自我の作用に相当するものの形成を想定しうる。

5．狼男：「ある幼児期神経症の病歴より」（Freud, 1918）

　狼男もまた，フロイトの意図をさまざまな形で超え続けた症例である。フロイト自身は，当時の精神医学が対処できなかった難治症例の治療経過を発表することを通じて，精神分析的な方法の優位性を立証しようとした。大学精神医学のクレペリン（Kraepelin, E.）らは彼を「躁鬱的精神錯乱」と診断して，患

者は長期間ドイツのサナトリウムで過ごしていた。フロイトは，彼がより早期の幼児期に発症しており，「自動的に経過して治癒に欠陥を残した強迫神経症の後続状態」にあると理解した。治療は，15 年経過した「幼児期神経症」の解明を通じて行なわれた。その結果，彼は看護師をしていた年上の子持ちの女性と結婚するとともに法学を修了し，第一次世界大戦が始まる直前に 4 年の治療を終えている。このように，結婚と修学および就労が可能となったのは，治療の成果のようである。

　しかしながら，彼はロシアの没落により貴族の特権を失うと困窮に陥り，一過性の精神病状態を経て，自立しているとは言い難い生活を送るようになる。来談当初からの狼男の問題は，「他人の世話にならなければ全然生きていけない状態」となっていたことだった。治療においても，患者は「従順な無関心の態度の陰に立てこもり，長い間手の施しようがなかった」。そのためフロイトは，彼がフロイトの存在を前提とするようになってから，治療の期限を設定して，彼に自立を避けられないものとした。患者はフロイトとの関わりにおいて，当初から「ユダヤ人の詐欺師が私を後ろから捕まえたがっていて，私の頭に糞をした」と述べていた。しかしフロイトは，現時点からの「幼児期神経症」の解明が連想と想起によって可能であるかのように，彼らの関係がどう影響しているのかを考慮に入れなかった。狼男がそう呼ばれるのは，木の上の狼たちの夢に由来するが，その胡桃の木でさえ，フロイト家の庭に生えていたものではないかと，当時から言われていた。患者はこの夢を，「ずいぶん早くに報告していた」が，フロイトが全面的に理解したのは「最後の数カ月」である。フロイトは夢の意味付けを主導している。そのため，フロイトによる知見が果たして過去の再構成なのか，狼男の対象関係の実演なのかという問題が残る。経過全体を通すと，狼男は青年期には財力に，没落後は主に精神分析コミュニティに寄生的関係にあったように見える（福本，2002）。

　その後，狼男のトラウマの問題は，「埋葬語」というアブラハムとトローク（1976）による読み方によって，思いがけない現れ方をした。彼らは，原文ドイツ語をロシア語に訳し，さらにそれを英語の音で読んで意味を聞き取るという，フロイトも患者も超えた奇想天外な方法で虐待を解読した。

　狼男の非神経症構造で他にないのは，彼が特殊に入り組んだ倒錯性の寄生的対象関係をパーソナリティ構造の主な部分としながらも，その綻びが幻覚的に

現れたことである。

> 「私は5才のとき，庭で子守女の側で遊んでいました。そして，自分の小刀で，私の夢の中でも一役演じていた，例の胡桃の木の樹皮を傷つけました。突然私は自分の小指（右手だったか，左手だったか？）がばっさり切られて，やっと皮だけでつながってぶら下がっているのを見て，言いようのない驚きに打たれました。痛みは全然感じませんでしたが，大きな不安に取り憑かれました。私は僅か二，三歩離れたところにいる子守女にさえ何も話し掛けることができませんでした。傍らのベンチに崩れ落ちて，もう一度のその指に視線を向けてみることもできずじっと座っていました。やっと落ち着いてきたので，私は指に目を留めてみますと，どうでしょう，指には何も傷ついていなかったのです」。

　これは一瞬の経験だが，実際に身体に毀損が生じたかのような強い現実感を伴った幻覚である。その性質はフラッシュバックに近いが，外傷の場面の表象は見当たらない。神経症の構図で解釈するとこれは，狼男が父親に自分の小刀で挑んだら，去勢の返り討ちにあったように見える。しかし狼男が経験したのは，通常の発達過程で日常的には起こらない，身体水準での危機的な喪失である。木は，個人としての父親あるいは母親と言うより，蒼古的な結合両親像なのかもしれない。一瞬顔を見せたこの原始的で万能的・迫害的な世界はその後，影を潜める。狼男は，恐怖・強迫という神経症水準の問題を呈しながらも，ロシア貴族としての資産に依存することで生きていくことができた。彼のその発展性がない寄生的関係は，フロイトの介入によって多少の広がりを得たように見える。しかしフロイトが口腔内の癌の手術を受けたと知ってから，狼男は歯や鼻について心気的となり，1926年にはフロイトがかつて紹介したウィーン大学皮膚科教授に妄想的になった。
　このことを，彼の5歳時の経験とつなげて考えよう——フロイトと同じ手法である。そうすると，パーソナリティ組成の水準で寄生的依存関係によって保たれていた狼男の精神の均衡は，胡桃の木＝フロイトへの依存を危機に晒されたことで，身体水準の幻覚を再び露呈させ，さらにはパーソナリティ組織の変形によって，関係妄想も一時的に示した。彼はこの危機をブランズウィッ

ク（Brunswick, R.M.）の介入によって，また次の危機をミュリエル・ガーディナー（Muriel Gardiner）の介入によって乗り越えることができた。

　このようにフロイトの症例を振り返ってみると，彼は最初，心の構造と機能不全を整理して神経症の概念を提唱し，カタルシス法を含めて一定の成果を上げた。神経症構造の理解とそれとの関わりは今も一定の意味があり，治療的交流の前提として必要である。しかし難治で治療が長期化した症例では，フロイトは神経症構造の治療をしていたのではなく，他の非神経症構造を扱わざるをえなかったことだろう。そういう事情があったが故に，彼は精神分析の理解と理論を更新していかざるをえなかったと推察される。

Ⅳ　フロイト以後

1. カーディナーと PTSD

　以下では，トラウマを精神神経症と対比して生理神経症と呼んだ，エイブラム・カーディナー（Abram Kardiner）の「戦争神経症」（Kardiner, 1941）論を参照する。彼の観察と記述は後の PTSD 概念の先駆けであり，急性期症状および慢性様態から回復過程についてまで論じられている。外傷が単一種類の打撃（の持続）である点は，フロイトの『快原理の彼岸』（1920）中の，生きた「小胞」の刺激保護破綻モデルを引き継いでいる。そこにあるのは精神神経症に特有の葛藤ではなく，生理的反応である。

　カーディナー（1891 ～ 1981；Kardiner, 1976）は，紆余曲折を経て精神科医となり，1921 年 10 月から 22 年 4 月初めまで半年間，フロイトと精神分析を経験した。彼はそれを 85 歳になってから回想録に書き残した。彼は 3 歳の時に，母親を肺結核で亡くした。幼少期の彼は，ユダヤ系移民の息子として貧困とネグレクトを経験し，父親からはその再婚まで暴力を振るわれた。彼の慰めは，8 歳ほど年上の姉との近親姦的関係だった。彼は幼い頃から，さまざまな恐怖症を抱えていた。継母は生活環境を整えてくれたが，彼の姉に対して残酷だった。彼は，両親に服従ばかりする関係を持つようになった。成人してからの彼は，女性との実らない関係に囚われ，一時，医学の研修から離れた。その後結局，彼はフリンク（Frink, H.）の分析を受け，ウィーンに留学することにした。

フロイトとの精神分析を通じて，彼の仮面と着衣の蝋人形に対する恐怖症の発端は明らかになった。それは母の死に顔に由来していた。母親は自宅で病死し，幼い彼は亡骸の脇で，姉が帰るまで泣いて過ごしていたのだった。これは恐怖症という神経症構造の解明である。フロイトから見ると，半年行なった分析は，彼に自己分析の基礎を与えることに成功している。だがカーディナーは自分が十分に理解されて問題が扱われたようには感じていなかった。彼は57歳で結婚した。カーディナーは，「愛すること」の領域ではともかく，「働くこと」すなわち仕事の領域では，最終的に彼らしさを発揮した。彼はアメリカ帰国後に，復員軍人病院で精神科医として働き始めた。そこで彼は戦争神経症者の慢性様態に関わる。その後のフォローアップも含めて初版が第二次世界大戦中の1941年に，第二次世界大戦からの症例の経験を共著という形で追加して，第二版が1947年に出版された。その後一度埋もれたこの本は，ベトナム戦争帰還兵が社会問題となった1970年代に再び注目されるようになり，PTSD概念の先駆けとして認められた。実際，彼が残した急性期と慢性様態の記述，外傷経験への固着・フラッシュバック・象徴性が乏しく破綻によって覚醒するのを繰り返す夢生活・易刺激性とパターン化した驚愕・爆発的攻撃反応への傾性・機能の一般的水準の縮小などは，PTSDの症状とされているものである。

　治療に関しては，訳者の中井久夫氏は，自然回復力以外の見るべきものはないように書いている。それは転帰の差の主たる理由だろうが，自分は死んでいないこと，生きていることの確認という実存的次元も重要と思われる。

　カーディナーで注目したいのは，この成人への打撃がパーソナリティ形成期に起きたらどうなるかを説いた，ウィニコット（Winnicott, D. W.）の図式との共通性である。

　カーディナーは外傷の影響を，図1-3のように図示している。外力の影響で自我の拘縮なり崩壊が起こるとするのは，単純だがリビドーや葛藤と結びつけるのとは異なる出発点である。フロイトは「喪とメランコリー」で「自己愛的同一化」を中核とする投影・取り入れ・同一化の機制を成人の精神病理として提示し，『自我とエス』ではそれらの形成結果を「沈殿」として示唆した。クライン（Klein, M.）はそれを，より早期の自我と内的世界の形成過程に積極的に適用した。同様の早期への展開として思い浮かぶのが，ウィニコットの理解である。彼は早期の外傷を「侵襲」と呼んだ。

図 1-3 外傷と自我の構造（Kardiner, 1941）

2. 早期への適用：ウィニコットとビオン

　喪失経験に対して喪とメランコリーがあるように，現実との関わりにおいて，成長に通じることと外傷の痕跡を残すことがある。図1-4はウィニコットが「精神病と子供の世話」（Winnicott, 1952）で示した自己の形成過程である。左側では錯覚の中にいる自我は環境を発見し，それとのつながりを認めているが，右側では自我は現実との接触を侵襲と捉えて反応し，一部が引きこもったままとなって，パーソナリティの分裂が生まれる。

　それはスキゾイド状態であり，表面的には環境に服従した「偽りの自己」と，引きこもった「真の自己」との分裂が起きる。この「分裂」はクライン派が言う自我の分裂と異なり，実体は解離に近い。また，「真の自己」とは何か自己感が充実したものとは限らず，トラウマに関して言えば，それを経験した時そのままの，フラッシュバックに近いかもしれない。秘密の内的生活であるとともに，狂気との親和性が言われる所以である。

　ウィニコットは「偽りの自己」を，二つの観点から分類した。一つは，「真の自己」を防衛する機能の程度であり，それは移行現象と密接に関連している。極端な場合，「偽りの自己」はパーソナリティの全面を覆い，その人自身になっている。「真の自己」はおそらく，まとまった形では実在していない（隠されたまま，と書かれていることもあるが，実態はそうだろう）。健康な極では，「偽りの自己」は「真の自己」の表現であり，社会的自己と呼んだ方がよい，その人の多面性の一つである。その中間に，「偽りの自己」が「真の自己」にとって防衛であり妨害でもあるさまざまな様態がある。親の価値観に

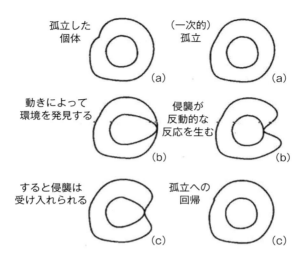

図 1-4　環境－個人の構造（Winnicott, 1952）

沿って形成された「偽りの自己」は，世話役を引き受け続ける。「真の自己」にとって間接的で限られた満足しかもたらさないように見えるが，付着的な構造が優位ならば，それ以上は困難である。

　もう一つの観点は，治療可能性と選択肢との関連である。ウィニコットは，「偽りの自己」は精神分析の対象にならないと言う。彼は精神病に関して，「管理分析（management analysis）」と言っているが，本格的な精神病は最初から分析治療の対象にならないから，おそらく主に自閉症を指している。「代理皮膚（second skin）」を解釈しても，「真の自己」には届かない。ある種の外傷もまた，再経験は耐え難く，偽りの自己による保護を持続的に要するだろう。ウィニコットは，現代で言うようなパーソナリティ障害，つまり複雑なパーソナリティ構造が真の変化をもたらさないように，治療者を共謀関係に陥らせる病理的組織化については，あまり考察していないようである。

　ウィニコットがパーソナリティの全体を扱っているのに対して，ビオン（Bion, W. R.）の硬直運動変形・投影変形・幻覚症における変形という三つの「変形」論（Bion, 1965）は，外傷の程度と反応の違いを扱っていると読むこと

ができる。

　外傷の影響が比較的軽微の場合，想起に外傷性記憶の要件を認めず，防衛的操作は神経症圏にある。それが「硬直運動変形」である。これは，心の構造に想起由来の脆弱性がないということでもある。だから象徴的な理解は有効であり有益である。「投影変形」は，主に投影同一化による自己と内的対象の組み換えによって形成されたパーソナリティ構造が用いるものであり，倒錯的関係を含んでいる。その歪曲が形成される過程では，先天的な特性と環境因からの寄与がありうる。最も自然に思われるのは，何らかの特性的な偏りがあり，それを補う養育が行なわれず，そうした発現を助長する経験の機会があったといった過程である。これらでは，まだパーソナリティという構造の一貫性・連続性が保たれている。「幻覚症における変形」は，何かを契機として，意識変容やフラッシュバックが生じるときに働く。それは外傷の再経験であり，鼠男・狼男に垣間見られている。これらの具体例は，例えばマッシ（Masi, D., 2015）に見ることができる。こうした特徴を持つ症例で，経験を咀嚼するアルファ機能そのものが再生あるいは生成するかどうかは，今後の課題である。

V　おわりに

　この領域では，『トラウマを理解する』（1999）を代表とするガーランド（Garland, C.）らの仕事がすでに古典的である。このアプローチは，外傷的な経験に対する耐久力あるいは脆弱性を，幼少期の経験や発達の過程に遡って考察する。対象関係論的な観点からすると，危機に瀕して良い内的対象との関係を保つことができるかどうかは重大な岐路である。その一方で，トラウマによってその問題が顕在化する成人の場合，それまでの社会性を保ってきたパーソナリティ構造も備えている。トラウマを受けたパーソナリティは，発達早期の出来事ではなく成人としての経験でも，暴力の具象性と破壊性が恨みや他罰・自罰を主情動とする倒錯的関係の発展によって，病理的組織化に類縁の構造を呈する。それは防衛的な役割を引き受けつつ，喪失の受容に抗う（福本，2005）。

　このようなクライン派的な理解は，トラウマ問題の難治性や慢性性・遷延性と，喪の問題という作業の焦点を提示している点で，現在も有用である。た

だ，そこには 21 世紀に入ってから急増した発達障害圏に関する臨床知見や問題意識は反映していない。どちらにしても治療は，現実に可能な範囲で行なわれてきたと思われるが，発達特性を考慮することは，健常発達を前提とした治療過程や目標の見方を変更させるところがあるだろう。

　治療を通じて形成されたとりあえず「偽りの少ない自己」と呼べるかもしれないものは，その実体やさらなる変化の可能性が不明でも，治療に区切りを迎えさせる。精神分析的な面接は，大幅なワークスルーをしたというより，新たにより適した再適合をするまでの場を提供した格好になっている。現実にはこうした経過の事例が多いように思われる。

⦿文献

Abraham, N. & Torok, M.（1978）L'Écorce et le noyau, Flammarion.（大西雅一郎・山崎冬太＝監訳（2014）表皮と核．松籟社）

Abraham, N. & Torok, M.（1976）Le Verbier de l'Homme aux loups, Flammarion.（港道隆，他＝訳（2006）狼男の言語標本──埋葬語法の精神分析．法政大学出版局）

Balsam, R.H.（2015）Eyes, ears, lips, fingertips, secrets: Dora, psychoanalysis, and the body. Psychoanal. Rev., 102（1）: 33-58.

Bion, W.R.（1965）Transformations. London: William Heinemann.（福本修＝訳（2002）変形（精神分析の方法II）．法政大学出版局）

Borch-Jacobsen, M.（2011）Les patients de Freud, Science Humaines Éditions.

Freud, S.（1895）Studies on Hysteria. SE2, 1895.（芝伸太郎＝訳（2008）ヒステリー研究．フロイト全集 2，岩波書店）

Freud, S.（1895）Project for a Scientific Psychology.（総田純次＝訳（2010）心理学草案．フロイト全集 3，岩波書店）

Freud, S.（1905）Fragment of an Analysis of a Case of Hysteria. SE 7, 3-122.（金関猛＝訳（2006）あるヒステリー症例分析の断片──ドーラの症例．筑摩書房）

Freud, S.（1909）'Little Hans'. SE10.（総田純次＝訳（2008）ある五歳男児の恐怖症の分析〔ハンス〕．フロイト全集 10，岩波書店）

Freud, S.（1909）Notes Upon a Case of Obsessional Neurosis. S.E.X.（総田純次＝訳（2008）強迫神経症の一症例についての見解〔鼠男〕」・「強迫神経症の一例（「鼠男」）のための原覚え書き．フロイト全集 10，岩波書店）

Freud, S.（1911）Psycho-Analytic Notes on an Autobiographical Account of a Case of Paranoia（Dementia Paranoides）．SE 12: 1-82.（高田珠樹＝訳（2009）症例「シュレーバー」．フロイト全集 11，岩波書店）

Freud, S.（1918）From the History of an Infantile Neurosis. SE 17: 1-124.（新宮一成＝訳（2010）ある幼児期神経症の病歴より．フロイト全集 14，岩波書店）

Freud, S.（1917）Mourning and Melancholia. S.E.XIV.（新宮一成＝訳（2010）喪とメランコリー．フロイト全集 14，岩波書店）

Freud, S.（1915-1916）Introductory Lectures on Psycho-Analysis. S.E.XV（鷲田清一 = 訳（2012）精神分析入門講義. フロイト全集 15，岩波書店）

Freud, S.（[1920] 1955）Beyond the pleasure principle. SE 18: 1-64.（須藤訓任 = 訳（2006）快原理の彼岸. フロイト全集 17，岩波書店）

Freud, S.（1934-38）Moses and Monotheism.（渡辺哲夫 = 訳（2007）モーセという男と一神教. フロイト全集 22，岩波書店）

福本修（2002）狼男再訪. プシケー，21，41-62.

福本修（2005）心的外傷の行方——病理的組織化と次世代への負債. 森茂起 = 編：埋葬と亡霊——トラウマ概念の再考. 人文書院.

福本修（2015）精神分析の現場へ——フロイト・クライン・ビオンにおける対象と自己の経験. 誠信書房.

福本修（2023）精神分析的なアプローチから見た ADHD——「容器」−「内容」モデルを軸に. 内海健・兼本浩佑 = 編：発達障害の精神病理 Ⅳ − ADHD 編. 星和書店.

Garland, C. Ed.（1999）Understanding Trauma: A Psychoanalytical Approach. London: Routledge.

Kardiner, A.（1941）The Traumatic Neuroses of War. New York.: P. B. Hoeber.（中井久夫・加藤寛 = 訳（2004）戦争ストレスと神経症. みすず書房）

Kardiner, A.（1976）My analysis with Freud: Reminiscences. New York: Norton.

Masi, D.（2015）Screen memories: the faculty of memory and the importance of the patient's history, In Gail S. Reed & Howard B. Levine（Ed）On Freud's "Screen Memories", 58-79, London: Karnac Books）

May, U.（2015）The third step in drive theory: On the genesis of beyond the pleasure principle. Psychoanalysis and History, 17: 205-272.

Masson, J.M.（1986）The Complete Letters of Sigmund Freud to Wilhelm Fliess, 1887-1904, Belknap Press.（河田晃 = 訳（2001）フロイト フリースへの手紙 1887-1904. 誠信書房）

Winnicott, D.W.（1975）Chapter XVII. Psychoses and Child Care [1952]. Through Paediatrics to Psycho-Analysis. 100: 219-228.

第2章
知らない出来事のトラウマ性

森 茂起

はじめに

　精神分析においてトラウマ[1]を論じる道筋はさまざまある。本論の主題に掲げた「知らない出来事のトラウマ性」はその中で特殊な主題に属する。個人の体験と記憶を扱う精神分析の対象には通常なりにくい主題である。しかし，私が仕事をしてきた領域に導かれたためか，あるいはもともとの私の関心からか，知らない出来事のトラウマ性について考えることが多く，この機会に，そうした現象を精神分析的に論じる道筋を探りたいと考えた。

　実を言えば，この主題が最初脳裏に浮かんだとき，私は，ある程度のまとまった議論が可能と予想していた。しかし，それから本稿の執筆までに長い時間を要し，それでもまだ十分整理できたわけではない。その要因はいくつもあるが，私自身のトラウマの捉え方が揺れ動き，定まらなかったことがその一つである。のちに触れるように，トラウマという言葉で指し示すものの範囲は時とともに変遷している。その変遷は，トラウマ概念の幅を拡張する方向と，狭める方向の両者の間を揺れ動いてきた。その過程に照らすと，私が構想した焦点づけは，トラウマ概念を絞り込むとともに，ある方向に拡張するものである。扱いを難しくしている理由の一つである。

　そこで，本来すべき議論を丁寧に辿ることを諦め，私的な形で，つまり私がこの主題——知らなかった事実を知ること——に出会い，関わった過程を振り

1　本論で参照する文献には「外傷」あるいは「心的外傷」の訳語で trauma を表しているものがあるが，統一のため「トラウマ」に変更して引用する。

返りながら，いくつかの主題を取り上げて若干の考察を加える程度に止めることにする。

I　私的トラウマ研究史から

　臨床心理学の専門家として私がトラウマに関わるようになった領域は，数え方にもよるが，四つないし五つある。それぞれに偶然の縁と内的な必然性の両者が関わっている。まず，心理療法家を目指して臨床心理学を学び，精神分析を学んだことが，トラウマ研究への入口だった。その初期に，フロイトが『ヒステリー研究』に発表したトラウマ的事象の発見とカタルシスの原理および後の理論的，方法論的転換を知ることになるが，そのプロセスは精神分析を学ぶ多くの学生と変わらないであろう。他方，サリヴァン（Sullivan, H. S., 1954）の『精神医学的面接』を読み，「詳細問診」の方法論と早い時期に出会ったことが，人生史の詳細な検討の重要性を認識する機会となった[2]。それ以来，臨床実践の中で，人生史の探索が私の関心の中核を占め続けてきた。

　その他の領域は，「社会的養護－子ども虐待防止対策」，「阪神・淡路大震災」，「戦争」である。はじめのものは家庭内の出来事を中心とするトラウマであり，後者二つは大惨事がもたらすトラウマである。それぞれについて「知らない出来事のトラウマ性」との関わりに触れておこう。

　「社会的養護－子ども虐待防止対策」に関わるようになったのは，ある縁によるが[3]，初期の私の関心は主として子どもたちの心の内部に向けられており，外的出来事という意味でのトラウマ的事象に焦点を当てていなかった。生活臨床にスーパーバイザーとして関わる経験を重ねるうち，ケースワークのあり方に目を向けるようになるとともに，子ども虐待の現実に直面する機会が増え，

2　少し前に読んだ次の書にも影響されていただろう。アーウィン・シンガー『心理療法の鍵概念』鑪幹八郎・一丸藤太郎訳，誠信書房，1976.

3　児童養護施設に非常勤心理職として関わるようになったのは，子どもの死亡事件を機に現在も関わる施設に心理職が導入されたためであり，児童相談所のスーパーバイザーであった齋藤久美子先生の紹介によるものであった。その経緯にそもそもトラウマ的な事象が関わっていたことに意味があるだろう。子どもの死から30年を経て開かれた慰霊の催しに参加したことは感慨深い経験であった。

児童虐待防止の仕事にも関わるようになった。それらを背景にトラウマに焦点を当てた心理療法の必要性を感じていた頃に出会った技法が NET（ナラティヴ・エクスポージャー・セラピー）である。認知行動療法の一つに数えられている NET は，私の人生史への関心に合致するものであり，その導入と普及は，現在でも私の仕事の重要な領域となっている（森，2021b）。ライフストーリーワーク（LSW）（才村他，2016）と出会ったのもその頃である。心理療法と LSW の両面から子どもの人生史に関わる中で，知らない出来事の扱いという課題に多く触れるようになった。

他方，「惨事トラウマ」[4] とかつて私が呼んだ大惨事によるトラウマの中にも，「知らない出来事のトラウマ性」が存在する。私が関わってきた事象では「阪神・淡路大震災」と「戦争」がこの領域に属している。これらについては，治療実践よりは，調査を通して考えた「トラウマの世代間伝達」の要素として「知らない出来事のトラウマ性」を考察してきた。つまり，直接体験していない大災害や戦争が，次世代，あるいは次々世代に及ぼすトラウマ的作用である。

この二つの領域，私的領域におけるトラウマと惨事トラウマのどちらにおいても，知らないままにトラウマ的な作用を受ける現象と，知ることでトラウマ的作用を受ける現象の両者を視野に入れねばならない。

Ⅱ　「事後性」の概念

知らなかった出来事を後に知ることによって起こるトラウマに注目して生まれたのが，フロイト（Freud, S., 1908）の「事後性（Nachträglichkeit）」という概念である。エマの症例の記述に登場するこの概念は，フロイトの生前には注目されていなかったが，ラプランシュ（Laplanche, J.L., 1970/2018, 77-82）とラカン（Lacan, J.）[5] が注目して以来，精神分析的トラウマ理解に重要な役割を果たしてきた。

4　私はかつて，社会で情報が共有される惨事（disaster）によるトラウマと，家族などの私的空間で起こるトラウマに分類して，前者を指して「惨事トラウマ」という言葉を用いた（森，2005）。精神医学に「惨事ストレス（critical incident stress）」という用語があるが，虐待を含む個人的暴力も含む概念なので，対応していない。

42 第Ⅰ部 精神分析とトラウマ——理論的考察

　エマの症例を簡単に振り返っておこう。エマが8歳の時に性的「誘惑」が発生したが，エマはそれを意味のあるものとして体験していなかった。しかし，彼女が12，3歳になって——つまり性を理解する年齢に達したときに——過去の出来事を連想させる体験をすることで恐怖症を発症する。これをフロイトは，第二の体験が起こったときにそこから連想する第一の体験の意味が理解され，それゆえにそれが抑圧され，その結果，症状が発生した，と理解する。第二の出来事が**事後的**に第一の出来事をトラウマ的なものとした，というわけである。第一次世界大戦において兵士に発生したシェルショックをまだ知らないフロイトは，トラウマ概念を性的なものに限って用いている。そして，「事後にもっぱら心的トラウマになった記憶だけが抑圧される」として，トラウマを「抑圧」の概念と結びつけている。

　「性的なもの」と「抑圧」の概念は差し当たり横に置いて，「事後性」の基本構造にのみ焦点を当ててみよう。つまり，トラウマは，ある出来事があったその時点で発生するのではなく，のちの出来事を機にそれが想起されるときにトラウマ的なものとなるという理解である。では，この場合どこに「トラウマ」があるのだろうか。第一の体験が，事象の重大性という意味で「トラウマ的」なので，その重大性が主体に認知されていなかったがゆえに，後の重大ではない出来事に際して表面化する（Horesh et al., 2011）のだろうか。それとも，事象のトラウマ性は，主体の受け止め方に依存し，第二の出来事に際するその受け止めこそがトラウマ的（Bistoen, Vanheule, & Craps, 2014）なのだろうか。

　ここで，性的なものという枠組みを外して一般化すると，精神分析で行う作業の多くは，何かがあることを知っていることを前提として，より正確に何があったのか知り，その意味を理解する作業である（小此木，2002；Modell, 1990）。その際，考えたとしても何も新しい発見がないような取るに足らない出来事まで対象になるわけではない。つまり，「事後性」の概念は，「後に理解する」現象一般を指すのではなく，その対象が与える衝撃が一定以上の強さを持ちながら，あるいは持つがゆえに，衝撃を意識的に体験することがなかった場合に用いられる。言い換えると，対象の重大性と気づきの衝撃の両面からト

5　ラカンは「事後性」の議論にとって欠かせない論者だが，精密に扱う用意が私にないため，Bistoen, Vanheule, & Craps（2014）の記述に従ってここに名前を記すにとどめる。

ラウマ性と関係するのである[6]。

　ところで，いずれにせよ「事後性」は，第一の出来事が個人の人生の中で発生し，記憶痕跡として残っている場合を指して用いられている。その出来事に関する幼少期の記憶がすでに存在しているので，**何か**があったことをすでに知っている。しかし，それがどのような出来事であったのかが，後に認識され，そして抑圧される。エマの場合も，何かがあったことは記憶に残るが，何があったのかの認識は限定的である。それが性的なものであるという理解をすることはできておらず，その意味で「知らない」のである。

　では，本論の主題である「知らない出来事」に「事後性」概念を適用すると，「何かがあったことをすでに知っている」という要素がないため，直接体験していない出来事の存在をのちに知ったときの衝撃にのみ「トラウマ」性を認めることになるのだろうか。その辺りの問題については後にもう一度考えることにして，「知らない出来事」の具体例から考えていきたい。

Ⅲ　知らない出来事

1. 家族の秘密

　「知らない出来事」の代表例は「家族の秘密」である。ここでもフロイトから出発しよう。子どもが知らない家族の秘密に関係して，フロイトは「神経症者たちの家族ロマン」（Freud, 1908）という小論を書いている。ここで言う「家族ロマン」とは，自分は親の実の子ではないのではないかと子どもが疑う現象である。そうした子どもの心理を，フロイトは凡庸な親への失望がさせるものと理解する。原因を子どもの心理に求めるこの理解は，性被害があったという患者の告白を，子どもの欲望に由来するファンタジーと理解したフロイトの姿勢と同型である。そして確かにそのような理解が成り立つ事例があるだろう。

6　ここで記述している「事後性」の理解が，ビオンの「思考の成長」理論および「対象O」の概念と重なるのを私は意識している。変化を引き起こす解釈としての「行為（action）」による「前概念（pre-concept）」から「概念（conception）」への変化は，いまだ現れていなかった思考の現れであり，情動的な衝撃がそこに伴う。そうしたプロセスが志向する「対象O」は，おそらくは人生全体の意味を変化させるような対象であり，トラウマ的な作用と関係することが多いだろう。

しかし，養子でありながらその事実を告げられていない患者が治療を訪れたとしたらどうだろうか。普通，親は，子どもの成長過程で，出生の状況や，幼少期の様子を子どもに話すものである。しかし，子どもに話したくない事情があると，その話題が欠如したり作り話になったりするだろう。あるいは，子どもが自身の出生について親に尋ねたときの親の語り方や表情に不自然さが生まれ，子どもが尋ねてはいけないと感じて触れなくなるかもしれない。そうした背景で，自身が養子ではないかと子どもが疑うことがあるだろう。そうした子どもが成人後に分析治療を訪れた場合，患者の疑惑は正当な感覚に基づいたものである。その疑いを子どもの欲望が生んだものと理解すれば，正常な感覚を阻害してしまう。

養子縁組以外にも，両親の出会い，周産期，幼児期早期の多様な事情が「秘密」を構成する可能性がある。児童福祉の領域では，父親不在，離婚，きょうだいへの虐待，あるいは複雑な血縁関係の詳細など，種々の事情が子どもにとって「秘密」になっている例に出合う。そして，そのような情報の欠如が子どもの発達にとって重大な阻害要因となりうる。そうした場合，子どもの出生や家族の状況に関する重要な事実を子どもに伝えるとともに人生史を整理するライフストーリーワーク（以下，LSW）が必要となる。養子縁組の子どもへの支援から生まれ，幅広い事情に対象を拡大して行われている実践である。自らについての重要な事実を知る権利という「子どもの権利」に関わるケースワークだが，心理職も側面的支援から直接の関与までさまざまな形で連携することが望ましい。子どもに隠されていた事実には，それを知る体験がトラウマ性を帯びる恐れのあるものがあり，十分な配慮の下で進めなければならない。他方で，知らないことが負担をもたらし，成長を妨げているとすれば，知ることによる「事後性」だけでなく，「秘密」があることの作用もトラウマ概念の下で理解することができる。親も含む家族の処理能力を越えた困難に起因する作用だからである。

一つの例を取り上げておこう。LSWを実施したAは，父親と会ったことがなく，父親に関する情報をまったく知らなかった。LSWの中で母親との関係や児童福祉の支援を受けるようになってからのさまざまの出来事に触れていったのち，担当者が父親について情報収集をしてわかったことを伝えることができると提案すると，Aはしないでほしいと強く拒否した。Aは，何らかの事

情にショックを受けたわけでも，ショックを受けるような事情が隠されていることを示唆する何らかの記憶を持っているわけでもない。ただ，ひどくショックを受けるような事情が何かあるのではないかと恐れているのである。その拒否の仕方から，極度に強い不安がAにあることが感じられる。出来事の記憶という意味でトラウマ性記憶があるわけではないが，父親のことを考えた時の不安と，不安のためにある領域の思考，表象，感情が回避されているという意味で，PTSDの基準と重なる状態である。トラウマ性記憶という言葉で理解されている性質，つまり回避によって一連の記憶ネットワークに由来する不安が強化されるメカニズムがここにも働いている。Aがそこまで強く拒否するのは，過去に父親のことを考えたり知ろうとしたりすることを避けてきた経験の積み重ねがあるからであろう。その回避は，A個人の心理メカニズムだけでなく，Aの置かれた家族を中心とする対人関係的状況が引き起こしていると思われる。父親について母親が話したくない事情が実際にあるだろうし，母親自身のトラウマ的な記憶が回避させている可能性もある。

　こうした例は決して珍しくない。「知らない出来事」の作用は，その出来事の性質にも，それ以外の家族および生活環境の状況にも依存する。Aの例では強い不安が存在したが，逆に，子どもに伝えることができる重要な情報があるが，子どもが顕在的な不安を持っていない場合もある。後者の場合も，その伝え方，伝える時期などを慎重に検討していく必要がある。

2. 経験していない惨事

　本論にとって重要なもう一つの問題領域は，戦争，大災害など，冒頭で「惨事トラウマ」という言葉で示した領域である。

　第二次世界大戦が終結してからすでに80年近く経過し，日本の戦争体験はその「継承」のあり方が議論の対象となっている（蘭・小倉・今野，2021）。私自身「戦争の子ども」という概念を用いて調査研究を行った経験があるが（森・港道，2012），調査対象は，子ども時代に戦争を体験した世代で，聞き取りの主たる対象は語り手自身の戦争体験だった。しかし，さらに下の世代に移ると，戦争は「知らない出来事」になる。戦争に関する情報を得ることは可能だが，家族の戦争体験については，その多くを「知らない」ことが多い。そこには，上記の「家族の秘密」とは別の形で，やはり語られない体験，別の種の

46 第Ⅰ部 精神分析とトラウマ——理論的考察

「秘密」が存在する。そして，知らないまま次世代あるいは次々世代への「トラウマの世代間伝達」が起こる。

　一つの例を取り上げてみよう。黒井秋夫氏（2018）が記す父親の戦争体験の作用である[7]。黒井氏の父親は兵士として第二次世界大戦を経験した世代だが，黒井氏の知る父親は，無口で「従軍体験には口を閉ざし続け」，定職を持たず，子どもにとって良い父親とは言えなかった。黒井氏は，そんな父親が子ども時代から「嫌い」だったという。その黒井氏が，ピースボートに乗船して南アジアに航行し，太平洋戦争について見つめ直すことで転機が訪れた。同じ旅の中で，アメリカ兵のPTSDについて知る機会が船上であったことから，戦争体験が父親に及ぼした影響を認識し，父親もまた戦争によるPTSDを抱えていたことに気づくことができたのである。それを機に，氏は「PTSDの復員日本兵と暮らした家族が語り合う会」を立ち上げる。この会は多くの人々の共感を呼び，交流が始まった。氏がここにPTSDという概念を用いていることは，トラウマの概念とPTSDの診断名が，父親の戦争体験を理解する一つの有力な窓口になっていること，そして，多くの人と共有できる概念になっていることを示している。

　黒井氏は，父親に「従軍体験」があることについてはすでに知っていた。しかし，それについて父親から聞き出そうとすることも，あるいは自身でそれを想像したり考えたりすることもなかった。「口を閉ざす」という父親の行動は，単に話さないという状態ではなく，それを尋ねることも，あるいはそれについて考えることも拒むような強い作用を持っていたのではないか。つまり，子どもの心に，一つの禁止が働いていたのである。そこには「家族の秘密」と類似の働きがある。戦争が父親にもたらしたトラウマについて考え始めるまでに，黒井氏は長い年月を要したのである。

　次に，最近接して強い印象を受けた，レベッカ・クリフォードの報告（Clifford, R., 2020/2021）に触れておこう。最年少のホロコースト・サバイバーたち，つまり終戦時に10歳以下だったホロコーストサバイバーへのインタビューを行ったクリフォードによれば，この世代の子どもたちが自身の出生や

7　ここでは黒井氏が立ち上げた「PTSDの復員日本兵と暮らした家族が語り合う会」のホームページ（黒井，2018）の記述に従って紹介する。

幼児期に関する事実を知る過程には多くの困難があった（p.14-15）。自らの出自や幼少期の家族の事情を知らないことが，彼らのアイデンティティを不安定化させた。彼らが重要な事実を知らない理由は，彼らの家族が辿った酷い運命を誰も伝えようとしなかったからだが，命を失わずに済んだことがむしろ幸運とみなされ，過去を忘れて未来に目を向けるべきと助言されてきたからでもある。彼らは自らに関する重要な情報について考えないように働きかけられてきたのである。しかし，思春期になって過去を教えてくれない養育者に反発して，あるいは中年期になって自身の出自や幼年期について何も知らないことに苦しんで，とそれぞれのプロセスは異なるが，過去を知る機会に遭遇し，衝撃的な事実を知るに至った。

　同書の記述から，彼らの内の「禁止」が多重決定されていたことがわかる。ホロコーストのトラウマ性の下で，子どもを恐ろしい事実から遠ざけておきたいという善意も働いたが，大人自身にある恐怖，困惑，不安も働いた。

　同書を読んであらためて知った次第だが，戦後期の代替養育（養子縁組，里親，施設養育など），子ども養育，子ども治療などに関する精神分析，発達理論を含む議論のすべてが彼らの育ちに影響するとともに，彼らの養育という課題がそれらの実践，理論を形作っていった。理論に基づいて，戦中の体験を集団の中で語り合うことを重視した施設養育もあり，対応は多様であった。いずれの立場も，ホロコーストのトラウマ性への反応，あるいは対応として理解できる。ホロコーストは，その出来事が「トラウマ的」であるという意味でも，「トラウマ」の視点からサバイバーの経験を理解する試みの質および量の点でも，トラウマの極北に位置する事象である[8]。ホロコーストの作用に加えて，社会にもともと存在した子どもに真実を伝えない姿勢も対応に影響した。養子縁組において「真実告知」を基本とする方針の確立以前であり，むしろ伝えないことが社会の通念であった。

　本節で触れた日本における兵士の体験とホロコーストの問題を垣間見るだけでも，戦争が家族内に「秘密」を生み出し，子どもに影響が連鎖していくのが

8　ホロコーストの経験に関して用いられる「証言不可能性」の言葉に言及しながら，「極北」の扱いだけでなく，「寒冷地」の扱いもまた重要であることを述べたことがある（森茂起，2021a）

48 第Ⅰ部 精神分析とトラウマ——理論的考察

わかる。その基本的な構造は，「家族の秘密」と同じく，子どもと近い関係に
ある他者の過去に重大なトラウマ的出来事があり，それが種々の感情，情動を
通して秘密を生み出し，その起源を「知らない」子どもに作用が連鎖していく。

　なお，大惨事には本来自然災害も含まねばならない。我が国では自然災害の
トラウマ的作用が数多く発生しており，その予防，回復のための支援が積み重
ねられている。その主題も加える必要を感じながらも，本論では触れることが
できなかった。

Ⅳ　埋葬の概念

　「知らない出来事のトラウマ性」を，「事後性」の概念も参照しながら考えて
きた。ここでその理論的理解の一つの手がかりとして，ニコラ・アブラハム
（Nicolas Abraham）とマリア・トローク（Maria Torok）による「埋葬」概念
を参照してみたい。

　アブラハムとトロークの仕事は，『狼男の言語標本』（Abraham & Torok,
1976）および『表皮と核』（Abraham & Torok, 1987）の二冊の著作で知られ
る。前者はフロイトの「狼男」の症例の再解釈である。後者は，その仕事が始
まる以前から，その後に至るまでの期間にわたって二人が発表した論考を編ん
だ論文集である[9]。

　『狼男の言語標本』では，フロイト（1918）の「狼男」（実名セルゲイ・C・
パンケイエフ）の症例の——特に彼が幼少期に見た狼の夢の——再検討が行わ
れる。その結果，フロイトが両親の性交の目撃に由来すると解釈した夢を，父
親が姉に性的侵犯を犯し，その作用で姉が弟に対して性的行為を行ったと想定
して読み直す。つまり，「原光景」という多くの子どもが経験する，ある意味
日常的な出来事ではなく，父による性暴力というトラウマ性の高いものを想定
し，その連鎖の先に狼男の神経症を置いたのである。それによって，アブラハ
ムとトロークは，狼男の神経症とファンタジー（＝夢）だけでなく，発病から
自死という姉の辿った運命も含む家族関係の病理を理解した。

　本論にとって重要なのは，二つの解釈のどちらが正しいかではなく，アブラ

9　拙論（森，2016；森，2020）を参照。

ハムとトロークが関心を寄せた現象である。まず，今述べたように，フロイトが，一般的な心理学およびメタ心理学を形成しようとしたのに対し，彼らはより特殊な，トラウマ性の高い出来事の作用を対象とした。そして，トラウマ的出来事の作用が姉から弟へ連鎖する現象に注目して理論を構築した。彼らの想定した姉から弟への性的接近は，狼男が直接的に体験したものなので，正確に言えば「知らない出来事」ではない。しかし，起源となる姉への侵犯を知らないままその連鎖作用の影響を受ける現象を対象にしているため，本論の主題にも援用可能な理論がそこから生まれた。

　その理論で用いられる概念が，「亡霊」であり，『表皮と核』に収められた諸論文にその理解が展開されている。「亡霊」の定義は，彼らによれば，「無意識のうちにおける，他者の打ち明けられない秘密（近親姦，犯罪，私生等）の働き」（『表皮と核』p.429）である。姉による弟への接近は，性への関心の自発的芽生えによってきょうだい間に生まれたものではない。父の暴力によるトラウマ的作用があるからこそその行為が行われたのであり，そこには，子どもの自発性から生まれ得ない「情熱」[10]があった。しかし，その起源にある父の行為は秘密にされている。

　こうして家族内に秘密が生まれ，その出来事とつながる一群の言葉がタブー語となり，そこから連想されるさらに広範な領域の言葉の変質を生む。それらの変質した言葉によって近づくことができなくなった心の領域は「埋葬室（crypt）」[11]と呼ばれ，背後の出来事を隠すそれらの言葉，つまり真実を隠すための言葉は「埋葬語（cryptonym）」と呼ばれる。「言語標本」とは，そうした埋葬語のリストのことである。

　狼男の症例を含む「秘密」と「亡霊」に関する臨床的理解から出発し，アブラハムとトロークは，「現実」という審級をメタ心理学の概念として提示して

10　ここで用いた「情熱（passion）」はフェレンツィ（Ferenczi, S., 1932）に沿って私が用いたものである。「やさしさ（tenderness）」を求める子どもに対して，大人が「情熱」で接し，子どもが「同一化」することで性の情熱が生まれるという理解である。性虐待を受けた子どもの性化行動として今日理解されている現象に相当する。性化行動として発現するような情熱は，子どもが自発的に持つものではないという理解がそこにある。

11　『表皮と核』は「地下納骨所」と訳すが，『狼男の言語標本』と統一してここでは「埋葬室」とする。

いる[12]。それは，「知られてはならない限りで存在するものであり，一言で言えば，秘密として定義されるもの」（『表皮と核』p.278）である。自身の内部の葛藤によって抑圧された心的内容と異なり，何らかの法を侵犯する行為が背後にある。言い換えれば，その行為を秘密にしなければならない外的状況がそこにある。その秘密は，出来事があることではじめて生まれるものであり，逆に言えば，「埋葬室が存在するということは現実に出来事が起こったことを十分に証明している」（同）のである。

　アブラハムとトロークは，「亡霊」として働く秘密の例に，近親姦，犯罪，私生をあげている。主として前節の「家族の秘密」に属するものである。しかし，戦争によるトラウマもまた，「亡霊」となって家族，次世代に作用することが容易に推測できる。戦争は，アブラハムとトロークが言う「他者の打ち明けられない秘密」をおびただしく生み出すからである。PTSD の中核要因である恐怖が働き，トラウマ性記憶と PTSD 症状がその言語化を妨げる場合も多い[13]。しかし，加害体験による罪悪感や恥が打ち明けることができない理由の大きな部分を占めることも多い。あるいは，軍隊における屈辱的体験のように社会的敗北モデル（Ishikawa, et al., 2019；金，2021）で記述できるような現象も関わるだろう。PTSD の文脈で言えば，複雑性 PTSD に相当する状態である。その場合の「秘密」は，恐怖と結びついたトラウマ性記憶より，むしろアブラハムとトロークが対象としたような，倫理的侵犯による罪悪感，恥が主たる要因となっている。打ち明けることができない体験内容が家族，特に子どもに作用し，子どもの無意識内に触れることのできない領域を生み出すだろう。

　アブラハムとトロークが述べている治療論についても触れておきたい。彼らは，「現実」という審級の特質を，その出来事に関わる秘密の暴露が，自身だけでなく，それに関係する（複数の）他者の秘密も暴露するところにあると言う。その力動が，転移関係の中で，分析家を加害者，共犯者，被害者，傍観者など，いずれにせよその出来事に関わる当事者にする。その結果，分析家はその内容をファンタスム（ファンタジー）とするか，それとも倫理的判断を「相

12　「狼男」に関する分析作業と，彼らのメタ心理学的の構築は互いに影響しながら同時期に進んだ。その過程については森茂起（2016），森（2020）を参照。

13　そうした例は拙論（森，2021a）を参照。

対的で恣意的」なものとみなして「法的なものを解体してしまう」(『表皮と核』p.284)かのいずれかに陥る。いずれも,「現実」と直面すれば,主体の構造が解体してしまうのではないかという脅威に由来する。そのいずれにも陥ることなく,分析を継続することで,「言ってはならない」という禁止が「語りたくない」という欲望に変わっていって,分析の対象とすることが可能になるという。この点は,後にもう一度触れることにする。

V 「知らない出来事」と事後性

トラウマという現象を,主体としての個人から言えば「知らない出来事」,集団から言えば「秘密」という現象に拡大したとき,トラウマが発生する「時」と「場所」という二つの軸でその位置付けを整理する必要がある。時間軸に関しては,まず外的出来事が起こった時点には,主体がそれを経験できる時期も,経験できない時期,つまり人生の初期ないし出生以前に遡る出来事もある。またそれとは別に,どの時点でそれがトラウマ性を帯びたかも時間軸上に位置付けなければならない。もう一つの軸の「場所」は,出来事が起きた場所のことではなく,外的出来事として発生したトラウマ性とそれを主体が経験するトラウマ性,つまり外と内に区分されるトラウマの場所である。

すでに述べたように,事後性の概念は出来事が体験されていて,それに関わる記憶痕跡があるときに,のちの体験に際してそれがトラウマ的なものとなる,言い換えると抑圧される,という事態を指していた。つまり,出来事が起こる時点と,それがトラウマ的なものとなる時点という二つの時点の間にずれが存在する。場所の観点からすれば,外的出来事として起こったことが,後の出来事によってその作用が個人の内部でトラウマ的になるという形で場所の移動がある[14]。その場合,最初の時点で内的に通常の経験とは異なる何らかの痕跡を残している可能性もある。一定のトラウマが最初の時点 A で発生しながら後の地点 B で一層大きなトラウマ的作用が発生する場合である。その場合,ずれのある二つの時点のいずれにもあるトラウマ的な要素とその相互作用を考えなければならない。

---

14 この一連の事態を「取り入れ」および「同一化」の観点から理解することも必要であろう。

「知らない出来事」という問題領域に事後性の概念を重ねると，そこにさまざまの様態が見えてくる。第Ⅲ節で取り上げたＡの場合，Ａが知るのを恐れている父の事情が起こったのは，Ａの出生前から出生後しばらくのことと思われる。その事情にすでにトラウマ性がある可能性がある。次に，母を中心とする養育によって育つ過程に，その秘密を知ることに恐怖を感じさせるような関係性があった。知ることを回避させているという意味で，それはＡの内部にもトラウマ性を帯びた心的内容を生み出す。そして，Ａの場合はまだその時点が来ていないが，今後それを知ることがあれば，さらにトラウマ性を帯びるかもしれない。あるいは，知ることによってむしろ安堵して，トラウマ性が弱まるのかもしれない。

実際，こうした場合に，父親に関する情報を知る経験が，Ａが恐れているようなものになるとは必ずしも言えない。父親が刑に服していることを知らされていなかった——それゆえ長く会うことがなかった——子どもが，その事実を知って，生きていたことで安堵した事例もあった。つまり，不安によって生まれる子どものファンタジーが現実より否定的な内容を帯びていたのである。したがって，子どもが事実を知ったときに，心配していたようにショックを受けるとは限らない。知ることが子どもの安定性を高めるような形で伝えるのがLSW の目的である。その際，内容だけでなく，伝え方や伝えることを通した関係性が重要な意味を持つ。

先に述べた黒井氏の例でも，後の成長や知識よって事態を理解するに至るという意味で「事後」の理解である。しかし，その理解によって防衛が発動されることはなく，むしろ個人の内部と父親との関係の両者の意味で，統合性が高まった。黒井氏はその体験を，「戦争体験で心が壊れ，元の自分に戻れない別人になってしまった父・黒井慶次郎を，本来の父親と見間違っていたのではないか」という思いから，父の苦悩に共感することが可能になったと言う。戦争体験によるPTSD という理解によって新しい（内的）関係性が生まれることで，子どもにとって健康的，生産的な変化が生まれたのである。その意味でトラウマ性が弱まったと理解できる。事後性に関係づけるなら，先に触れた，精神分析の作業自体を事後性の概念で捉える理解（小此木，2002；Modell, 1990）に相当する。

逆に，知る時点で強いトラウマ性が発生する例もある。その側面が際立つ例

を，生殖補助医療に関する LSW 実践に見ることができる。一例として，実父であることを信じていた父が生物学的親ではなかったことを知った方の衝撃が，自己理解，人生理解を根本的に覆すほどであった例がある（才村，2008）。先の A のような生育環境の場合，一定の年齢に達すると，子どもはふつう母親と父親があることを知り，自身の状況が不自然であることに気づく。そして家族が父親について語らないことが不安の対象となる。しかし，生殖補助医療に関わるこの例では，父母の関係にも養育にも問題がなく，ごく普通の家庭と思いながら育った。そのため，真実との出会いは青天の霹靂であり，その事実を自己理解に統合することが極めて困難な作業になった。そして，それまでの養育において父母がその事実を秘密にしていたことが事後的に重大な意味を持ってくる。人生理解や自己理解に根本的な変更を迫るという意味でそれをトラウマ的と呼んでいいだろう。その出来事は出生以前にすでに起こっているが，内部でトラウマを経験したのは成人後の時点である。フロイトの意味とはかなり異なる意味だが，「事後性」な現象である[15]。

　こうした例も含む現象を「トラウマ」の概念で理解するために有用な定義に次のものがある。

　　　「心的トラウマとは，脅威的な外的要因と個人の防衛能力の間に重大な落
　　　差が生じる体験であり，絶望感と抵抗放棄を伴い，そのため自己と世界へ
　　　の理解に持続的な混乱を引き起こす」（Fischer & Riedesser, 1998）。

　本論で見てきた「知らない出来事」の作用には，事後性の観点からして，時と場所の両者においてさまざまの場合がある。しかし，共通した要素を見ることができる。この定義に倣えば，そこには「外的要因」がある。そして，その要因が，外的なものを取り入れながら処理して心の内部に位置付け，組み込み，成長にもつなげるような個人の力を大幅に超えた否定的性質を持っている。そしてその結果が持続的な混乱をもたらす。上記の定義に従ってトラウマと呼んでよいのではないか。事後性の概念をあらゆる事後的な洞察——つまり

15　直接関わっておらず，かつ極めてプライベートな事情に関わるこの例に，このような形
　　で考察を加えることに躊躇いを感じるが，私自身がその内容を知って深い印象を受けた
　　ことと，すでに公表されているため，ここで使わせていただいた。

精神分析の一般的特性——に適用することを避け，源の外的要因に重大性がある場合に限って用いるのが，フロイトの原義に添いながらその範囲を拡張するという意味で適当ではないかと私は考えている。

VI　治療への示唆

　以上のように整理を試みた上で，治療論に触れなくてはならないが，事例に即した検討は後の課題として，ここでは文献に見る例とここでの議論から得られる一般的示唆にとどめることにする。

　そもそも，秘密となって隠れている「知らない出来事」は，治療の場に現れにくいものであり，それをどのようにして治療の対象とするかが課題となる。PTSD にせよ，複雑性 PTSD にせよ，あるいは別の入り口からの治療にせよ，当人が知っている出来事の作用の場合，簡単な接近は拒まれるとしても，注意深い接近によって，いずれその出来事に到達することができる。その際，十分な準備と安全の確保をした上で，トラウマを扱う技法を用いてそれを対象とすることになる。明らかに重大な事象が関わっていて，その整理をせずには治療が進展しないと思われる場合には，本人とその理解を共有した上で，トラウマ焦点化療法を用いることが重要と私は考えている。他方で，長い作業を経た最終段階になって，それがあったことは知っていたが長く意識に登ってこなかったトラウマ的出来事がはじめて扱われることがある。私の経験では，性的な性質の出来事であったことが多いが，ある程度一般化できる傾向ではないだろうか。

　富樫（2019）が報告する親の原爆体験が背後にある例もその一つである。その報告によれば，患者は自身の親の体験を人生のある時点で親から直接聞いており，治療の段階ではすでにその存在を知っていた。しかしそのトラウマがどのように自身の人生に作用していたのかを知るには，長い分析の過程が必要だった。その「知る」過程は，まったく知らなかった子ども時代から始まり，ある時点で聞いた（複数の）体験があり，分析の経過があり，親の体験にあらためて光を当てて語る段階がある。その分析過程が，治療者と患者の相互的な転移の中で進んだことを富樫は報告している。多くの側面から事後性の関わる報告である。

　では，「知らない出来事」が背後にあるときはどうだろうか。まず，一般的

な示唆として，ここで主題にしたようなトラウマ性を持った「知らない出来事」がある可能性を想像することが求められる。秘密の転移によってそれに気づかない，何かを感じながら意識しない，見ようとしない，否定するなどの働きが起こったときにそれに気づくことが可能になるには，当人が知らないトラウマ的な事態がありうるという知識が必要である。人生史に語られない穴があるときには，そこに触れてはならない何らかの秘密があるのかもしれない。通常の防衛のように，当人の内部にある近づけない内容ではなく，当人の知らない秘密の領域を両親などの他者が避けてきたために生じている穴である。先に触れたアブラハムとトロークの論で「埋葬室」と呼ばれていたものである。

　次に，転移への敏感性が重要であろう。理解を阻む壁の存在を感じたときに，何かが隠されているのではないかと想像することに意味がある。トラウマ性の秘密がもたらす転移を他の転移と見分ける特別な方法はないかもしれないが，アブラハムとトロークが示唆するように，関係性への注目が特に重要である。加害－被害の両極に引き裂かれたり，それらの間を揺れ動いたりする場合，源の出来事に同様の関係性があるサインかもしれない。

　精神分析の実践においてホロコーストサバイバー，あるいはその下の世代の治療を扱った報告で，私の印象に残る例としてコーガン（Kogan, I., 2019/2007）の症例報告がある。そこでは治療の重要な局面である種の境界侵犯が発生するのだが，その侵犯をいわば「合法的に」起こさせたのは，治療者－患者の関係性より上位の，二人がユダヤ教の信者であるというアイデンティティであった。トラウマには，そうした根本的なアイデンティティに関わる転移を引き起こす力があるように見える。逆に言えば，起源となるトラウマ的出来事が根本的なアイデンティティに関わっているために生まれる転移である。

　知らない出来事に由来する転移が起こっているとすれば，何かがあるという感覚を持ちながらそれを探る，ビオン的[16]に言えば，考える人を待っている何かがあるという感覚かもしれない（Symington, N. & Symington, J., 2003, p.102, 日本語版 p.127）。「知らない」状態の背後には，「知ってはならない」という禁止があるはずである。アブラハムとトロークは，長い分析過程を経て，「言ってはならない」という禁止が「語りたくない」という欲望に変わること

16　ここでは，次の文献による「前概念」の記述に従って述べている。

でそれを扱いうるところに至ると示唆していた。最終的に欲動論に回収するこの議論を，欲動論を見直してより関係論的に理解することを目指したフェレンツィと対照させると興味深いところである。フェレンツィ的に見れば，攻撃者と同一化して禁止されていた状態から，トラウマ的な攻撃者との同一化が次第に解消されて主体の統合が進むことで，親の欲望ではなく，自らの欲望としてそれを語ることが可能になるということだろうか。フェレンツィが記述した直接の攻撃ではなく，他者が経験した攻撃が間接的に作用する場合に拡張して考えると良いように思われるが，そのあたりの検討は別の機会に譲りたい。

Ⅶ 結語

　最後に，現在も生み出され続け，今後も生み出すであろう「知らない出来事のトラウマ」について触れておきたい。家族内にせよ災害によるものにせよ，今現在も多数のトラウマ的出来事が起こり続けている。それは，本論に照らせば，「秘密」の蓄積が進んでいることを意味する。阪神・淡路大震災，東日本大震災に代表される震災も，多数の死者の発生によって，次の世代に対して秘密となるような出来事を多数生み出したことだろう。「知らない」トラウマ的出来事の作用を扱う課題が後の世代に残されている。そうした出来事が蓄積されればされるほど，その作用を知らないまま臨床の場に現れるクライエントへの援助の際に，隠れている出来事への視線が必要になるだろう。

　振り返ると，ここで論じた主題は，私が過去に書いたものを再構成したに過ぎない。本来参照しなければならない理論や先行研究は他に多数あると思われるが，そうした作業を行うゆとりがない中で，過去に考えてきたものに頼って「知らない出来事」という視点から整理してみた。この主題で書いていると，そここに以前書いたものを引用せざるを得なくなったのである。本論の主題をめぐって私が仕事をしてきたことの現れでもあろう。結果として，本論は個人的なライフストーリーワークの性格を持つことになってしまった。私が扱ってきたトラウマ性を持った「知らない出来事」は，戦争に関するものと家族内の秘密に関するものに跨っている。両者を一度に扱ったことが，記述をまとまらないものにしてしまったかもしれないが，今後整理していくための経過地点として記した次第である。

⦿文献

Abraham, N. & Torok, M.（1976）Cryptonyme: Le verbier de l'omme aux loups. Oredede de《FORS》par Jacques DERRIDA. Paris: Flammarion.（港道隆・森茂起・前田悠希，他＝訳（2006）狼男の言語標本――埋葬語法の精神分析／付・デリダ序文《Fors》．法政大学出版局）

Abraham, N. & Torok, M.（1987）L'écorce et le noyau. Paris, Flammarion.（大西雄一郎・山崎冬太＝監訳（2014）表皮と核．松籟社）

蘭信三・小倉康嗣・今野日出晴編（2021）なぜ戦争体験を継承するのか――ポスト体験時代の歴史実践．みずき書林．

Bistoen, G., Vanheule, S., & Craps, S.（2014）Nachträglichkeit: A Freudian perspective on delayed traumatic reactions. Theory & Psychology, 24（5）; 668-687. DOI: 10.1177/0959354314530812.

Clifford, R.（2020）Survivors: Children's Lives After the Holocaust. New Haven, Yale University Press.（山田美明＝訳（2021）ホロコースト最年少生存者たち――100人の物語からたどるその後の生活．柏書房）

Ferenczi, S.（1932）Sprachverwirrung zwischen den Erwachsenen und dem Kind.（森茂起・大塚紳一郎・長野真奈＝訳（2007）大人と子どもの間の言葉の混乱．精神分析への最後の貢献――フェレンツィ後期著作集．岩崎学術出版社，139-150.

Fischer, G. & Riedesser, P.（1998）Lehrbuch der Psychotraumatologie. München: Der Ernst Reinhardt Verlag.

Freud, S.（1908）Der Familienroman der Neurotiker.（道籏泰三＝訳（2007）神経症者たちの家族ロマン．フロイト全集9，岩波書店）

Freud, S.（1918）Aus der Geschichte einer infantilen Neurose.（須藤訓任＝訳（2010）ある幼児期神経症の病歴より「狼男」．フロイト全集14，岩波書店）

Horesh, D., Solomon, Z., & Zerach, G.（2011）Delayed-onset PTSD among war veterans: The role of life events throughout the life cycle. Social Psychiatry and Psychiatric Epidemiology, 46, 863–870.

黒井秋夫（2018）「PTSDの復員日本兵と暮らした家族が語り合う会」の趣旨とめざすこと①②．https://www.ptsd-nihonhei.com/about-website/（2022年2月22日閲覧）

Kogan, I.（2019/2007）Escape from Selfhood: Breaking Boundaries and Craving for Oneness. London, Routledge.

Laplanche, J.L.（1970）Vie et mort en psychanalyse. Paris, Flammarion.（十川幸司・堀川聡司・佐藤朋子＝訳（2018）精神分析における生と死．金剛出版）

Modell, A.H.（1990）Other Times, Other Realities: Toward a Theory of Psychoanalytic Treatment. Cambridge, Harvard University Press.

森茂起（2005）トラウマの発見．講談社．

森茂起（2016）死者の声はどう届くのか――『埋葬と亡霊』その後（上）．心の危機と臨床の知，甲南大学人間科学研究所，17，31-40.

森茂起（2020）死者の声はどう届くのか――『埋葬と亡霊』その後（中）．心の危機と臨床の知，甲南大学人間科学研究所，21，29-48.

森茂起（2021a）戦争体験の聞き取りにおけるトラウマ記憶の扱い．（蘭信三・小倉康嗣・今

野日出晴＝編）なぜ戦争体験を継承するのか——ポスト体験時代の歴史実践．みずき書林, 195-226.

森茂起（2021b）心理療法で語られるトラウマの物語．精神分析的心理療法フォーラム, 9, 83-90.

小此木啓吾（2002）事後性.（小此木啓吾＝編集代表）精神分析事典．岩崎学術出版社, 181-182.

才村眞理（2008）生殖補助医療で生まれた子どもの出自を知る権利．福村出版.

才村眞理・大阪ライフストーリー研究会（2016）今から学ぼう！ ライフストーリーワーク——施設や里親宅で暮らす子どもたちと行う実践マニュアル．福村出版.

Singer, E.（1994）Key Concepts in Psychotherapy. Rowman & Littlefield Publishers.（鑪幹八郎・一丸藤太郎＝訳（1976）心理療法の鍵概念．誠信書房）

Sullivan, H.S.（1954）The Psychiatric Interview. New York: W.W. Norton & Company.（中井久夫＝訳（1986）精神医学的面接．みすず書房）

Symington, N. & Symington, J.（1996）The Clinical Thinking of Wilfred Bion. Reutledge.（森茂起＝訳（2003）ビオン臨床入門．金剛出版）

富樫公一（2019）認識論的トラウマ・他者・偶然性——脱・ポスト植民主義からの考察.（富樫公一＝編著・監訳）トラウマと倫理——精神分析と哲学の対話から．岩崎学術出版社, 238-268.

第3章
精神分析がトラウマ臨床に提供するもの
精神分析の役割の批判的再検討

平井正三

はじめに

　今日，トラウマが人の心身に深刻な打撃を与えうるということは臨床家だけでなく，社会的にも広く認められつつある。そうしたトラウマの問題を早くから指摘してきたのが精神分析であるが，現代において，トラウマ治療において精神分析的アプローチを第一選択肢にしている臨床家がたくさんいるとは思えない。多くは，EMDR，TF-CBT，自我状態療法，ポリヴェーガル理論などを治療の選択肢とみなしているのではないかと思われる。それでは，精神分析は，トラウマをいわば発見したもののトラウマ治療という点では現代ではどちらかというと過去の遺物になっているのだろうか？

　わが国ではトラウマ概念が社会全体で広く関心を集めるようになったのは，おそらく 1995 年の阪神・淡路大震災以降ではないかと思われる。1980 年のDSM- Ⅲに PTSD が含められてはいたとはいえ，大抵の日本の臨床家はそれに関心を十分払ってなかったのではないだろうか？　実際に，トラウマの広範な影響の理解が臨床家の間で広まっていったのは，阪神・淡路大震災の経験と，1996 年にいち早く中井久夫により翻訳出版されたジュディス・ハーマン（Judith Herman, 1992）の『心的外傷と回復』などに代表される突如アメリカ合衆国から輸入されたトラウマ研究の影響が大きかったように思われる。それ以前は，トラウマと言えば，精神分析と結び付けて考えられがちであり，かつかなり限定されたものであったのではないだろうか。平均的な臨床家にとって，トラウマはおそらく幼児期に受けた虐待などの出来事による傷つきを意味しており，それは精神分析的アプローチにより治療されるものという理解では

なかったかと思われる。戦争や災害，事故，犯罪，レイプなどによるトラウマの問題，PTSDの問題などはあまり認識されていなかった印象である。

阪神・淡路大震災以降，臨床家の間で急速に高まってきたトラウマ理解の流れの中で，精神分析はいわば置き去りにされていった感がある。そこには，例えば，ハーマンによるフロイト批判に代表されるように，精神分析はトラウマを発見したが，それを過小評価もしくは否認してきたのではないかという批判があるように思われる。

本章では，フロイト（Freud, S.）とフェレンツィ（Ferenczi, S.）による代表的な精神分析におけるトラウマ論をみていく。そのうえで，最近のトラウマ研究を概観し，従来の精神分析の流れにおいて社会的視点と生物学的視点が十分でなかった点を明らかにしていくとともに，現代精神分析が，一般的なトラウマ臨床において欠けがちな視点，すなわち社会にも還元できないし，生物学にも還元できない，個人にとっての意味という視点（Garland, 1998）を提供できることを論じていく。

I　トラウマの多義性と多様性

一口にトラウマと言っても，実際のところそれは多義的であり，かつ多様なものを含んでいることが示されてきている。阪神・淡路大震災をきっかけに広く知られるようになったトラウマは，PTSDという概念にまとめられたわけであるが，こうした災害，戦争，犯罪被害，事故などの出来事によるトラウマとは区別して，持続的に強度のストレスに置かれるような，虐待，いじめ，ハラスメントなどのトラウマを複雑性PTSDという別の診断分類として確立していくことが提唱されている（Herman, 1992）。あるいは，乳幼児期の発達途上での虐待によるトラウマを発達性のトラウマとして捉えることも提起されてきている（van der Kolk, 2014）。さらに，PTSDの診断概念に含まれる，トラウマ性の出来事がまず起こり，それにより症状が生じたという因果論的な関係性が認められない，遅延性のトラウマ症状が存在することも指摘されている（Young, 1997）。つまり，トラウマ性の出来事が起こってしばらく無症状であったが，それから相当の期間ののちに，うつ状態に陥るなどのきっかけののちにその出来事がトラウマ化したとみられるようなケースが相当あることがわ

かってきた。これは，精神分析では，事後性（Freud, 1914）として論じられてきた現象と重なる。

トラウマは，一般にある出来事が主体の心の許容量を超えてしまい，外傷性記憶やフラッシュバックや外傷夢を中核症状として，それに関連して不眠，解離，易怒性，抑うつなどの症状を伴う，「外傷」の痕跡を残していく事態を指している。こうした出来事が単発で起こるか，持続的に起こるかという違い，さらにそれが発達途上に起こり発達過程に影響しているのかどうかの違いがある。また，上述したように，出来事のかなりのちにトラウマ化が起こるように見える，出来事と症状との間に単純な因果関係が見られないタイプのものも存在する。

このようにトラウマという概念は非常に多様な現象が含まれているが，精神分析では，フロイト以来，主に発達上に生じ，その後のパーソナリティ形成に多大な影響を及ぼすトラウマを扱ってきたといってよいだろう。つまり，今日複雑性トラウマもしくは発達性トラウマとして理解されているものがその関心の中心であった。しかしながら，その内容は，親からの性的虐待や身体的虐待にとどまらず，通常は虐待には当てはまらないような母親との分離経験（Tustin, 1972；Reid, 1999），医療的介入（Hopkins, 1986）なども子どもによってはトラウマとして発達上の悪影響を与えてきている場合があることが論じられてきている。一般的な複雑性トラウマや発達性トラウマ概念と対比すると，関係性のトラウマをもっぱら扱っているというだけでなく，幅広くトラウマ経験をとらえているのがその特徴であるように思われる。

II　精神分析とトラウマ

1.　フロイトのトラウマ論とその放棄
——主観性と主体性の臨床科学の誕生

ここで精神分析の流れの中でトラウマがどう扱われてきたかを概観していく。まず確認したいのは，精神分析の本質は，個人の主観性を扱い，その解明を通じて援助する実践である。こうした実践の性質からして，それが社会の主流から無視されているような少数派の痛みに目を向けることは必然であったように思われる。実際，フロイトが，精神分析的探求の旅に乗り出したのはブロ

イアー（Breuer, J.）から，症状の原因となっているトラウマ的出来事を，感情を伴って話すことで症状が消失するという物語を聞いたことであった。おそらくフロイトが関心を持ったのは，症状が消失するという部分よりも，症状という一見無意味で邪魔なものには隠された意味があること，その個人固有の経験が潜んでいるという事実であったのではないかと思われる。『ヒステリー研究』（Freud & Breuer, 1895）は，ブロイアーの武骨な症例報告のあとに，フロイト自身が申し訳なさげに小説のようであると書いているヒステリー患者たちの物語が続く。

　こうして症状の原因になっているトラウマ経験を探っていくうちに，それはどんどん過去に遡っていき，遂に幼児期の性的体験に行き着いた。そして大人による性的な誘惑経験が，すべての神経症の病因であると結論づけたのである（Freud, 1998）。これは，性的虐待の症例が記載されている『ヒステリー研究』と合わせて，性的虐待というトラウマにより神経症を発症することを論じた歴史的な仕事であったが，フロイトはすべての神経症者が幼児期に性的虐待を受けているとは考えにくいなどの理由でこの理論を撤回してしまったうえに，トラウマ理論そのものからも撤退していった。

　こののち，フロイトは，神経症の「原因」を主体の外側ではなく，内側に求めていく。幼児期の性的経験が病因だとして，性が幼児期にないのであれば，それは外側に帰するほかはないのであるが，それが主体の内部にそもそもあると考えれば問題はなくなる。フロイトは，セクシュアリティの概念を大幅に拡張し，幼児にも性欲があると想定することでこの問題を解決した。精神分析の「正史」においては，こうして外的要因による単純な病因論である「誘惑論（＝性的虐待論）」から主体（主観性）の内部の複雑な構造を解明していく精神分析プロパー（これはのちに述べる構造論との対比で局所論と呼ばれる）が創始されたとされている。

　このあたりは，のちに性的虐待の存在とその有害性が社会から隠蔽されてきたとするハーマンなどは，フロイトは社会のそうした隠蔽の流れに同調したと批判している。後述するように性的虐待や虐待一般，そして戦争によるトラウマの問題が歴史的に社会の中でないものとされてきたという最近のトラウマ論者の指摘は大変説得力があり，フロイトの「誘惑理論から精神分析への転回」という精神分析の神話もそうした視点で再検討される必要はあろう。

第3章　精神分析がトラウマ臨床に提供するもの——精神分析の役割の批判的再検討　63

　しかしながら，ここには，どちらが正しいかという視点だけでは見えてこ
ない重要な要素が潜んでいる。この点について示唆しているのが，ウゼル
（Houzel, D., 2000）の指摘である。ウゼルは，トラウマが病因であるという病
理論は，主体を出来事に反応しているだけの存在とみる視点であると論じてい
る。フロイトは，こうした「反応性モデル」，すなわちどこから来たのかに基
づくモデルではなく，どこに向かうのかという志向性と意味に基づく心のモデ
ルを構築していく方向へと転回していったのである。これは上述したように，
個人の主観性と主体性を最重要視する精神分析のエッセンスであるともいえる。

2.　構造論とトラウマ論の再検討——主観性と主体性の脆弱さ

　1900年に『夢解釈』，1905年に『性欲論三篇』を世に出し，フロイトの精神
分析のプロジェクトの概要が表され，その後国際的な名声を獲得し，多くの医
師や非医師がこの新しい臨床実践領域に参入し，国際学会が設立されたとこ
ろで，第一次世界大戦が始まる。この大戦は旧ヨーロッパ世界の秩序を根底か
ら変えていったのであるが，なかでもフロイトの生まれ育ったオーストリア＝
ハンガリー帝国は瓦解し，フロイトの生活は一変することになる。こうした世
界大戦による急激な変化を背景に，フロイトはそれまでの心のモデルを根底か
ら変更していく。その変更の焦点は，性欲動中心のモデルから，破壊的な欲
動（死の欲動）論を含む二元論へと移行したこと，そして関係性がパーソナリ
ティ形成に影響を及ぼし，それは（超自我，自我，エスという）内部構造に組
み込まれるという考え（構造論）などである。この構造論へ変革の過程で，フ
ロイトは再びトラウマの問題に取り組む。

　まず1920年の『快原理の彼岸』（Freud, 1920）において，フロイトは，反
復強迫の問題に注目する。反復強迫は，主体にとって不快であるとわかってい
ることを繰り返してしまう現象であり，その一つの典型例として反復夢，そし
てトラウマ性の夢に注目している。こうしたフロイトの関心の背景には，第一
次世界大戦によって戦争神経症というトラウマ性の疾患が急増したことがある
と考えられる。

　フロイトは，この『快原理の彼岸』では，有機体のシンプルなモデルとして
単細胞生物のモデルを描き，この細胞は「刺激保護膜」が覆っているが，強烈
な刺激がこれを破断してしまう状況をトラウマであるとしている。人の心に関

しても，同様に，「刺激保護膜」に当たるものに覆われているが，それが破断される事態がトラウマであると彼は示唆している。

フロイトはさらに，1926年の『制止，症状，不安』（Freud, 1926）において，従来の理論（リビドー論）の中で不安をリビドーの滞留としていたのを変更し，不安を危険の信号とした。そして，不安の原型としての分離不安を位置づけ，その原型として出産外傷経験があると示唆した。そして，その特徴としての寄る辺なさがあるとした。つまり，他者とのつながりの破断がトラウマ経験のエッセンスであると示唆した。

以上のように，構造論による理論の再構築の過程で，フロイトは，のちの自我心理学と対象関係論という精神分析の2大潮流の基礎を築いていったのであるが，トラウマという主題を通じて，自我の構造的脆弱さ，そして他者とのつながりに自我が依存することを示した。

このような構造論革命におけるフロイトのトラウマ論を，先のウゼルの議論との関連でみていくと，どのようなことがいえるだろうか？　局所論モデルを単純化すれば，主体は，自らの性的欲望（快）を追求する存在として描かれ，そうした主体の自由な快の追求は社会により抑圧され，無意識化し，神経症を引き起こすとされる。このモデルでは，神経症の原因は依然として社会の中に位置づけることが可能であり，現に，局所論を信奉する分析家たちの多くは，社会により神経症は作られるという視点を取り，ライヒ（Reich, W.）など社会改革や革命運動と分析臨床とを両立させようとする分析家もいた（Makari, 2008）。これに対して，死の欲動論は，神経症の病因を主体の内部に位置づけると理解され，こうした局所論－リビドー論に対して分析家たちはこうした理論化は，社会の問題を無視し，問題を個人に位置づける保守的なものとみなし，受け入れなかった。

しかしながら，構造論とその受容をよく吟味していくと，事態はもっと複雑であることが見えてくる。まず死の欲動論を除く構造論，特に自我と超自我という構造論は自我心理学者を中心に広く受け入れられた。先の構造論におけるフロイトのトラウマ論は，自我の持つ力，主体の持つ力の限界に着目している。局所論においては，自我そのものの性質や強さが中心的な関心事になることはなかった。ある意味，自我，すなわち主体の一定の強さは自明のものにされていたようにみえる。しかし，実際のところ，先に述べたウゼルの描くよう

に，主体は単に反応しているだけでなく意味を志向しているとしても，それがいつでも可能になるわけではない。目標に向けた一貫したふるまいをすることができなくなり，主体の意図を超えて反復し続けるかもしれないのである。つまり，構造論革命ののち，精神分析は，主観性と主体性の脆弱さという問題に取り組み始めたと言えよう。

メラニー・クライン（Melanie Klein）は，フロイトの死の欲動論を継承し，それを羨望概念として，自身の臨床理論の中核に据え，主体の脆弱さの主因と捉えた。クラインの展開についてみていく前に，彼女の分析家であるフェレンツィの仕事をみていこう。

3. フェレンツィのトラウマ臨床理論
——トラウマを関係性に位置づけること

フロイトの構造論の流れに位置づけることはできるものの，精神分析の実践や考えをその後大きく変えたのが，フェレンツィの仕事である。フェレンツィは，性的虐待を受けたクライエントとの精神分析治療の苦闘の中で，被虐待経験において虐待者に同一化していくという現象，そして治療関係の中で虐待的関係性が反復される傾向があることなどを見出した（Ferenczi, 1933）。フェレンツィの仕事は，虐待経験の本質が，関係性において，一方が他方の主体性を蔑ろにする権力関係であるという認識を示していると理解できる。虐待的育ちの中で，こうした関係性を内在化し，それがパーソナリティ形成の中核を形成していく。つまり，虐待者に同一化した部分がその人の主体の中で根付き，それがその人自身を苦しめたり，あるいは他者を苦しめたりする。こうした理解は，発達性トラウマが，人のパーソナリティ形成に影響を及ぼし，その後の生き方を左右する道筋を解明する手助けとなる。

このようにフェレンツィは，被虐待経験の本質を相互性の対極にある一方的な関係性であるという認識を示唆し，発達性トラウマの問題に関係性という主題が本質的であることを示した。フェレンツィは，分析関係において虐待的な関係性と，非相互的，一方的という点で同形の関係性が形成されうることを指摘した。こうした被虐待経験の反復はのちに実演と呼ばれ，被虐待経験を持つクライエントの分析治療における重要な主題として理解されている。このようなフェレンツィの指摘には，従来の精神分析実践の考えに対する根源的な変更

を迫る要素が含まれていた。それは，こうした関係性の反復が，クライエントが過去の経験を現在の治療関係に持ち込む転移だけでは起こりえず，必ず分析家側もそれに加担しているという事実をめぐっている。これは，今日逆転移として理解されている問題群である。その中には，クライエントによって喚起された感情もあるが，分析家がもともと持っているものも含まれうる。重要なのは，クライエントが転移を把握しきれないように，分析家も逆転移を把握しきれることはないという事実である。さらに，フェレンツィのこの議論は，権力の問題（広い意味で政治的側面）が関係性において決定的に重要な側面であること，そして分析関係にはそうした権力構造，政治構造が本質的に埋め込まれているという認識を示唆している。

Ⅲ　非精神分析的アプローチによるトラウマ論が精神分析臨床家に示唆するもの

　フロイトやフェレンツィ以降も，精神分析のトラウマとの取り組みは続いたが，それは精神分析全体の中で中心的な関心を向けられてきたとは言い難い。代わりに精神分析の外側の一般精神医学などで注目されるようになる。

　第一次世界大戦のPTSD，いわゆるシェル・ショックに関心を向け，その治療に専心した英国のリバース（Rivers, W.H.R）がフロイトの著作から多くの着想を得ていたり，第1章で福本が詳述するように，戦争神経症に関する先駆的な著作を書いたカーディナー（Kardiner, A.）も分析訓練を受けていたり，と現代の一般精神医学におけるトラウマ理論や理解の基礎を築いていった人には精神分析の影響を受けた人が多い。しかし，次第にそのような密接な関係は薄れていっているようにみえる。このような流れにおいて，大きな役割を果たしているように思われるのが，ハーマンの仕事（Harman, 1992）であろう。ここでは，トラウマとの精神分析の取り組みに欠けていた部分を指摘していると思われる非精神分析の立場の二人の論者を中心に取り上げていく。

1. ハーマンの『心的外傷と回復』──トラウマの社会的側面

　『心的外傷と回復』（Herman, 1992）には，既述したフロイト批判が含まれているが，精神分析臨床家も大いに学ぶ点がある。一つは，社会的視点からト

ラウマを見る必要性である。ハーマンは，歴史的に性的虐待，そして戦争による PTSD などの問題が隠蔽されたり，忘却されたりし続けてきたことを指摘している。これは，社会にはトラウマを意識の外側に位置づけようとする傾向があることを示唆しているわけであるが，臨床家，分析臨床家ももちろん社会の一員である限りその例外ではない。分析臨床家も，トラウマの存在を無視したり，過小評価したりする傾向が自らの中にあるかもしれないのである。

二つ目に，トラウマの本質として，無力化と孤立無援化という二つの特徴を指摘している点を挙げられる。これは，上述の刺激保護膜の破断とつながりの破断による寄る辺なさという構造論下でのフロイトの指摘と重なるが，それらをより明確にしているように思われる。ハーマンは，それに加えて，過覚醒，狭窄，侵入という PTSD 特有の症状を明確にし，さらに自己感の損傷などの問題を指摘している。こうした現象の存在は，精神分析で想定していた以上に，トラウマ経験は，主体を無力化し，それが依拠する意図性（志向性）は萎縮し，「反応」するだけの存在に陥らせてしまうことを明らかにしている。精神分析では，治療同盟という概念化にあるように，心の痛みに取り組む協働関係を構築していくことがその基礎となるが，協働するには協働できる主体が存在している必要がある。トラウマ経験は，まさしくそうした主体そのものが無力化する作用があり，協働関係，治療同盟の基盤が成り立たなくなりうるのである。

ハーマンは，こうした側面が際立つのが虐待的関係性であることを雄弁に述べている。彼女によれば，虐待的関係性では，予見不能なルールを強制的に適用することで，支配－服従関係が確固としたものになる。ルールがあり予測が可能ということは，主体は，それを理解してそれに対応することが可能になる。しかし，ルールがなく，虐待者の恣意的な意思に左右されるのであれば，主体が考えて対応することは困難になり，ただ服従するしかなくなり，主体性は萎縮していく。さらに，虐待されたという苦痛な経験をなかったものにするために，それを意識から排除するという解離の手段をとることになる。

ハーマンは，治療論においては，関係性の問題を重視し，そこに含まれる権力関係に注意を払う必要性を説き，治療はまずはクライエントのエンパワメント（有力化）であるとしている。さらに彼女は，「治療者・患者関係には一種の破壊的な力が繰り返し侵入してくるらしい。この力は伝統的に患者の生得

68　第Ⅰ部　精神分析とトラウマ——理論的考察

的な攻撃性のせいであるとされてきたが，今では加害者の暴力であることが認識されている」（訳書，p.211）としている。これは，特に生得的な破壊衝動に注目するクラインの流れの精神分析臨床家に対する重要な批判であると思われる。この点についてはのちに検討していく。

　さらに，彼女は，トラウマ性の転移と逆転移という視点を導入している。特に，治療者が，トラウマ経験のある側面を経験する代理受傷の考えを提唱しているが，これは後述するビオン（Bion, W.R.）のコンテインメント理論に代表される現代精神分析臨床の考えとつながる。

　このように，ハーマンの仕事は，精神分析の中で過小評価されていたように思われる，主体の外部からやって来る影響の力，特にその社会的な側面に改めて注意を払う必要があることを分析臨床家に考えさせるものであった。それでは，リビドーや性欲動など伝統的に精神分析が注目してきた主体内部の生物学的な力についてはどうであろうか？　この点についても再考を余儀なくさせているのがトラウマの神経科学的・生理学的理解である。

2.　ヴァン・デア・コーク『身体はトラウマを記憶する』
——トラウマの神経科学的・生理学的側面

　ヴァン・デア・コーク（van der Kolk, B.A.）は，『心的外傷と回復』の時点では十分に解明されていなかった，トラウマに関する神経科学的，生理学的研究の成果を踏まえて，トラウマが人の心身にどのような影響を及ぼしうるのかを『身体はトラウマを記憶する』（van der Kolk, 2014）において概説している。

　彼によれば，人間の中枢神経系において，刺激は，視床から扁桃体を経由して視床下部に至り，そこからストレスホルモンが放出される経路と，扁桃体から海馬を経由して前頭前皮質に至る経路とがある。前者の経路は後者の経路に比べて数ミリ秒早く，「低い道」（速い道）と呼ばれるのに対して，後者は「高い道」（遅い道）と呼ばれる。前者は，とっさの反応には適しているので，トラウマ性の経験の際にはもっぱらこの経路が用いられる。こうした経験が慢性的に起これば，それが中枢神経系の反応特性となる。後者の経路は，記憶を司る海馬を経由し，理性脳である前頭前皮質により考え，吟味するのは時間がかかりあまり用いられなくなる。結果的に，慢性的なトラウマ性の経験により，少しの刺激にも短絡的に反応しやすい特性をもつ中枢神経系発達が生じる。

ヴァン・デア・コークはこの事態を，過剰反応する煙探知機に例えている。これは少しの刺激に対しても，攻撃的になったり，あるいは解離性の反応が生じたりする事態を説明する。

ヴァン・デア・コークは発達性トラウマのこうした神経科学的・生理学的理解を踏まえて，被虐待経験者に，肥満のほか，慢性的な身体疾患を持つ人が多いという事実を指摘する。発達性のトラウマは，中枢神経系の発達の歪曲を引き起こし，心だけでなく，体にもその悪影響が現れることを，説得力を持って示している。

このように，ヴァン・デア・コークは，トラウマ経験は，心だけではなく，身体にその痕跡を刻んでいくという事実に注意を促している。こうした理解を踏まえて，彼は，トラウマ経験はそれを語ることで癒されるというフロイトの「ヒステリー研究」以来の一般的な考えに異を唱え，語るだけでトラウマから解放されることはあまりないと論じている。

脳神経科学の成果を積極的に取り入れている子どもの精神分析的心理療法士のミュージック（Music, G, 2011）が，こうした神経科学的理解を踏まえて，考えて話し合うことを中核に据える精神分析的心理療法は，海馬から前頭前皮質にいたる「遅い道」という経路を強化する意味合いがあるとしているように，神経科学的研究は，精神分析臨床の意義を改めて明確にしている部分はある。しかし他方で，このような神経科学的知見は，伝統的に精神分析の流れにある洞察が治癒の原動力であるという理解は，トラウマ臨床においては全く不適切であることを明らかにしたともいえる。というのは，洞察という知的理解を司る前頭前皮質がそもそも中枢神経系をいわば制御できていない状態がトラウマの本質であるからである。

洞察が変化に直結しないという認識はフロイトのワークスルー（何度も取り組む）という概念においてすでに存在はしていた。しかしながら，その困難さは過小に評価されてきたように思われる。ハーマンは精神分析がトラウマの社会的側面を十分にとらえていなかったことを明らかにしたが，ヴァン・デア・コークは，身体的側面を過小にとらえていたかもしれないことを示しているように思われる。

Ⅳ　現代精神分析の展開
──英国クライン派の展開を中心に

　ここまで精神分析の外側の一般精神医学でのトラウマ論の展開を見てきた。フロイト，フェレンツィ以降，トラウマが精神分析の中でどのように取り組まれてきたのだろうか？　その全貌を扱うのは筆者の手に余る。全体的印象としては，散発的には存在するがまとまって取り扱われてはいない。冒頭に述べたようにトラウマ概念そのものも多様であるのがその印象を強めている。とはいえ，上述したように精神分析は主に発達上のトラウマをその治療と研究の対象にしてきたことは確かである。ここでは英国での展開を中心にみていく。

　英国では，虐待や早期の分離経験などトラウマ的な経験が精神病理の発達につながるという考えは，アナ・フロイト（Anna Freud）の自我心理学の流れ，そしてボウルビー（Bowlby, J.）やウィニコット（Winnicott, D.W.）などいわゆる独立学派の流れで主張されてきており，実践もされた（例えば，施設臨床を主導したドッカー゠ドリスデイル（Dockar-Drysdale, B., 1968），あるいは上述のホプキンス（Hopkins, J., 1986），より最近ではラニャード（Lanyado, M., 2004））。しかしながら，こうした発達性トラウマの問題との精神分析臨床において決定的な役割を果たしたのは，クラインに始まり，ビオンによりその基盤を確固としたものにしたクライン派の流れ，特に子どもの精神分析的心理療法士たちであるように思われる。ここではその流れを主にみていくことにする。

1.　クラインの遊戯技法改革，そして羨望概念について

　虐待などの発達性トラウマを受けた子どもや大人は，重篤な精神病理を持つことが多い。上述した治療同盟を形成するのが困難であったり，ましてや「解釈によって無意識を意識化する」という精神分析の治療論が有効であったりすることはほとんどない場合が多い。そうしたケースに取り組むのに役立ったのがクラインの考えであった。クラインは，幼い子どもとの分析治療においては，遊びを用いることができることを見出し，遊びが大人の自由連想に相当するとした（Klein, 1955）。クラインのこの動きは，言語表現だけではなく，前言語表現もしくは非言語表現を精神分析に導入した。そして，クラインは，言葉を獲得する以前の情動経験が，しばしば遊びの中で表現されることを見出

し，それを「感情の中の記憶（memories in the feeling）」と呼んでいる（Klein, 1957）。これは，今日手続き記憶と呼ばれるものに相当すると考えられる。

　このクラインの遊戯技法の考えは，大人の分析臨床も変えていった。分析状況においては，クライエントの言語表現だけでなく，その振る舞いや態度全体がその心の世界の現れであるとみなされることで，前言語期の経験，特に虐待などの経験をとらえることのできる基盤ができていった。クラインは，こうした技法上の改革を基盤に，パーソナリティや関係性についての新しい考えを提出していった。それは，フロイトの構造論に依拠し，それを発展させたものであるが，関係性がパーソナリティを形作り，それがまた関係性に影響するというものであった。

　クライン以降の大人の分析家たちは，このクラインの考えを基に，原始的な心の状態にある精神病患者や，境界例患者との分析治療実践を行っていった。その際に，中心的な役割を果たしたのが羨望概念である。

　クラインは，自我発達の中核が，よい対象（養育者）とのつながりを通じてなされると考えた。つまり，自我の核はよい対象であるというのがその主張である。彼女の考えでは，精神病患者や境界例患者は，よい対象が心の中にきちんと根付いておらず，自我の働きは脆弱になっている。分析治療は，治療関係を通じて，よい対象とのつながりを回復し，それを根付かせることが目標になるわけであるが，羨望がそうしたよい対象やよいつながりを攻撃する。それによって，分析治療の進展は阻まれる。分析治療のこうした状況の観察から，クラインは，このような患者の心の中には，彼女が羨望と呼ぶ破壊的な衝動が潜んでおり，それを明らかにし，患者の注意を促していくことが必要であると論じた。

　クラインの考えでは，羨望は，生得的なものである。しかし，つぶさに彼女の論文を読むと，それは虐待的な環境によって強められるとも書いてあり，リカーマンが指摘しているように，そこにはあいまいさがある（Likierman, M., 2002）。

　いずれにせよクラインが生得性を強調したことは確かであり，それによって，ハーマンが指摘しているように，境界例のクライエントとの治療過程で生じる破壊的な動きを，被虐待経験，もしくは面接室にはいない「加害者」のいわば亡霊のなす業であるとみるのではなく，クライエントが生まれつき持つ邪

悪さ（羨望）に帰すことで，結果的に早期の虐待経験の反復（実演）をしてしまう危険性があるのが確かに思われる。これは，すでにフェレンツィが指摘していたことであり，クライン派の重鎮であるローゼンフェルト（Rosenfeld, H., 1987）が晩年指摘したことでもある。

　クライン派の成人の分析家で，トラウマ患者との分析治療を正面から扱ったものはあまりないが，ドイツの分析家のヴァイスの仕事（Weiss, H., 2020）が注目される。彼は，やはり羨望概念を臨床的に用いているが，もちろん，被虐待経験を無視はせず，それを十分に受け止めたうえで，患者が自らの人生において主体的に生きていくうえで，自分自身の中にある破壊性を認め，償いをしていくことが必須であることを説得力あるかたちで示している。

　私は，クラインの羨望概念は，分析治療のある段階まで，特に被虐待経験が十分に受け止められ，正義がなされるべきであるという感覚と主体性の感覚が確かなものになるまでは有害でありうるが，より進んだ段階では，有用なものになりうるのではないかと考える。

2. ビオンのコンテインメント論

　ビオンは，クラインの一者心理学の概念であった投影同一化の概念を，非言語的コミュニケーションを意味するように拡張した（Bion, 1962）。彼によれば，乳児は自分が考えられない，耐えられない感情を母親に投影する。母親はそれを受け止めそれについて考え乳児に応答していく。乳児はそれを受け止め，自分の感情を感じ，考えることができていく。ビオンのこのモデルは，考えることのできる力，そして象徴化の能力が養育関係を通じて生じていくことを示しているとともに，思考障害や象徴化能力障害が関係性の障害と密接に関わることを示唆している。ビオンは，投影同一化において受け止めるものと受け止められるものを抽象化し，コンテインドとコンテイナーと呼んだ。コンテインメントと呼ばれるこの理論は，クラインが拡張した分析状況の理解をさらに深化するものであった。上述したように，分析状況において，クライエントはあらゆることを話せる（フロイトの自由連想）だけでなく，その場でのあらゆる振る舞いが潜在的に遊びであると理解される（クラインの遊戯技法）。ビオンは，言語表現であれ，非言語表現であれ，それは潜在的・顕在的なコミュニケーションであり，それが受け止められ，考えられていくことで変化が起こ

りうることを示唆した。ビオンは，最終的にはそれは分析家による解釈という言語的に表明される理解という形で現れると考えているようであるが，彼のコンテインメントの理論は，分析家の言語的な理解だけがコンテインメントではないことを養育状況のモデルを用いることで示唆している。つまり，乳児の苦しみへの母親の応答は，言語的というよりも，表情や声の調子や態度など情動的非言語的な部分が大きい。それとともに，クライエントの耐えられない情動という問題は，分析家の心の中に投げ入れられ，分析家自身の問題に少なくとも一部移行する。分析家の課題は，自らの心に生じた情動と取り組むこととなる。

　ビオンの理論は，被虐待経験をしたクライエントとの分析状況においては，被虐待状況が何らかの形で再演されることは必然であることを示しており，既述したフェレンツィの仕事やハーマンのトラウマ性の転移と逆転移の議論と重なる。このビオンの理論を基盤に，クライン派の子どもの分析臨床家たちは，公的医療機関であるタヴィストック・クリニックを中心に虐待を受けた子どもたちとの精神分析的心理療法に取り組んでいった。

3. 子どもの心理療法士の取り組み

　1960年代後半から70年代にかけて，国営の医療サービス（国民保健サービス：NHS）の一角であったタヴィストック・クリニックの子ども・家族部門において，虐待を受けた子どもたちとの分析治療が大きな課題になってきた。当時，精神分析臨床家の中には，こうした子どもに対して精神分析的心理療法は適応ではないという考えが強かった。実際にそうした未知の実践への取り組みは困難を極めることが多かった。そこで，タヴィストック・クリニックで，臨床家が担当しているケースを持ちより検討するワークショップが開催された。その成果が，『被虐待児の精神分析的心理療法———タビストック・クリニックのアプローチ』（Boston & Szur, 1983）である。この中では，虐待を受けた子どもとの精神分析的心理療法においては，ケースワークとの連携など多職種との協働が重要であることが強調されるとともに，虐待への反応として，人との意味ある情動的接触が困難になるようなパーソナリティなど（ヘンリーの「二重剥奪」（Henry, G., 1974））の成人のパーソナリティ障害につながるもののほかに，心が平板化する，発達障害的なもの（「付着的」なパーソナリティ）

が存在することが明らかにされている[1]。

『被虐待児の精神分析的心理療法』は，被虐待経験に苦しむ子どもたちの問題の核心を，養育関係の中で自分のことを心に留めて考えてもらうという経験の剥奪と捉えている点で，従来の精神分析実践の考えを根底から変えるものであった。それは，既述したビオンのコンテインメントの理論に基づいたものであったが，抽象的なビオンの理論の具体的な応用のあり方を示していた。心理療法において，子どもに関心を向け続け，心に抱き続けることそのものが重要な治療要因であるという認識は，しばしば言葉によるやりとりそのものが困難であり，精神分析治療の要と理解されている，セラピストの解釈をそもそも理解することはおろか，聞くこともできない子どもたちとの精神分析的心理療法の可能性を拓いていった。

こうした被虐待児との精神分析的心理療法実践において，重要な貢献をしたのがアルヴァレズ（Alvarez, A.）の仕事であろう。彼女は，こうした子どもたちの自我の脆弱さ，よい対象関係の不安定さや薄弱さを踏まえた介入が必須であると説き，理想化や防衛がこうした子どもの発達上必要な部分があると論じている（Alvarez, 1992）。彼女はさらに，このような子どもへの解釈的介入という技法的問題を論じている。その中で彼女が「解釈の文法」に注目し，「あなたと私」という，いわゆる分離性（他者性）を明示するような解釈ではなく，主体を不明確にしたいわば中動態的な言葉を用いた解釈を用いることが必要な状況があるとしている。このように彼女は，子どもの心の状態に応じて，解釈の基本的な構造を変えていく必要があると考え，それを「目盛定め」の表としてまとめている（Alvarez, 2012）。そこでは，従来の精神分析的心理療法は，彼女の言う「複線思考」が可能な状態を前提としているのであり，それは主に神経症的な子どもに有効である。これに対して，虐待を受けた子どもの多くは，二つの考えや情動を同時に扱うことはできないし，「あなたと私」を峻厳に区別する関係性に耐えられない，「単線思考」の状態にあり，それに応じた解釈をすべきである[2]。

1　この点について，私は，『児童養護施設の子どもたちへの精神分析的心理療法』（平井・西村, 2018）および『子どもと青年の精神分析的心理療法アセスメント』の第6章（平井・脇谷, 2021）において，境界例系，発達障害系，混合系という分類を提唱している。

4. 従来の精神分析実践の批判的検討

　アルヴァレズの仕事は，虐待を受けた子どもたちの自我，もしくは主体性はいわば大きなハンディキャップを背負っており，その点に配慮した理解と関わりが必要であるとしている点で画期的である。しかしながら，こうした子どもの精神分析臨床家の議論においては総体として，トラウマそのものの持つ衝撃が十分にとらえられていないという印象は否めないかもしれない。この点について，性的虐待を受けた患者の精神分析的心理療法に取り組んできたシナソンは，トラウマによる解離の問題が精神分析においてネグレクトされてきたというドイツの分析家のボールバー（Bohleber, W., 2010）を引用して，「精神分析家や様々な分析臨床家たちは，解離を理解する訓練を概して受けてきていない」（Sinason, 2011）と批判している。シナソンのこの批判は必ずしも，英国の子どもの精神分析的心理療法士の取り組みの歴史に対して公平な見方かどうかは議論が分かれるだろう。例えば，トネスマン（Tonnesmann, M., 1980）は，「フーガ状態」として，通常の意識状態に重なるような，トラウマや剥奪に関連する別の意識状態が解離して存在しており，それが青年期において，心理療法過程の中で実演されること，そしてそれは「行動化」と区別され，その青年がトラウマ経験を考えていく試みであり，通常の意識状態とつながっていくことが治療の目標となると論じている。この論文で扱われているトラウマ経験は，早期の養育者との別離や不安定，医療的介入など，相対的に悲惨な虐待経験ではないようにも思われ，シナソンが問題にしているような，より深刻な被虐待と解離状態と比べると軽度の状態を扱っているという見方も成り立つかもしれない。

　クラインは，分析状況において言語だけではなく，非言語的表現を可能とする道を開き，ビオンはそれをコミュニケーションとしてとらえ，そうした応答そのものが治療的であることを示唆した。しかしながら，こうしたアプローチにおいても，どこかで「自分自身の心に対して責任を負いうる主体」の存在を前提にしていたところがある。例えば，クラインは，自己は分裂し，ひどい場合はバラバラになっている状態を想定することで，脆弱化した自我や主体の状

2　虐待を受けた子どもの分析臨床の21世紀以降の英国での展開については本書の第6章で西村が詳しく論じている。

態をとらえたが，それでもそうした事態は，「主体による自分自身への攻撃」と理解されがちであった。つまり，「自分が自分を攻撃した」のであり，自分がそれをやめればそれは変えうるという理解である。もちろん，それは当初主体には気づかれていない無意識的行為であるから，主体はなぜ自分が弱体化しているかわからないという前提を設けてはいる。しかしそれでも，「やればできるのだがやろうとしていない」という見方を暗黙の裡に導き入れてしまうかもしれない。これに対して，ヴァン・デア・コークが述べているように，最近の神経科学的研究はトラウマ性の解離状態は主体のコントロールが簡単ではないことを示唆している。

　リカーマンが指摘しているように（Likierman, 2002），クラインの分裂概念（Klein, 1946）には受け身的分裂が含まれており，解離の問題をクライン派が全く無視してきたわけではない。また，アルヴァレズのように，主体の脆弱さを前提にした実践の展開も見られる。それにしても，確かにシナソンの指摘する通り，分析臨床家は，トラウマによる解離という主体の脆弱化の問題，すなわち社会的圧迫と身体的異変を通じた主体の無力化という問題を過小にとらえてきた可能性が否定できないと思われる。

　最近，米国のイーコッフ（Eekhoff, J.K., 2019；2022）は対象関係論，特にビオンに依拠して，解離の問題をより広範囲に捉えて論じている。彼女は，現代のトラウマ臨床で頻繁に遭遇する，離人症様もしくは発達障害的な臨床像を呈するクライエントとの仕事を論じている。こうした模倣や付着的なあり方を示すクライエントは我が国の臨床においても増えているように見え，今後こうしたクライエントとの臨床が大きな臨床課題となっていくと思われる。私は，児童養護施設においても以前よく見られた境界例的な臨床像を呈する子どもは少なくなり，発達障害的な臨床像を呈する子どもを「発達障害系」として論じた（平井・西村，2018；平井・脇谷，2021）。こうした発達障害的な臨床像は，トラウマによる解離のより全般的で深刻な発達上の表れと捉えられるかもしれない。

V　おわりに
——精神分析がトラウマ臨床に提供するもの

　精神分析は，その起源においてトラウマ臨床と密接な関係にあり，それとほ

ぽ同義のように理解されていた時代もあった。しかし，本章で見てきたように戦争神経症，PTSD，児童虐待などの広範なトラウマ問題に精神科医療や心理臨床の関心が向けられるにつれ，トラウマ臨床における精神分析臨床の占める位置づけは相対的に低下していったように思われる。精神分析がもはやトラウマの理解と治療において独占的な役割を果たすことはない。そもそもそうした主張をする必要もない。精神分析は，ハーマンが示したようなトラウマの社会的な側面について，そしてヴァン・デア・コークが記述した神経科学的・生理学的側面について学び，それらをふまえた実践をしていく必要があろう。それとともに，精神分析実践が，トラウマ問題に何を提供できるかも明らかになってきたように思われる。

　ハーマンは，トラウマの本質を無力化と孤立無援感であるとした。のちの章で論じるように，私は，人は間主観的／相互主体的なつながりの中で自己を実現する存在であると考える。トラウマは，単に神経科学的生理学的現象ではなく，それを被った人が人として生きていく根幹を蝕むものである。先のボールバー，そしてタヴィストックでトラウマ治療ユニットを主宰するガーランドが論じているように，精神分析は，そうしたトラウマ経験のその人における意味を，その人と関わる中でともに受け止め考えていく実践であると言えるだろう（Bohlber, 2010；Garland, 2002）。

⦿文献

Alvarez, A.（1992）Live Company. London, Routledge.（千原雅代・中川純子・平井正三＝訳（2002）こころの再生を求めて．岩崎学術出版社）

Alvarez, A.（2012）The Thinking Heart: Three Levels of Psychoanalytic Therapy with Disturbed Childre. London, Routledge.（脇谷順子＝監訳（2017）子どものこころの生きた理解に向けて．金剛出版）

Bion, W.（1962）Learning From Experience. London, Heinemann.（福本修＝訳（1999）精神分析の方法Ⅰ．法政大学出版局）

Bohleber, W.（2010）Destructiveness, Intersubjectivity and Trauma: The Identity Crisis of Modern Psychoanalysis. London, Routledge.

Boston, M. & Szur, R.（1983）Psychotherapy with Severely Deprived Children. London, Routledge.（平井正三・鵜飼奈津子・西村富士子＝監訳（2006）被虐待児の精神分析的心理療法——タビストック・クリニックのアプローチ．金剛出版）

Dockar-Drysdale, B.（1968）Therapy in Child Care. London, Longmans.

Eekhoff, J.K.（2019）Trauma and Primitive Mental States: An Object Relations Perspective.

London, Routledge.

Eekhoff, J.K.（2022）Bion and Primitive Mental States: Trauma and Symbiotic Link. London, Routledge.

Henry, G.（1974）Doubly Deprived. Journal of Child Psychotherapy, 3（4）；29-43.

Herman, J.L.（1992）Trauma and Recovery: The Aftermath of Violence—From Domestic Abuse to Political Terror. New York, Basic Books.（中井久夫＝訳（1996）心的外傷と回復. みすず書房）

平井正三・西村理晃＝共編（2018）児童養護施設の子どもへの精神分析的心理療法. 誠信書房.

平井正三・脇谷順子＝共編（2021）子どもと青年の精神分析的心理療法アセスメント. 誠信書房.

Hopkins, J.（1986）Solving the mystery of monsters: Steps towards discovery from trauma. Journal of Child Psychotherapy, 12（1）；61-71.

Houzel, D.（2000）Working with Parents of Autistic Children. In Tsiantis, J., Boethious, S.B., Hallerfors, B., Horne, A., & Tishler, L.（eds）Work with Parents: Psychoanalytic Psychotherapy with Children and Adolescents. London, Karnac.（津田真知子・脇谷順子＝監訳（2019）子どもと青年の心理療法における親とのワーク——親子の支援・発達のための取り組み. 金剛出版）

Ferenczi, S.（1932）Confusion of the tongues between the adults and the child—（the language of tenderness and of passions）. International Journal of Psycho-Analysis, vol.30; 225-230.（森茂起・大塚紳一郎・長野真奈＝訳（2007）大人と子どもの間の言葉の混乱——やさしさの言葉と情熱の言葉. 精神分析への最後の貢献. 岩崎学術出版社）

Freud, S. & Breuer, J.（1895）Studies on Hysteria. Standard Edition, 2, London, Hogarth Press.（芝伸太郎＝訳（2008）ヒステリー研究. フロイト全集2, 岩波書店）

Freud, S.（1898）Sexuality in the Aetiology of the Neurosis. Standard Edition, 2, London, Hogarth Press.（新宮一成＝訳（2010）神経症の病因論における性. フロイト全集3, 岩波書店）

Freud, S.（1914）From the History of an Infantile Neurosis. Standard Edition, 17. London, Hogarth Press.（須藤訓任＝訳（2010）ある幼児期神経症の病歴より. フロイト全集14. 岩波書店）

Freud, S.（1920）Beyond the Pleasure Principle. Standard Edition, 18. London, Hogarth Press.（須藤訓任＝訳（2006）快原理の彼岸. フロイト全集17, 岩波書店）

Freud, S.（1926）Inhibitions, Symptoms and Anxieties. Standard Edition, 20. London, Hogarth Press.（大宮勘一郎・加藤敬＝訳（2010）制止, 症状, 不安. フロイト全集19, 岩波書店）

Garland, C.（ed.）（2002）Understanding Trauma: Psychoanalytic Approach. London, Routledge.（松木邦裕＝監訳（2011）トラウマを理解する：対象関係論に基づく臨床アプローチ. 岩崎学術出版社）

Klein, M.（1946）Notes on Some Schizoid Mechanisms. In: The Writings of Melanie Klein. Vol.3, Envy and Gratitude and Other Works. London, Hogarth Press.（小此木啓吾・岩崎徹也＝責任編訳（1985）メラニー・クライン著作集第4巻 妄想的・分裂的世界. 誠信書房）

Klein, M.（1955）The Psycho-Analytic Play Technique: Its History and Significance. In: The

Writings of Melanie Klein. Vol.3 Envy and Gratitude and Other Works. London, Hogarth Press.（渡辺久子＝訳　精神分析的遊戯技法．小此木啓吾・岩崎徹也＝責任編訳（1985）メラニー・クライン著作集第4巻　妄想的・分裂的世界．誠信書房）

Klein, M.（1957）Envy and Gratitude. In: The Writings of Melanie Klein. Vol.3 Envy and Gratitude and Other Works. London, Hogarth Press.（松本善男＝訳　羨望と感謝．小此木啓吾・岩崎徹也＝責任編訳（1996）メラニー・クライン著作集第5巻　羨望と感謝．誠信書房）

Lanyado, M.（2004）The Presence of the Therapist: Treating Childhood Trauma. London, Routledge.

Likierman, M.（2002）Melanie Klein: Her Work in Context. London, Bloomsbury Publishing.（飛谷渉＝訳（2014）新釈 メラニー・クライン．岩崎学術出版社）

Makari, G.（2008）Revolution in Mind: The Creation of Psychoanalysis. New York, Harper Perennial.（遠藤不比等＝訳（2020）心の革命——精神分析の創造．みすず書房）

Music, G.（2011）Nurturing Natures: Attachment and Children's Emotional, Sociocultural and Brain Development. London, Psychology Press.（鵜飼奈津子＝監（2016）子どものこころの発達を支えるもの——アタッチメントと神経科学，そして精神分析の出会うところ．誠信書房）

Reid, S.（1999）Autism and Trauma: Autistic Post-Traumatic Developmental Disorder. In: Alvarez, A., & Reid, S.（eds）Autism and Personality. London, Routledge. 倉光修＝監訳（2006）自閉症とパーソナリティ．創元社）

Rosenfeld, H.（1987）Impasse and Interpretation: Therapeutic and Anti-ThrapeuticFactors in the Psychoanalytic Treatment of Psychotic, Borderline, and Neurotic Patients. London, Routledge.（神田橋篠治＝監訳・館直彦・後藤素規＝訳（2001）治療の行き詰まりと解釈——精神分析療法における治療的／反治療的要因．誠信書房）

Sinason, V.（2011）Trauma, Dissociation and Multiplicity: Working on Identity. London, Routledge.

Tonessmann, M.（1980）Adolescent re-enactment, trauma and reconstruction. Journal of Child Psychotherapy, 6（1）; 23-44.

Tustin, F.（1972）Autism and Childhood Psychosis. London, Karnac Books.（齋藤久美子＝監修・平井正三＝監訳（2005）自閉症と小児精神病．創元社）

van der Kolk, B.（2014）The Body Keeps the Score: Brain, Mind and Body in the Healing of Trauma. London, Penguin.（柴田裕之＝訳（2016）身体はトラウマを記録する——脳，心，体のつながりと回復のための手法．紀伊國屋書店）

Weiss, H.（2020）Trauma, Guilt and Reparation: The Path from Impasse to Development. London, Routledge.

Young, A.（1997）The Harmony of Illusions: Inventing Post-Traumatic Stress Disorder. New Jersey, Princeton University Press.（中井久夫・大月康義・下地明友・辰野剛・内藤あかね＝共訳（2018）PTSD の医療人類学．みすず書房）

第Ⅱ部

発達とトラウマ

発達性トラウマ，ASD

第Ⅱ部では，被虐待経験や自閉スペクトラム症（ASD）を持つ人における
トラウマの問題というテーマで，精神分析的心理療法実践の具体的な例を提示
していく。

　第4章「発達性トラウマと回復──間主観性／相互主体性ゲームの観点か
ら」で，平井は，被虐待経験による発達性トラウマの問題を，人と繋がって生
きていくという事態において土台となる主観性と主体性の破綻として捉えられ
ると論じる。そして，深刻な被虐待経験を持つ男児と，成人女性との精神分析
的心理療法の経過を記述し，精神分析的心理療法はさまざまな困難に直面する
ことが示唆される。平井は，バリントの基底欠損の考えの有用性，技法の柔軟性
の必要性を示唆する。そして，このような実践において，逆転移とコンテインメ
ント，協働関係の構築，理想的対象関係経験などが肝要であると論じている。

　第5章で平井は，ASD を持つ子どもが社会の中に参入していくことがしば
しばトラウマとなりやすいことを示唆する。ASD を持つ子どもにとって，社
会は，無数の赤ん坊がいる恐ろしい場所であり，そうした気づき自体がトラ
ウマ性を持ち，無時間的・非歴史的空間に退避すると論じている。平井は，
ASD を持つ子どものこのようなトラウマの諸相を三人の子どもの精神分析的
心理療法過程により例証していく。そこでは，理想的対象関係を提供すること
で，次第に接触−障壁が形成されることが重要であることなどが示唆される。

　第6章では，トラウマを受けた子どもの精神分析的臨床について取り上げ
る。まず，英国で子どもの精神分析的実践をしている西村理晃が，英国におけ
るトラウマの精神分析臨床の歴史を概観する。そこでは内的世界の理解，治療
関係を通じたコンテインメント，そして支援のネットワークを通じたコンテイ
ンメント，そしてアウトリーチやコンサルテーションなどの分析臨床の拡大・
応用と展開しており，ケースに応じてこれら四つのそれぞれの要素が現れてく
るとしている。吉岡彩子は，わが国での個人心理療法実践の例として，児童養
護施設に暮らすマホという幼児との心理療法過程を記述する。マホは，母親や
継父によるネグレクトや身体的心理的虐待から4歳の時に児童養護施設に入所
した。何かが積みあがっては崩されるという過程を経ながら，次第にマホの中
によい対象を経験し始めていく様子が描かれている。西村は，吉岡がこの過程
で経験した「愚かな対象」がこのような子どもとの心理療法で必ず現れると指
摘し，これを引き受ける過程を経て，「他者を，そして自らを真剣に考える対
象が育ってい」くことこそ，精神分析的臨床の意義があると論じている。

第**4**章
発達性トラウマと回復
間主観性／相互主体性ゲームの観点から

平井正三

はじめに——間主観性／相互主体性ゲームの観点

　精神分析にはさまざまな理論や技法があるが，その実践の基盤は，クライエントと分析家との言語的・非言語的コミュニケーションである。フロイトは技法論文の中で次のように述べている。

> 「分析者は，患者から伝わってくる無意識に対して，受容器のように自分自身の無意識を差し向けなければならない。分析者は，電話の受話器が電話の向こう側から伝達されてくる声を受け入れるように調整されているように，自分自身を患者に向けて調整していかなければならない。電話の受話器が，音波から変換されて電話線を伝わっていく電波を再び音波に変えていくように，分析者の無意識は，分析者に伝達された無意識の派生物から，患者の自由連想を決定している無意識を再構成することができるのである。」（Freud, 1912, pp.115-116: S.E. より拙訳）

　ここで伝達される「無意識」とは，言葉で伝達される「意識」とは異なる，非言語的に表現されるものであると考えられる。こうした非言語的表現については，クラインが遊びを自由連想と等価とする，遊戯技法を発展させることを通じて，より明確に精神分析実践における吟味の対象として，そしてコミュニケーションのチャンネルとして位置づけられるようになった。私たちは，人に接する際に，言葉だけでなく，言葉以外のさまざまな形でコミュニケーションを行う。私は，自閉スペクトラムの問題を論じる際に，自閉スペ

クトラムの問題は，精神分析的介入のまさしく基盤の問題であることを指摘した（平井，2016）。こうしたコミュニケーションを通した関係性は，一般にintersubjectivity として概念化されている。この intersubjectivity という英単語には，それぞれの主観の分かち合いという意味の間主観性という意味合いと，主体が相互的に関わるという意味の相互主体性という意味合いとがある。二人の人間のコミュニケーションを考えると，それはそれぞれの主観の分かち合いという面と，それぞれの主体が相互的に伝え合うという相互主体性の面があることに思い至る。さらに，コミュニケーションは，ボール（主観や経験）を受け取り投げ返すキャッチボールのような運動状況である上に，一定のルールに従う必要があり，スポーツをプレイすることにたとえられる。こうした意味で，私は，自閉スペクトラムを論じる際に，間主観性／相互主体性ゲームと概念化することが役立つと論じた（平井，2016）。そして，自閉スペクトラムの問題は，まさしくこの間主観性／相互主体性ゲームのいわば「運動音痴」の問題と捉えられるとした。

　発達心理学者のトレヴァーセンが描き出しているように（Trevarthen, C., et al. 1996），間主観性／相互主体性は人の心の本質であると考えられる。すなわち，人は自分の主観性や主体性を発達させ，それを他の人の主観性や主体性とのつながりの中で，いわばプレイしていくことこそが人間的な生の本質であると考えられる。別の言い方で言えば，私たちは，経験を分かち合い，それを通じて意味を紡ぎ出し続ける存在であり，精神分析の営みはまさしくこの点に焦点づけられた援助方法なのである。

　自閉スペクトラムにおいては，間主観性／相互主体性ゲームをプレイする際の困難さは主として「運動音痴」と捉えられたのに対して，トラウマの問題は，いわば「ボール」（経験）の性質がプレイすることそのものを困難にし，プレイする能力そのものを破壊してしまっている状況であると言えるかもしれない。ここでプレイする能力を，その主体が経験に対して固有の見方を形成できること，すなわち象徴化の能力，そしてその主体が意図する行為を実行することができること，すなわち行為の主体の感覚もしくは実行機能とで構成されるとみてよいだろう。トラウマ経験は，間主観性／相互主体性ゲームをプレイする能力そのものを破壊してしまう。言い換えれば，私たちは，それぞれの経験に意味を見出し，それを人と分かち合うのであるが，トラウマ経験はそのよ

うな意味を付与し，共有することのできる力そのものを破壊してしまうのである。

　このようにトラウマの問題は，自閉スペクトラムと同様に精神分析実践の基盤そのものを揺るがす問題を提起している。こうしたトラウマの問題をより鮮明に提示しているのが乳幼児期の虐待などによる発達性トラウマ（van der Kolk, 2014）である。それは，既述した間主観性／相互主体性ゲームのプレイ能力の発達の根幹を歪めてしまい，結果的にはパーソナリティ発達の大幅な歪曲につながってしまうように見える。

I　間主観性／相互主体性ゲームの観点から見た発達性トラウマ

1.　主観性の破綻としてのトラウマ——刺激保護膜，接触障壁

　フロイトは，「快原理の彼岸」において，トラウマを「刺激保護膜（protective shield）を破綻させるだけの強さをもった外部からの興奮」（Freud, 1920, p.29）の性質として定義している。ここで彼は，細胞のモデルを半ば比喩，半ば文字通りに用いているように見え，それに応じて，心を脳や生体そのものと等価に見ているようにも読める。脳なのか，心なのかという，こうした曖昧さは，「脳の傷」として概念化される傾向のある現代のトラウマ理解にも見られ，単にフロイトの心の概念化における，不適切な擬似科学化と断じることはできないだろう。心のモデルとして，フロイトがここで提起しているのは，心は「刺激」から保護する膜のようなもので覆われている必要があるということである。そして大量の刺激はそのような保護膜を破壊するかもしれず，それがトラウマである。さらに，フロイトは，こうした心の構造には生物学的基盤があることを示唆している。こうした考えは，トラウマを扁桃体や視床下部との過度なつながりや海馬の萎縮など（Music, 2011；van der Kolk, 2014）と関連づける現代のトラウマ理解にも通じている。それは，心が身体的基盤を持っており，トラウマはそうした心の身体的基盤そのものに打撃を与えるという認識である。

　さて，フロイトの刺激保護膜の考えに戻ろう。フロイトは，それを意識性と関連づけているが，それがどのようにして生起するのかは明確ではない。ビオン（Bion, 1962）は，フロイトのこの考えを接触−障壁（contact-barrier）と

いう概念に発展させ，それが乳児期の養育者とのやりとりを通じて形成されること，すなわち社会的に生成されるという理論を提起した。その理論では，私たちはおびただしい量の経験をすべてそのまま受け止めることはできず，取捨選択して取り入れるシステムとしての主観性を構築していくが，それは母親－子どもという相互関係性という母体に由来する。

　ビオンのこの考えによれば，乳児は自分の経験を母親に投影同一化，すなわち非言語的コミュニケーションを通じて伝え，母親はそれを特有の仕方で取捨選択して「意味」を構築していく（すなわち α 機能を遂行していく）。乳児はそうして構築された「意味」を取り入れていくことで，主観性を構築していく。

　ビオンは，さらに，この過程を詳細に記述している。彼によれば，乳児の未消化な「刺激」である β 要素は α 機能により α 要素となり，α 要素はつながりあって接触－障壁を形成していく。接触－障壁は，経験のうちの意識するものと無意識なものとを分け隔てるとともに，それらの間の接触を可能にするものである。

　この理論は，私たちの主観性が，経験のうちの意識するものと意識しないものとに分ける，こうした「壁」そのものであることを示唆している。そして，トラウマ経験は，この「壁」，すなわち接触－障壁の崩壊もしくは形成不全と関わると考えられる。ここで注意を向けたいのは，接触－障壁は，「壁」であるとともに，接触を可能にし，つながりを維持する性質もあることである。そして，接触－障壁は，主観と主観との断絶ではなく，間主観的なつながりから生じ，そうしたつながりを促進する性質を持つと見ることができる。したがって，トラウマ経験は，主観性そのものを破壊しかねない耐え難い性質を持つという点で，間主観的なつながりを断つような仕方での主観性の維持という方策をとることを強いると考えられる。

2. 主体性の破綻としてのトラウマ

　フロイトは，「制止，症状，不安」（Freud, 1927）において，トラウマを主に母親と分離した際の乳児の無力さ（helplessness）という点で論じており，先の「快原理の彼岸」の一人心理学からより関係論的な視点への転向が見られるだけでなく，主体の無力感という側面に焦点づけられていることに注目される。

　先に述べたように，英語の intersubjectivity という語には，その個人固有の

ものの見え方というだけでなく，その個人の持つ，行為の主体の感覚という意味も含まれている（Trevarthen & Aitken, 2001）。この点については，主観性の問題ほどには，精神分析の流れの中では論じられてこなかったようにみえるが，トラウマの心理学的問題においては最重要の主題として取り扱われてきている（Herman, 1992）。

　災害や事故によるトラウマ，そして虐待によるトラウマなどを考えると，トラウマが，人がその無力さに圧倒されることがその本質であることはすぐわかる。しかし，それとは別に，もしかしたらそれ以上に問題になるのは，自分が経験したことを誰か意味のある他者に伝える術を失うこと，すなわち間主観性／相互主体性ゲームにおいて有効なことができる術を失うことではないかと思われる。別の言い方で言えば，その人にとって意味のある，間主観的／相互主体的なつながりを持っていく術を失ってしまうこと，そういう意味で無力になることがトラウマの最悪の帰結と考えてよいかもしれない。

　こうしたsubjectivityの二重性を，間主観性／相互主体性という生成的基盤を含めて概念化したのが，ビオンの♀♂，コンテイナー－コンテインドという考えであろう（Bion, 1962）。彼は，先に接触－障壁の生成のところで述べた投影同一化を♀♂関係として抽象化した。これは非言語的コミュニケーションを示すとともに，非言語的コミュニケーションを通じて個人が経験したことを他者に受け止めて応答されるという，相互的なやりとり（相互主体性）を通じてそうした経験が象徴化（α化）され分かち合われる（間主観性）ことが含意されている。

　トラウマの問題，特に発達の早期に慢性的に被り，パーソナリティの形成に多大な影響を与えるようなトラウマの問題は，こうした応答的な関係性によるコンテインメントの機会に恵まれない中で主観性／主体性の破綻を生き残るための手段に訴えざるを得ないという事態と関わってくる。特に早期の関係性のトラウマは，主観性や主体性に著しい負荷をかけ，バリントが基底欠損（basic fault）と呼んだ（Balint, M., 1968），自己の基盤の断層を作り出すように思われる。そしてそれは，特有の対象関係，防衛，自己のあり方につながる。

3. 基底欠損と主観性／主体性の破綻を生き残る手段
　バリントは，フェレンツィの「言葉の混乱」（Ferenczi, 1932）に言及しなが

ら，大人の言葉であるエディプス水準の経験とは異なる，より基層の原理的に言語化困難な経験の領域があり，それは二者関係的なつながりによって形成されると示唆している（Balint, 1968）。そのようなつながりの破綻はパーソナリティの基底に断層を作り出すとしている。

　バリントのこうした考えでは，心は，前言語的なやりとりの基層と言語的なやりとりの上部層に分けられ，基底欠損と彼が呼ぶ状況では，この基層に欠損がある。このような考えは，アタッチメントの無秩序型（disorganized type）に関する研究を思い起こさせる。無秩序型のアタッチメントは，養育者による虐待と関わることが見出されている。このようなアタッチメントを持つ子どもは，意図したことを一貫して遂行することができず，その実行機能に欠損がある。言い換えれば，こうした子どもは，言葉の領域ではなく，ふるまいの領域，行為の領域における欠損が認められるのである（Fonagy et al., 2004）。

　ここで精神分析臨床における伝統的な治療モデルに目を向けてみる。そこでは，フロイトの「エスあったところに自我をあらしめよ」（Freud, 1932, 1933）に言い表されるように，主体がそれまで意識していなかったことを意識し，それを統御できるようになることが治療であるとみなされている。クライエントが意識していなかったことを分析家が気づき，それを言葉で指摘する。それが解釈であるが，解釈を聞いたクライエントはそれが自分の心の動きに当てはまるのかどうかを吟味していき，それが当てはまれば，そうした自分の心の部分に気づき，注意を払い，それに振り回されなくなると，このモデルでは想定されている。ところが，こうした過程が起こるためにはいくつかの条件が必要とされている。

　まず，解釈は，それが言語的になされている限り，「私」と「あなた」という，分離しており，まとまった主体と対象という構造が前提となっている。これは，クラインが述べる抑うつポジションで機能している心の状態に当てはまり，自己と対象が分裂している妄想・分裂ポジションで機能している心の状態には当てはまらない。あるいは，先のアタッチメント研究でいう，組織化された（organized）行動をとれない無秩序型の子どもの状態には当てはまらない。こうした子どもの心の状態は，一連の行動に責任を持つ統一した「主体」があるとは言えない状態だからである。

　バリントは，早期のトラウマの問題は，言語による接近が極めて困難であ

り，言語的解釈はときに不適切であるばかりか場合によってはクライエントの主観性／主体性への攻撃となるかもしれないこと，そして修復的な非言語的な二者関係が重要であると論じている。これは，ビオンがいうような投影同一化を軸とする♀♂関係の重要性を示唆していると理解できよう。ビオンによれば，♀♂は思考装置でもある（Bion, 1963）。先に述べたように，それは乳児が自らの心身の状態を養育者に伝え，それがなんであるかを把握し，適切な対応をすることと関わるという点で，それは象徴化として接触−障壁を生み出すとともに，実行機能にも関係するとみてよいだろう。

　トラウマの治療論についてはのちにもう一度見ていくことにして，ここでは早期のトラウマを被ったクライエントがトラウマ性の問題に対処するために用いるさまざまな方策についてみていきたい。早期の発達性のトラウマは，これまで見てきたように，いわば心の皮膚（Bick, 1968）である接触−障壁を生み出す♀♂が破壊され，主観性や主体性の基盤に欠損がある状態とみることができる。そのため，発達性トラウマを被った子どもは，主観性や主体性の破綻を防ぎ，その欠損を補うために，接触−障壁に代わる「壁」もしくは断層を構築することで生き残ろうとする。それらの例として私は，以下に述べる事例を通じて

　①虐待者への同一化
　②コンパートメントの中に入ること，封じ込めること
　③つながりを断つこと
　④アイデンティティを変えること

を挙げたい。
　虐待者への同一化はフェレンツィ（Ferenczi, 1932）によって提起されて以来，被虐待経験を生き延びてきたクライエントに典型的に認められる方策として知られている。コンパートメントの中に入ることについては，例えば，ヴァイス（Weiss, 2020）が，深刻な虐待経験のある女性患者が有していたサドーマゾ的な関係が展開する「塔の中」という空想が挙げられよう。つながりを断つことは，関係性を断ち切ることだけでなく，解離にみられるような意識のつながりを断ち切ることも含まれる。最後の，アイデンティティを変えること

は，異なる自分になることであり，その端的な形態が多重人格である。

　基底欠損の問題を覆い隠して補う，このような方策を通じて，二次的に関係性や自己の歪みが作り出され，主観性／主体性ゲームにおいて自己を自由に実現することが妨げられているという事態が「パーソナリティ障害」の状態であると理解できる。

4. 主観性／主体性の回復に向けて

　精神分析の視点から見た場合，トラウマを持つクライエント，特に早期の発達上のトラウマを持つクライエントとの心理療法による援助は，恐らく「傷」を完全に消し去ることではなく，「傷」が，意味のある他者との応答的関係性の中で，少しでも分かちあわれ，そして名付けられることでその致死的な呪縛からある程度解放されることではないかと思われる。

　この際に，精神分析的設定，特に言語的介入はクライエントにとって，彼らの主観性や主体性を破壊しかねない脅威として経験されがちであることを理解しつつも，それが最終目標である間主観性／相互主体的なつながりに参加するために必要な構造（「ルール」）を提供していることも忘れてはならない（平井，2014）。そして，そうした分析的設定を作り出し，維持する一方，クライエントの主観性や主体性が保護され，育まれるような空間を作り出し，維持する必要がある。それは，基底欠損領域における「雰囲気」の重要性を説くバリントに依拠して，ヴェルモートが，「対人関係的フィールドの基層」（Vermote, R., 2009）として論じていることと重なるように思われる。こうして守られた空間によって，クライエントの主観性と主体性の基盤である，乳幼児的自己が自らの視点と主体性を取り戻せること，すなわち遊ぶことができ，象徴化できる力を育んでいけることが肝要であると思われる。これはまた深刻な虐待を受けた子どもとの精神分析的心理療法において，理想的対象関係が育まれることの重要性を説くアルヴァレズ（Alvarez, A., 1992）の認識とも重なる。そのような基盤を確保する中で，セラピストは，クライエントのトラウマ経験の幾ばくかを治療過程の中で自ら経験することが必須となる。そしてセラピストは，そのようなプチ・トラウマ経験を受け止め，考えていけることが課題となる。すなわち，クライエントに，トラウマ経験において応答できるかどうかが問われてくる。

第4章　発達性トラウマと回復——間主観性／相互主体性ゲームの観点から　　91

Ⅱ　事例提示

1.　ネグレクトと身体的虐待経験を持つA君

　小学校中学年のA君は，教室で座っていることができず，教師が注意をすると手がつけられないほど暴れ，教師に怪我を負わせることもあったということで学校から私の相談室に紹介されてきた。A君は，母子家庭で育ったが，幼い頃から母親からネグレクトされ，しばしば身体的虐待を受けていたようであり，見かねた祖母が数年前に引き取り，当時は祖母と二人暮らしであった。

　アセスメント面接で，A君は動物のフィギュアで，敵味方の区別なく，互いが互いを攻撃し合う弱肉強食の世界を展開した。味方と思っていると突然裏切られ襲われることがしばしば表現された。その激しい暴力の「遊び」は，遊んでいるというよりも，むしろその世界に引きずり込まれているように見えた。その遊びの後半の方に，彼は子豚のフィギュアに同一化しているようになる。この時点で，ミニカーが暴力的になり，動物たちをひどい目にあわせているように見えた。小さな子豚はそのような恐ろしい世界で虫けらのように踏みつぶされてしまうのではないかと私には見えたが，スーパーマンのような速さでうまく攻撃をかわして，ミニカーのうちの一台の中に入り込む。そうして，子豚はミニカーの中に避難場所を見出したと同時にミニカーと一体化し周りの動物たちを虐待していく。

　こうした「遊び」をするA君に私は，彼がこのような恐ろしい世界にいることを私に伝えていること，そしてそこでは自分で自分の身を守らなければ誰も彼を助けてくれる人はいないように感じていることなどを話していったが，彼からは，「俺，残酷なこと好きだから」と答える以外の反応はなかった。しかし，A君は，週1回の心理療法には喜んでやってきた。セッションには毎回校長が学校から連れてくることになった。心理療法では，A君の残酷な遊びは次第にエスカレートしていった。彼はとりわけ，母親人形と赤ん坊人形を攻撃し，あるセッションでとうとうハサミで二つとも切り刻んでしまった。これらの遊びに，粘土が加わった。粘土は，不定形であり，何者かわからない存在であるが，動物たちを弾き飛ばしたり，あるいは覆ったりして攻撃する。それはある種の毒物のようでもあった。粘土がライオンに取り付くと，その目の色や表情は一変するようであり，A君はそれを「のりうつられて，操られて

いる」と表現した。そうした悪霊のようにもみえる粘土を彼はしばしば容器の中に閉じ込めようとしたが，たいていそれは失敗し，再び粘土が猛威を振るうようであった。

　こうしたセッションが続く中で，人形の多くは切り刻まれていき，A君は「面白くない。ここはすることない」と言い，部屋を出たがることが増えていった。あるセッション，いつになく激しく部屋を出ることを強行しようとした彼を私がドアの前で止めようとすると，彼は私を殴ったり蹴ったりしてきた。私はなんとか彼を抱きかかえて止めると，彼はすんなりと力を弱めそのまましばらく抱きかかえられていた。このセッションのあと，彼は，セッションにやってくると寝椅子に横になり，しばしば寝てしまうことが増えていった。印象的だったのは，この頃彼はセッションに来るたびに，エスコートの校長を相談室の玄関ドアから締め出そうとしたことである。そうした中でのあるセッションで，久しぶりに人形で遊び始めたA君は，数少ない無傷のままの人形である，おばあさん人形と男の子人形を真ん中にしてその周りをミニカーで取り囲み，まるで結界を張って二人を守るようにした。私は，彼は，その人形たちのように，セッションで私と一緒に安心していられることがとても大切であると感じているのかもしれないと話した。この間，彼は，学校で暴力をほとんど振るわなくなっていた。

[考察]

　A君は，セッションの中で一見，遊んでいるようであったが，むしろそこで展開される，秩序のない暴力の世界に引きずり込まれていっているように見えた。つまり，この「遊び」は，トラウマ性の記憶のように，語られるというよりも，それがやってきてその中に主体が飲み込まれていくという性質があるようであった。特に，よいと悪いの区別もなく，味方と思った者が何の脈絡もなく攻撃者に変貌することは，主体性の感覚を根こそぎ挫き，無力感に圧倒される経験が示唆されているように見えた。このような苦境で，A君がとった方策の一つは，虐待者への同一化であり，それは弱い者を酷い目に合わせる時に彼が「残酷なことが好き」と薄笑いを浮かべている様子に表されていた。また，子豚がミニカーの中に入ることは彼の傷つきやすい幼児的自己が堅い壁に囲まれた避難場所で守られることを意味しているようであった。と同時に，そ

れは虐待者であるミニカーと同一化することも意味しているようであった。さらに，トラウマ経験と関わるように見える粘土は，未消化であるどころか毒性で，主体を乗っ取っていく悪性の β 要素から構成される奇怪な対象（Bion, 1959）のように考えられ，それは容器に閉じ込める必要があるようであった。さもなければ，彼の主体性を乗っ取り，彼を操ってしまうようであった。

　面接室は，A 君の残酷な遊び，特に人形を切り刻む行為が続く中で，次第に迫害的な場所に変わっていき，A 君は，こうした虐待を受けた子どもとの心理療法で必然的に起こってくる閉所恐怖になっていった。彼が，部屋を出ていくことを私が抱きかかえて止めたのち，彼は，迫害的な要素を外側に分裂排除し，むしろ部屋を安心できる場所として理想化していったと思われる。それは校長先生を締め出そうとしたことに表れていたのかもしれない。安心できる関係性の場を構成する結界を作り出しているようにみえたミニカーは，彼を抱きとめた私の腕であるとともに，この心理療法を社会的な文脈でも，そして実際的文脈でも支え続けた校長先生の「腕」，そして私と学校とのつながりに関する，A 君の経験を表現していたのかもしれない。しかし，こうして分裂排除，もしくは締め出されたトラウマ経験領域に応答していく機会は心理療法からなくなり，その影響は限定的なままに留まっていた。そのような仕事はより頻度が高く，長期間の心理療法を行った次の事例で示したい。

2. 解離性障害を持つ B さん

　30 代の B さんは，摂食障害や抑うつ状態などの既往があり，精神科や心理相談にも何度もかかっており，解離性障害との診断も受けていた。私に心理療法を申し込んできた時，彼女は，やや派手目の服を着て，軽い調子で話し，お試しできたような印象を受けた。彼女は，子どもの時に母親にネグレクトされ，何度も知らない人のところに置き去りにされたこと，継父からの虐待，そして思春期にレイプ被害を何度も受けたことを話した。また，時折自分の知らないうちにいろんなことをしてしまうことなども話した。それら悲惨な出来事はまるで人ごとのように軽い口調で話された。B さんは，とても敏感で頭の回転が速いようで，私のちょっとした動きや沈黙に反応しているように見えたが，何を考えているか多くの場合私は測りかねた。しかしながら，要所要所での話し合いにおいて，B さんは自分自身の心のありのままを見ていき，それを話し

合う，精神分析的心理療法のエッセンスを理解しており，それに惹かれていることが伝わってき，私はとにかく週1回の心理療法を始めてみることにした。

　心理療法を始めると，やはりBさんが本当はどう感じているか，肝心なことはわからないという感覚は残り続けた。彼女は何度か頻度を上げてほしいと話したが私はもう少し様子を見ることにした。そうして1年ほど経ったある日，彼女は突然もう来ないと宣言し，それから来なくなった。

　数年経ってBさんは再び私のところに戻ってきた。このときは，何年にもわたって彼女を支えてきた男性と突然別れなければならなくなり，そのショックで情緒不安定になっていることが来談理由のようであった。彼女はしばらく週1回で通ったが，前回と同じくより頻度の高い心理療法を希望していることを伝えてきたことから，私は週2回に頻度を増やし，最終的には週4回のセッションを提供した。

　Bさんとの心理療法の頻度を上げるのは，実際のところ，一筋縄ではいかなかった。彼女は，あるセッションで頻度を上げることを希望するかと思えば，次のセッションでは全くそれを忘れたか，あるいは心理療法そのものへの疑問を話し，やめることを口にしたものであった。そして数回セッションを休みまたやってきた。私は，このような形で頻度を上げるのは望ましくないと考えていたが，以前の彼女との関わりで，彼女が軽い調子で要求する背景には絶望的に真剣なニーズが隠れていると確信するようになっていたので，私は時間のやりくりをして彼女に週4回のセッションを提供することにした。

（1）高頻度の寝椅子でのセッション

　頻度を高くするとともに寝椅子の使用を始めたところ，Bさんは対面とは打って変わって，幼子のような振る舞いに変わることが増えていった。声も口調も小さな子どものようになり，セッションでは，言葉にすることのできない，融合的な雰囲気が部屋の中に漂うように私は感じるようになった。それは大人の女性が演技的に小さな子どものように振る舞っているという以上であり，なんらかの実質的な交流が私とBさんの間に生じていると私は感じた。こうした状況で，私は，小さな子どもに話しかけるように彼女に話しかけた。次第に，この小さな子どもにはより年齢の高い，カズくんと，もっと小さな女の子であるチーちゃんがいることがわかってきた。ほとんどの場合は，彼女は

カズくんであり，チーちゃんは最初は稀にしか現れず，少しずつ長く現れるようになった。大人のBさんも，何人かの人格に分かれているようで，これまで週1回の時に接していたのは物わかりの良い人格であり，その他にもっと乱暴な口調で攻撃的な女性など数人がいるようであった。

　高頻度のセッションは，まずカズくん状態のBさんとの交流を軸に進んでいった。しばしばそのようなセッションは濃密な接触感があり，私は，彼女にとって安心できることがとても大切であることなどを話していった。こうしたセッションのあと，しばしば彼女はしばらく何の連絡もなく心理療法に来なくなった。私がメールで連絡すると，もうやめると唐突に答えてくることもしばしばで，その後にふいにセッションに戻ってくると大人の人格に戻った彼女は精神分析や私の専門家としての資質を疑問に付した。

（2）精神分析による迫害

　Bさんは，セッションで沈黙があると，「え？　何なの？　何か話してよ」と言い，沈黙は私からの迫害や拒絶を意味しているようであった。さらに，私が解釈すると，それには答えなかったが，次のセッションにノートを持参し，それを読むように私に示し，その中で，私が私の精神分析理論に合わせて彼女を変えようとしているという激しい非難と怒りに満ちた言葉が連ねてあった。当初，私はできるだけノートを用いるよりもセッションで私に直接話すことが役立つと伝えていたが，次第に私は，ノートという形態は彼女ができる最大限のコミュニケーションの努力であることを理解していった。Bさんは，自分の気持ちを伝えようとしても，内部から反対の声が起こってくること，そして何よりも私から相手にされないというほとんど確信に近い考えから逃れることは簡単ではないことがわかってきた。そして残念なことに，それまでの私の彼女への，いわゆる中立的で「様子をみる」態度は，彼女にとっては彼女の言うことは嘘であり，「境界例の戯言」であると私がみなしているととられても仕方ない態度であったことに私は気づき始めた。そして，私の言葉での解釈の多くは，彼女にとっては，自分と関係のない，もっと恵まれた別の人に関する理解を彼女に押し付け，彼女の主観性や主体性を押しつぶすもののように感じられていたことがわかってきた。

（3）兆候

Bさんは，何度か同時刻に隣室で面接中の子どもの声がすることが嫌なことを私に伝えており，私はそれを，彼女が小さな時に母親が他の子どもを預かり彼女をネグレクトしていたことと結び付けて解釈していたが，心理療法を再開して3年目のあるセッション，やはり隣室で子どもの声が聞こえると，彼女はもう帰ると言い立ち上がると帰っていこうとした。私が止めようと声をかけると，彼女の表情は怒りに満ちた残酷な表情に突然変わり，テーブルの上にあった置時計を手にすると床に叩きつけ，出ていった。私は，無残に壊れた置時計とともに茫然と部屋に残された。

このセッションに至るまで，彼女がセッションの外で路上で男性と揉めたり，また気がつくと自室の物がたくさん壊れていたりしたというエピソードは断片的に語られており，私は，彼女が時折，暴力的な状態になることは知ってはいたが，このセッションで初めてそれを目の当たりにした。私は，自分の手落ちもあったことを認め，壊れた時計の一部を彼女に弁償してもらい，セッションを続けていった。

（4）分離の耐え難さ

Bさんは，次第に，セッションが短すぎること，そしてセッションとセッションの間が耐えられないという苦情を最初は軽く，次第に明瞭に述べ始めた。特に，セッションが終わりに近づくと彼女は何度も「もう終わり？」と尋ね，立ち去るときには「早く出て行かせたいんでしょう」と言いながら帰っていった。私が彼女をまともに相手にせず，拒絶しようとしているという考えはほとんど確信に近く，彼女を苛み続けているようであった。

セッションの頻度を週4回にしたのちの最初の長期休暇前の最後のセッション，彼女はいつものようにカズくんの状態になり，私に絵本を読んでもらいたがった。私は，「夜の怖さから守ってくれる神様がいますように」という内容の，その本を読み聞かせるとともに，彼女が休み中一人でいるときに怖い思いをするかもしれず彼女のことを心配し守ってくれる人がいることが大切だということを話していった。セッションの終わりを告げると，彼女は，いつになくカズくん状態のまま部屋に居続けようとした。私が彼女に出ていくように促すと彼女の表情は残忍そうな顔に一変し，そのまま出ていった。すると数分後に

玄関の外で大きな物音がし，私が出て行くと，彼女が日傘でそこらじゅうを叩いていた。私は彼女を止め，宥めた。すると，彼女はより小さなチーちゃんの状態になり，私は何とか帰るように伝えると帰って行った。

（5）小さな女の子をめぐって

　その後，Bさんは，専門家としての私の技量や精神分析そのものを辛辣に非難することが定期的にあり，セッションをすっぽかすこともあったが，私との心理療法を通じてこれまで誰とも分かち合ったことのないことを私と分かち合いつつあることに驚いていると話し，その意義を認める回もあった。そしてあるセッションで，彼女は，私の娘が殺される夢を見たことを話した。そして，私に，娘を殺した犯人を心理療法で受け入れることができるか問うてきた。その後，Bさんは，前回心理療法に来なくなったのは，私が私の娘と一緒にいるところを見たことが大きかったと話した。Bさんは，小さな子どもになるとき，いつも持参したぺったんこのウサギのぬいぐるみを枕に置いた。それは彼女自身の小さな女の子の部分を表しているように見えた。

（6）女の子の死：激震

　そうした頃，あるセッションの前の時間，彼女が待合室で待っていると同じ時間に新しく来た女の子と母親，そして女性のセラピストに出くわした。私が彼女を迎えに行き，面接室に入ると，彼女はいつの間にかいなくなっていた。その後数週間セッションを休み漸く戻ってきたが，インターフォンを鳴らしたのち一向に中に入ってこないので，私が玄関の外に行ってみると，ドアが開かなかったのか，ドアを蹴りながら崩れ落ちている彼女を見つけた。私は彼女を説得して何とか面接室に連れていった。面接室で彼女は，私がドアを解錠しなかったのは，彼女にきてほしくなかったのではないかと非難し，そしてそれまで何度か起こったように彼女の表情は一変し，残忍な顔で持参したポーチから爪切りを取り出すと，ウサギのぬいぐるみを切り刻んでしまった。私は止めることもできず，茫然とそれを見つつ，次第に身を切り裂かれるような痛みに自分が襲われていることに気づいた。私は，私が彼女をドアの向こう側に締め出し，彼女と同じ側にいて彼女と一緒に寄り添おうとしないと感じたのかもしれないこと，そしてそれは彼女にとって，そしてそのウサギさんのような小さな

女の子にとっては切り刻まれるような気持がしたことだったかもしれないと話した。

　その後数カ月の間，Ｂさんはセッションに数回やって来るとしばらく休むということを繰り返し，心理療法にやって来るのが苦痛であり，それが自分の役に立っているとは思えないと伝えてきた。彼女は，私が彼女の母親とそっくりの偽善者であり，彼女を苦しめるだけであると非難したものであった。そして彼女にとって生きていくことではなく，いつ死ぬかが重要であり，それは近いことが仄めかされた。しかし，カズくんやチーちゃんの部分は，明らかに私に強い愛着を抱いており，来たがっていた。そして，当初から私が信頼していた，彼女のまっとうな部分がときおり姿を現し，継続していくことを話し合うことができた。しかし，それはすぐに反故にされ，非難と罵倒のメールとともにセッションがすっぽかされることが多くなった。それでも，私は，彼女がとても大切なもの，おそらく何か希望の芽のようなものを私に預けていると感じ続けていた。そうしたあるセッション，彼女はいかにセッションに来ることが苦痛であるか話した。特に，小さな女の子が心理療法を受けているのをみることがとても苦痛であると話した。そしてその痛みを，「大阪教育大学付属小学校の殺傷事件で娘を亡くした母親がここに来てその話をするのに，同じ年頃の女の子の声が聞こえていてできると思う？」と話した。

(7) 震源：被虐待経験

　私は，少しずつ，問題になっているのは，Ｂさんが自分の少女時代を永遠に失ったという激しい痛みと関わることに気づいていった。それは，娘を殺されるに等しい経験であると彼女は私に伝えてきていたのだと私は理解した。この間，彼女はセッションでは断片的に話していた過去を，ノートにはもう少しまとまって書いており，それを私に見せた。彼女は，幼いころ母親にほとんどほったらかしにされていたことを断片的な場面場面の鮮明な記憶の形で思い出していたようであった。歯磨きもしたことがなかったり，汚い服のままであったりするので幼稚園に行かず，一人で押し入れにいた時のことも思い出した。押し入れの襖によって外の酷い世界から隔絶された，ひと時の安心できる世界がおそらく私との心理療法で部分的に経験されていたことのように思われた。しかし，この時は私という彼女と経験を分かち合おうとする人と一緒であるこ

とを私は彼女に伝えた。こうしたネグレクトに加えて，継父がやってきて以来，継父が幼いBさんにした性的虐待の詳細，そして笑いながら小便をかけられたこと，それを母親が継父の隣で見ていたことなどが書かれていた。

(8) 夢

　その後，4年目のあるセッションで，彼女は見た夢を紙に書いて持ってきた。その夢は，《Bさんは，自室にいるが，窓の向こうに鋭い先端の金口のついたホースがこちらに向け顔をのぞかせているのに気づく。そこでBさんは窓をしっかりと閉じる。しかし，景色は一変し，窓には次々とお面やお札がくっついていく。そして見るからにいかつい男がベランダに現れ，器用に窓のカギを開け中に入ってくるが止めることはできないことはわかっている》というものであった。私は，彼女はこの夢に表されているとても怖い経験を私が一緒に分かち合ってくれるか知りたいと思って持ってきたのではないかと話した。これを聞いていた彼女の顔には，それまで何度か見た，残忍な表情が現れているのが私にはみてとれ，私はそれについて話していった。

(9) 水面下で脅かされている魚の絵

　この夢を持ってきた後，Bさんはやはり数週間休んだ。そして戻ってきたセッションで，彼女は，カズくんになり，魚の絵を描きたいと言った。私が紙とクレヨンを渡すと，彼女は画用紙を上下に分断する線を描き，海の中と外とに分けた。そして海の中に魚と，それを襲っているように見えるオオダコやサメを描いた。タコはそのペニス状の長い触手で魚を脅かしているように見え，サメは口から血を滴らせながら残酷な笑いを浮かべているように見えた。彼女は，私にも魚の絵を描いてほしいと要求した。私は，彼女の絵の中に描かれていた，海中の小さな魚の隣に魚を描き入れた。

(10) その後

　このセッションの後，彼女は，それなりに大きな波はあったが，以前よりは安定していっているようにみえた。そしてより前向きに，見通しを持って自分の人生を立て直そうと格闘しているようであった。私の感覚は，いわば本震を何とかしのぎ，再びインフラを再構築する土台，人と自分自身への信頼感とい

う土台が少しはできたというものであった。もちろん，その道のりは平坦ではなく，「自分が悪い」という，深刻な迫害的罪悪感，すなわち被虐待経験の後遺症と格闘していく中で，何度も余震はやって来たが，この私の感覚は少しずつ確かめられていった。

［考察］

本事例では，週1回の対面の心理療法では見えてこなかった，深刻な発達性トラウマの影響が週4回の心理療法で顕わになった。一見，大人の女性として振る舞えるように見えるBさんは，かなり部分的に機能できているだけであり，彼女の対人関係は本質的に従属的・搾取的なもののようであった。セッションが進むにつれ現れてきた，彼女の過去の話や現在の話は，私には断片的であり，私はいつ聞いてもバラバラな感じが否めず考えられない状態であった。彼女の人格はいくつにも分かれているようでしかも互いに他のことを知らない場合もあり私はどんどん混乱していった。しかし，次第にそれらは，一方で子どもの部分はカズくんとチーちゃんに集約され，他方で大人の部分はほぼ地のBさんに集約されていった。それとともに，私への理想化と強い愛着を持つ部分と，私を自己愛的で彼女を拒絶する迫害者，特に彼女の母親，もしくは継父とほぼ同じような人間であると確信している部分とに明瞭に分かれていった。後者においては精神分析的態度，そして設定が拒絶的で欺瞞的な態度の象徴としてBさんには感じられ，それは彼女のトラウマ経験を寄せ付けない「ドア」もしくは「隔壁」と感じられていたようだった。こうした「隔壁」がどのようなものであるか，その一端は，何度も何度も，突如として彼女が来なくなることで，私は見捨てられた無力感と不安感，そして憤りを繰り返し経験させられるというかたちで味合わされた。セラピストとしての私の課題は，こうした彼女の，セラピストとしての，そしておそらく人としての私への攻撃を生き残り，彼女とともに「壁」の同じ側にとどまり続けること，そして彼女に応答し続けることであると理解した。彼女は，性的虐待そのものに見える夢を書いた紙を置いていったセッションののち，しばらく姿を見せなかったが，彼女が具象的にその経験を私の中に投げ入れ，安全になるのを待っていたのかもしれない。そのセッションで初めて残忍な表情への変貌は暴力にはつながらず，私はそれについて考え続けることができたことも印象的であった。その後

に描いた，魚の絵は，同じ経験がより安全な形で表現されているように見えた。私は，魚さんがいかにタコさんやサメさんに脅かされ怖い思いをしているか，そしてそうした怖い思いを分かち合ってくれる人をいかに必要としているか話したが，性的虐待そのものや彼女自身には言及しなかった。私は，私たちはどちらも何について話しているか知っていると感じていた。おそらくこれらの経験は，彼女が，トラウマ経験に関して，自らを疎外する隔壁ではなく，人とつながりうる接触－障壁を作りつつある兆しだったように思われる。私は，意識的に考えることなく，彼女と同じ側に，彼女と思われる魚の近くに魚を描き加えていることに気づいた。おそらくBさんは，私のその行為に，私が言葉だけでなく，彼女と同じ側にいて，分かち合い，考え続け，応答し続けようとしていることを実感したのではないかと思う。

III　おわりに
——発達性トラウマを持つクライエントとの精神分析的心理療法

　本章では，間主観性／相互主体性ゲームという視点を示して，発達性トラウマを持つクライエントとの精神分析的心理療法について論じてきた。冒頭で述べたように，こうした子どもや大人のクライエントは，自閉スペクトラムを持つクライエントと同じく，私たち臨床家の持つ理論や技法の構えそのものが彼らを圧迫してしまう危険性があることに留意すべきであろう。なぜなら私たちの理論や技法そのものが，私たちがすでに参与している間主観性／相互主体性ゲームの中で確立されたものと関わるのに対して，こうしたクライエントはまさしくそのようなゲームへの参入を何らかの形で阻まれていることそのものが問題となっているからである。精神分析実践の本質はコミュニケーションであり，協働であるが，このようなクライエントと精神分析的心理療法の仕事をしていくには，私たちが自分たちの先入見をできるだけ排除して，彼らの生活形式（Wittgenstein, 1953；福本，2018）を彼らの仕方で知っていくことが肝要であろう。そういう点で，理論や技法の先入見をできるだけ排除した，いわばスケルトンの枠組みである間主観性／相互主体性ゲームという枠組みは，こうした臨床を行う上で役立つのではないかと考える。

　発達性トラウマを持つクライエントとの精神分析的心理療法について包括的

102　第II部　発達とトラウマ——発達性トラウマ，ASD

に論じるのは私の手に余る。ここでは，本章で取り上げた2例をもとに私が重要と考えるいくつかの点を指摘していきたい。

1.　逆転移経験とコンテインメント：屈辱，無価値，喪失の痛み

　Bさんとの心理療法の経験をこうして公にすることは，私にとっては，自分がさらし者になる感覚，恥ずかしさの感覚なしにはできないことである。それはトラウマ経験をした多くの人にとっての感覚でもあり，間違いなくBさんが感じていたことのように思う。私の，精神分析臨床家としてのプライドや常識は壊され，私の人間性の多くは価値のないものとして暴かれたように感じてしまうときもなかったと言えば嘘になるだろう。築き上げたものが簡単に完膚なきまでに壊されるような思いも抱いたこともあった。そして何よりも，自分の一部のような幼い女の子を亡くした，身を引き裂かれるような痛みを味合わされる経験であった。つまり，発達性トラウマをもつクライエントとの精神分析的心理療法のエッセンスは，セラピストが，クライエントのトラウマ経験の幾ばくかを分かち合い，それに応えていくことであるということである。それがビオンのいうコンテインメントの意味するところであろう。

　コンテインメントは，しばしばセラピストが，「クライエントの痛みを受け止め，理解し，返すこと」と理解されているが，クライエントにとって耐えがたい経験であるトラウマ経験をセラピストなら簡単に受け止めて理解できるということはなく，実際，多くは受け止めかね，理解できかねる部分が出てくる。しかし，肝要なのは，受け止め，理解しようとして応答し続けることであり，それにより，クライエント自身が自らの経験を受け止め，理解できる余地が生まれてくると思われる。つまり，セラピストがトラウマ経験をコンテインするというよりも，協働関係を通じてそれをその中でともに分かち合い，考えられるものに変えていくとみるべきであろう。

2.　協働関係の構築：道徳的要請，対人関係フィールドの基層

　こうした仕事に，こうすればよいというものはないように思われるが，私は自分の経験から言えるように思われることをいくつか最後に述べたい。まず，こうした仕事をやり遂げるには，協働関係は必須であり，そのためにクライエントの中のもっとも「まっとうな部分」と接触を持ち，話し合うことが肝要に

思われる。

　アルヴァレズは子どもの中にある「本来はこうであるべき」という感覚を尊重することの重要性を説き，それを「道徳的要請（moral imperative）」と呼んでいる。彼女は，解釈という点でこの点を論じているが，私は，クライエントとの協働関係の構築という点でクライエントの中にある，「まっとうな関係，まっとうな対象とはこういうものであるべき」という感覚，方向感覚というべきものを探知し，そのような感覚とつながっていくということがとても重要であると考える。こうしたクライエントは，しばしば倒錯的であったり，短絡的であったり，自己中心的であったりする対象ばかりを経験し，そのような対象と関わっていく傾向があったり，また同一化したりしている傾向があったりする一方で，「まともで，思慮深く，思い遣りのある対象があるはずである，あるべきである」という感覚を保持しているかもしれない。そうした感覚とつながっていくことが心理療法の協働関係を構築していく上で肝要である。

　Ａ君のような子どもの場合，協働関係の多くの部分は学校との関係でなされ，そうした大人同士の協働関係に支えられることがこうした心理療法の基盤となる。他方，大人のクライエントの場合それはもっと複雑であり困難でありうる。Ｂさんのような発達性トラウマを持つクライエントの場合，このような「まっとう」にみえる部分は，しばしば，「背伸びをして生き残りのために世渡りしてきた部分」との区別が簡単にはつかない。そしてそうした背伸びをし世渡りをしてきた部分は言葉への激しい不信感を抱いている。さらに，子どもの部分，特にネグレクトを受けた部分にとって，言葉は，むしろ自分の経験世界を締め出す攻撃のように感じられている。なぜなら，言葉は，間主観性／相互主体性ゲームに参与する主流派の経験を記述し，そこからあぶれた少数派の経験は記述されず，ないもののように扱われると感じられる。

　このような状況で，バリント，そしてヴェルモートが指摘するような「対人関係フィールドの基層」経験をすることが，クライエントがその象徴化能力や実行機能を回復させるために，つまりその主体性の土台を回復するために肝要であると思われる。Ｂさんとの心理療法では，カズくんがカズくんとして，チーちゃんがチーちゃんとして，それぞれ小さな子どもとして受け止め許容される非言語的交流の空間が作られ，そこで遊ぶことが可能になることが決定的に重要であった。

3. 技法の柔軟性

こうしたわけで，このようなクライエントとの精神分析的心理療法においては，成人であっても，私は，プレイセラピー的要素があってもよいのではないかと考える。簡単に言えば，技法に関しては柔軟に対処する必要があるとともに，技法のエッセンスへの深い理解[1]，そして信頼が要請される臨床ではないかと私は思う。Bさんは私が動かされないことに感銘を受けたようであり，それがその場その場をやり過ごすことだけを考えるのではなく，「次」があると感じるようになったことに役立ったと私に語ってくれた。そしてこうした技法のエッセンスへの理解と信頼をセラピストが一方的に打ち出すのではなく，それを保持しながらも，根本には，クライエントがトラウマ経験を生き延びてきたやり方，すなわち「生存へのひたむきな努力に対する畏敬の念」（van der Kolk, 2014）を持つことが必須であり，私たちの試みは本質的にはそれを手助けする協働作業であることを忘れないということが大切と私は考える。

4. 遊び空間と象徴化能力の回復

A君と同じく，Bさんもこうした「遊びの空間」（平井，2020）が少しずつ心理療法の場で醸成され，彼女のトラウマ経験，そしてトラウマ経験をした自己の部分を私との間で分かち合っていき，彼女の主体性や主観性を保護する接触−障壁を少しは形成できたのではないかと思われる。それらは，トラウマ経験と関わる夢の報告や描画に表れている。

もちろん，Bさんの回復への道のりはここで示したように単純なものではない。彼女が，さらに象徴化の能力や実行機能のそのものを修復し，ひいては，よい内的対象を修復していき，人生を本当に立て直していくには，ヴァイスが示唆しているように（Weiss, 2020），虐待のサバイバーを苦しめる迫害的な罪悪感を克服するという長い道のりがあるだろう。

精神分析による発達性トラウマを持つクライエントの援助は，こうしたクライエントが，発達性トラウマという傷を負いながらも，少しずつフルに間主観

---

1 精神分析的設定には，「まっとうな関係」のエッセンスが含まれており，子どもを養育する家族，すなわちエディプス構造のエッセンスが含まれている（詳細な議論は，平井（2018）の第一章を参照）。

性／相互主体性ゲームをプレイできるようになる，つまり自分にとって意味ある形で人とつながっていけるのに役立つのではないかと思われる。つまり，このように，発達性トラウマという災厄に打ちのめされたクライエントが，いわば「社会的インフラ」を再構築できる土台作り，すなわち主観性と主体性のエンパワメント（Herman, 1992）の手助けになりうるのが精神分析ではないかと私は考える。

⊙文献

Alvarez, A.（1992）Live Company: Psychoanalytic Psychotherapy with Autistic, Borderline, Deprived and Abused Children. London, Routledge.（平井正三・千原雅代・中川純子＝訳（2002）こころの再生を求めて．岩崎学術出版社）

Balint, M.（1968）The Basic Fault: Therapeutic Aspects of Regression. London, Routledge.（中井久夫＝訳（1978）治療論からみた退行：基底欠損の精神分析．金剛出版）

Bion, W.（1959）Attacks on linking. International Journal of Psycho-Analysis, 40; 308-315.（中川慎一郎＝訳　連結することへの攻撃．松木邦裕＝監訳（1993）メラニー・クライン トゥデイ①．岩崎学術出版社）

Bion, W.（1962）Learning From Experience. London, Heinemann.（福本修＝訳（1999）精神分析の方法Ⅰ．法政大学出版局）

Ferenczi, S.（1932）Confusion of the tongues between the adults and the child——（the language of tenderness and of passions）. International Journal of Psycho-Analysis, 30; 225-230.（森茂起・大塚紳一郎・長野真奈＝訳（2007）大人と子どもの間の言葉の混乱——やさしさの言葉と情熱の言葉．精神分析への最後の貢献．岩崎学術出版社）

Fonagy, P., Gergely, G., Jurist, E., & Target, M.（2004）Affect Regulation, Mentalization, and the Development of the Self, Other Press.

Freud, S.（1912）Recommendations to Physicians Practising Psyho-Analysis, Standard Edition, 12. London, Hogarth Press.（須藤訓任＝訳（2009）精神分析治療に際して医師が注意すべきことども．フロイト全集 12，岩波書店）

Freud, S.（1920）Beyond the Pleasure Principle. Standard Edition, 18. London, Hogarth Press.（須藤訓任＝訳（2006）快原理の彼岸．フロイト全集 17，岩波書店）

Freud, S.（1926）Inhibitions, Symptoms and Anxieties. Standard Edition, 20. London, Hogarth Press.（大宮勘一郎・加藤敏＝訳（2010）制止，症状，不安．フロイト全集 19，岩波書店）

Herman, J.L.（1992）Trauma and Recovery: The Aftermath of Violence—From Domestic Abuse to Political Terror. New York, Basic Books.（中井久夫＝訳（1996）心的外傷と回復．みすず書房）

平井正三（2014）第 11 章〈人間世界〉への参入——虐待を受けた子どもと発達障害の子どもへの精神分析的アプローチ．精神分析の学びと深まり——内省と観察が支える心理臨床．岩崎学術出版社．

平井正三（2016）第 18 章　自閉スペクトラム症への精神分析的アプローチ再考——間主観

的／相互主体的ゲーム」の観点から．（福本修・平井正三＝共編）精神分析からみた成人の自閉スペクトラム——中核群から多様な拡がりへ．誠信書房．

平井正三（2018）第1章　総説　児童養護施設の子どもの精神分析的心理療法．（平井正三・西村理晃＝編，サポチル＝著）児童養護施設の子どもへの精神分析的心理療法．誠信書房．

福本修（2018）猫を抱いて象を泳げ——盤下の世界との共生可能性．（鈴木國文・内海健・清水光恵＝共編）発達障害の精神病理Ⅰ．星和書店．

Music, G.（2011）Nurturing Natures: Attachment and Children's Emotional, Sociocultural and Brain Development. London, Psychology Press.（鵜飼奈津子＝監訳（2016）子どものこころの発達を支えるもの——アタッチメントと神経科学，そして精神分析の出会うところ．誠信書房）

Trevarthen, C., Aitken, K., Papoudi, D., & Robarts, J.（1996）Children with Autism: Diagnosis and Interventions to Meet Their Needs. London, Jessica Kingsley.（中野茂・伊藤良子・近藤清美＝監訳（2005）自閉症の子どもたち．ミネルヴァ書房）

Trevarthen, C., & Aitken, K.（2001）Infant intersubjectivity: research, theory, and clinical applications. Journal of Child Psychology & Psychiatry, 42（1）；3-48.

van der Kolk, B.A.（2014）The Body Keeps the Score: Brain, Mind, and Body in the Healing of Trauma. London, Penguin.（柴田裕之＝訳（2016）身体はトラウマを記録する——脳，心，体のつながりと回復のための手法．紀伊國屋書店）

Vermote, R.（2009）Working with and in the Basic Layer of the Interpersonal Field:opportunities and dangers, In Ferro, A., & Basile, R.（eds）The Analytic Field: A Clinical Concept. London, Karnac Books.

Weiss, H.（2020）Trauma, Guilt and Reparation: The Path from Impasse to Development. London, Routledge.

Wittgenstein, L.（1953）Philosophische Untersuchungen. Oxford, Basil Blackwell.（藤本隆志＝訳（1976）哲学探究．大修館書店）

※本稿は2018年日本精神分析学会シンポジウム「精神分析におけるトラウマ」において「間主観性／相互主体性ゲームからみた発達性トラウマ」と題して発表した原稿を加筆修正したものである．発表原稿は『精神分析研究』第63巻，第3号に掲載されている．

第**5**章

ASD とトラウマ
トラウマの反復と回復をめぐって

平井正三

はじめに——発達障害とトラウマとの関連をめぐって

　前章で私は，トラウマの問題を間主観性／相互主体性ゲームという視点でとらえることを試みた。私たち人間は，それぞれの経験を分かちあい，それが何なのかやりとりしていくつながりの中で意味を生成していく。トラウマ経験は，そのような分かち合いやつながりを困難にするだけでなく，それを遂行する象徴化能力や実行機能を損なっていく。

　これが発達の早期に起こる場合，前章で挙げた A 君のように，非常に迫害的で被害妄想的な世界認識と現実検討力の低下という形をとり，将来的にはパーソナリティの問題に発展するような，「境界例系」と私が呼ぶ傾向につながっていく場合がある（平井，2018：2021）。他方，発達性トラウマやネグレクトは，しばしば象徴化能力や実行機能の大幅な萎縮という形態をとり，発達障害の様相を呈するように思われる。

　私の個人的な印象では，虐待やネグレクトを受け，児童養護施設に入所している子どもたちの中で，以前に比べ，発達障害様の臨床像を呈する子どもが非常に増えているように思われる。施設入所ではなく，家庭で育っている子どもでも，面前 DV や虐待を受けた子どもなども発達障害的な特徴を持つ子どもが大変多い。ルーマニアで深刻なネグレクトや剥奪を受けた子どもたちの多くが自閉症に類似した臨床像を呈していたこともよく知られている（Music, 2011）。

　こうした子どもはアタッチメント障害とも見ることができるが，臨床像としてはかなり類似しているうえに，予後や介入の方針はそれほど変わらない場合もあるので両者の鑑別診断は必要であろうが，臨床的な価値はそれほど高くな

いように思われる。それよりも，こうした事例の大半は，子どもの特徴と養育者の特徴や関係性の性質などが複雑に絡み合った問題を持っている。杉山が指摘しているように（杉山，2019），しばしば親自身が発達障害の傾向があったり，発達性トラウマを持っていたりする。さらに，その親にもそうした特徴がみられ，幾世代にわたった複雑な問題が背景にあり，子どもにそれらの問題が集約されているように見える場合もある。臨床家は，子どもだけではなく，家族全体をよくみて，こうした複雑な問題をとらえて，個別に介入の方向性や方針を立てていくことが重要であろう。そのためには，アルヴァレズたちが示しているようなアセスメント過程に十分な時間をかける精神分析的アプローチ（Alvarez & Reid, 1999；Quagliata & Rustin, 2000；平井・脇谷，2021）が望ましい。このような親子同席面接を通じた親子の関係性の観察を含む丁寧なアセスメントは，精神分析実践がこうした領域での心理援助において有益な貢献のできる部分であろう。

　虐待やネグレクト由来の発達障害傾向は，子どもの臨床だけではなく，大人の臨床においても目立ち始めているように思われる。そうしたクライエントは，解離傾向も認められるが，象徴化の能力が限定的であり，関係性を形成し，発展する力も限られている。夢はほとんど見ないか，見ても非常に単純なものが多く，心理療法における転移の展開も生育歴の悲惨さや複雑さをあまり反映していない。同様に，非言語的コミュニケーションである，投影同一化もあまり作動しておらず，セラピストの逆転移は境界例系のクライエントとの心理療法におけるように激しくなく，屈辱や怯えや怒りや悲嘆などの強い情動や痛みは喚起されにくい。このようなクライエントには，虐待やネグレクト経験を生き残るために，発達障害傾向を防衛的に発達させてきたと考えられる部分と，もともと発達上の脆弱性を持つゆえにそうした傾向が強まったと考えられる部分との両方が認められ，その比率はケースごとに異なるように思われる。

　このように発達性トラウマにより引き起こされる発達障害傾向の問題は，今後発達性トラウマや虐待の問題を考える際に非常に重要な臨床研究の課題となると思われるが，本章では，自閉スペクトラム症（ASD）を持つクライエントのトラウマ経験とそこからの回復という問題を検討してく。それは，こうしたクライエントのトラウマ経験のあり方と回復過程は，定型発達のクライエントとも共通するものがあり，それをよりゆっくりとシンプルな形で見せてくれ

るように思われ，トラウマ経験とそこからの回復の問題を考えるのに示唆的であると思われるからである。

I　ASDとトラウマ経験

　前節では，早期の深刻なネグレクトや剥奪が自閉症に類似した状態を作り出すことが見出されていることについて触れた。そのような深刻な剥奪やトラウマではなく，ある種の脆弱性や過敏性を有している子どもが，通常はトラウマ経験にはならないような経験をトラウマとして経験し，自閉症に至るという，「心因論」が，精神分析臨床家の一部で展開されてきた。

1.　トラウマによって生起する自閉症：タスティンの自閉症の心因論
　ロンドンのタヴィストック・クリニックでクライン派の子どもの精神分析的心理療法の訓練を受けたフランセス・タスティン（Frances Tustin）は，自閉症を持つ子どもの精神分析的心理療法の経験を通じて，このような子どもの中には，彼女が「身体的分離性への気づき」と呼ぶものがトラウマ経験となり，そうしたトラウマ経験から身を守るやり方として，「自分でないもの」への気づきを排除する方法を発達させた心因論的自閉症を持つ子どもがいると論じた（Tustin, 1972）。彼女は，このような子どもは早期から母親と過度に一体化しているので，母親が身体的に自分の一部ではないという気づきが起こる際に，それに耐えられないと述べている。ここで，タスティンが「気づき（awareness）」と呼んでいるものは，意識性の生成そのものであり，他者意識の生成は自己意識の生成と同じことであることを確認したい。そうすると，こうした子どもは，自己意識の生成に伴う「身体的分離性」，すなわち「私とあなたとは異なること」への気づきの衝撃に持ちこたえる自我の構造を持たないともいえるだろう。
　これに対して，リードは，タスティンとは異なった形で，通常はトラウマにならないような出来事がトラウマとなり，それが自閉症的反応を引き起こしたと考えられる自閉症のサブタイプが存在すると主張し，それを「自閉症性トラウマ後発達障害（Autistic Post-Traumatic Developmental Disorder）」と名付けている（Reid, S., 1999）。バロウズ（Barrows, P., 2008）は，このリードの考

えを踏まえて，この分類に当てはまる ASD の子どもの心理療法の事例を提示し，こうした子どもは心理療法によく反応しうるが，それには積極的に攻撃性などのテーマの遊びを導入することが有効であるとしている。これらは一見，タスティンの議論と重ならないように見えるが，いずれの議論も脆弱な自我構造を持つ子どもが通常はトラウマにならないような経験に対してトラウマ反応が起こることが自閉症状態につながっているという点では共通しているといえる。

2. ASD の自我と対象関係の脆弱さ

　身体的分離性の気づきに持ちこたえ，自己意識を立ち上げることのできる自我の構造は，過度に一体化した母子関係においては生成されにくい。それは，ビオンが描いたような，投影同一化と摂取同一化が働くような一定の「分離性」，すなわち「私とあなた」という区分により分節化されている必要がある。さらに，それはおそらく，トレヴァーセン（Trevarthen et al, 1996）の言う原会話（proto-conversation）のような，ある種の一体性と相互性とをあわせもつような関係性を作り維持することと関わると見ることができるかもしれない。生後数カ月の乳児が，母親との間で互いに交代しながら会話のように声を出し合う原会話には，「あなたと私」という分離性の気づきは明らかにあるが，同時に三項関係のような第三者がまだ明瞭に介在しない一体感の中にいるようにみえる。

　クラインは，子どもの心は母子関係という二者関係を基盤に発達していくと考えた（Klein, 1952）。その場合，「母親」はその内部を持つ対象であり，その対象の内部には，父親のペニス（部分対象としての父親）や他の子どもという敵対者が潜在すると子どもは感じる（「無意識的空想」と彼女は呼ぶ）とし，早期エディプス状況として概念化した。これは，既述した原会話に含まれる，一体感と分離性の気づきの萌芽，三者関係を内包する二者関係と同じ事態を指すとみなせる。さらにクラインは，心の発達の基盤は，悪い対象を分裂排除し，理想的な対象とのつながりを培うことであるとしている。その後，そのような理想的対象関係の一つの形態として，母親の内部の敵対者が排除され，母親の内部を独占できている状態が子どもの精神分析的心理療法士の間で重視されてきている（Hoxter, 1977；Alvarez, 1992）。

（1）エディプス理論の性質：社会化の理論

　ここで精神分析のエディプス理論の性質を確認しておきたい。フロイトのエディプス理論は，3歳から5歳の時に起こる発達を記述している。この時期に，子どもは，近親婚の禁止という社会制度の基礎，すなわち世代の相違と世代の再生産の規則を内在化される。このように「ルール」を内在化することで，子どもは，学校社会という制度の中での集団生活に参入していける。

　フロイトのエディプス理論は，母親と父親（そして潜在的にきょうだい）との関係をめぐる葛藤と関わるが，そこでは「自分」とは異なる「母親」や「父親」と「自分」はそれぞれ一つのまとまりとして存在する心の状態が成立している。こうした心の状態は，自己と対象が分離しており，それぞれがまとまっている状態であり，クラインが言う抑うつポジションの機能状態にあると考えられる。それは，9カ月児革命と呼ばれる，共同注視や三項関係が成立する心の状態であるともいえるだろう。このような心の状態は，さらに原始的な心の状態に基礎づけられており，それが先に述べた早期エディプス状況である。そこでは自己と対象は明瞭に分離しておらず，理想的な対象関係では自己は対象の中にある。他方，迫害的な対象関係では，自己は敵対的な部分対象として父親やきょうだい，さらには悪い母親に迫害されていると感じる。こうした分裂し，融合と敵対状態にある心の状態は，理想的な自己と対象関係を軸に，先に述べた「あなたと私」，そしてその含みとして第三者に開かれた二者関係を持つことができるようになる。この事態を，私は「間主観性／相互主体性ゲームをプレイできる」と呼んだ（平井，2016）。

　ここまで，5歳の古典的エディプス状況から，0歳児の早期エディプス状況，そして理想的対象関係まで遡った。このように精神分析では，他者としての母親と関わることができるようになることから始まり，父親を含む家族制度や法を受け入れることで社会化していくとみるわけであるが，ここで注目すべきは，最終的に受け入れられていくのは，「同年代の子どもとの関わり」である点であり，それを可能にするのが規則であり，法であるという点である。こうして子どもは，学校や社会の中で人と関わっていけるようになっていく。ここで，教室や学校などはクラインの考えでは，母親の体内を意味し，教室や学校の中にいる子どもは，「母親の体内にいる他の子ども」を指す。したがって，エディプス理論は，最終的に子どもが，「母親の体の中にいる他の子ども」と

関わっていける道筋も示唆していると理解できる。

(2) ASD の対象関係と社会化の困難

　早期エディプス状況という構造を持つ対象関係を形成するということは，実際的には，先に挙げた原会話や共同注視ができるということである。ASD を持つ子どもは，こうしたやりとりを行うために必要な中枢神経系の基盤が脆弱であると考えられる。私は，この事態を，間主観性／相互主体性ゲームにおける「運動音痴」とみなせるかもしれないと論じたことがある。

　既述したように，タスティンは ASD の子どもは分節化した対象関係を持つことができずに，付着一体性と呼んだ対象と融合した対象関係を形成する傾向がある。ASD を持つ子どもの多くは，次第にそうした対象関係から，「自分でない」，身体的に分離した他者としての対象と関わっていけるようになるわけであるが，その道のりは定型発達の子どもに比べてゆっくりとしているし，それらの道のりで出会う「気づき」の経験はトラウマ的になりやすい。タスティンは，「身体的分離性の気づき」がトラウマ経験になると論じる際に，それが歴史的に乳児期に起こる 1 回生の出来事であるかのように読める記述をしている。私は，ASD を持つ子どもは，潜在的に発達を促進する経験がしばしばトラウマ化しやすく，気づきがトラウマ経験となりやすい傾向は持続していくと考える。

　タスティンは，「母親の体が自分の一部ではないという気づきに子どもが耐えられない」という記述をしている。こうした記述はミスリーディングである。なぜなら，母親と自分とが融合している状態では，「自分」という意識も「母親」という意識も存在しない。したがって，先に述べたように，「自分」という意識は，「自分」とは異なる「母親」への気づきと同時に生じると考えてよいだろう。いずれにせよ，タスティンの議論は，こうした母子関係において，母親が自分とは異なる他者であると気づく経験がトラウマ化するというものである。しかし，精神分析のエディプス理論が示しているように，社会化の道のりの中で，母親が自分とは異なるという気づきは原点であるとしても，その道のりの中で繰り返し現れる重要な主題は，後述する「母親の体内にいる他の子ども」への気づきであり，それがしばしば ASD を持つ子どもや大人においてはトラウマ経験となりうるように思われる。

3. ASD の自我の脆弱さとトラウマ経験

　ここまで主に，対象関係を構築していく上での脆弱さという観点で，ASDの自我の脆弱さをみてきた。これは，前章で触れた，間主観性／相互主体性ゲームをプレイする能力を構成する実行機能と関わると考えてよいだろう。これに対して，もう一つの象徴化能力においても脆弱性が際立つ。それには，ASDが生来的な脆弱性を持つと思われることに加えて，象徴化能力を育む，養育対象との投影同一化，すなわちコンテイナー－コンテインド関係を形成し，維持することがASDを持つ子どもは難しいことが挙げられよう。

（1）接触－障壁の形成不全

　前章でも述べたようにビオン（Bion, 1962）によれば，乳児は，自分が考えられない経験（β要素）を母親に投影する。それを受け止めた母親はそうした生の経験を考えられる経験（α要素）に変え（α機能），乳児に返していく。こうしたやりとりを通じて，乳児は自らの中にα機能を培っていく。α機能を通じて生成したα機能は，無意識と意識を隔てるとともに，両者のつながりを維持する接触－障壁（contact-barrier）を形成するとビオンは論じている。接触－障壁は意識を生成するともいえるので，それは意識性，そして主観性の基底を形成しているとみなせる。さらに，接触－障壁は，自己の内部と外部を遮断し，かつ結び付けているとも考えられ，「自己」を覆う「皮膚」として自己意識，自己感を支えているとみることができる。

　ASDを持つ子どもや大人は，α機能が十分に働いておらず，こうした自己を守る「皮膚」として接触－障壁が脆弱で傷つきやすいと考えられる。したがって，定型発達の子どもであれば問題ないような経験も，接触－障壁を破壊し，トラウマとして経験されやすいと考えられる。

（2）象徴化と心の消化

　既述したビオンのコンテイナー－コンテインド理論は，子どもが養育関係を通じて経験を消化していく力をいかに身に着けていくかを描いているといえる。ASDを持つ子どもや成人は，接触－障壁が形成不全であり，経験により傷つきやすい状態にあるが，さらに，そのようなトラウマ経験を象徴化して消化していく力が弱く，それは異物として，ASDを持つ子どもや成人を長く苦

しめ続ける傾向がある。

　これは，杉山（1994）により「タイムスリップ」として述べられてきた現象である。ここで精神医学からの代表的な ASD のトラウマ論である杉山の議論に目を向けてみたい。

4. 精神医学・精神病理学的視点

　ASD とトラウマとの関連の問題は，精神医学でも取り上げられている。ここでは，当事者の主観的体験世界の理解を重視する精神病理学的アプローチを強調する杉山（1994；2016）の研究に注目する。

　杉山は，ASD を持つ子・人はトラウマ経験をしやすいと指摘し，彼が「タイムスリップ現象」と呼ぶものや，解離などにそれが現れると論じる。そして，その背景には，知覚過敏性があるとしている（杉山, 2016）。杉山によれば，知覚過敏の特性が意味するのは，さまざまなモダリティの感覚を必要な選択をして受け取る作用があまりないということである。それにより，ASD を持つ人は，おびただしい感覚に圧倒されてしまう。

　さらに杉山は，この知覚過敏性について，感覚刺激が意味的時間的連関を持ちにくいという事態であるとも論じている（杉山, 1994）。通常，言語は意味的時間的連関をもとにしているので，こうした経験は言語化されずに保持されてしまう。言語化は記憶を主体の意図のもとにすることに必須であるので，こうした記憶は主体の意図と関係なく，想起されてしまうのである。また ASD を持つ人の記憶は，表象として心理的距離が置かれていないので，現実の体験と区別がつかない。このようなわけで，ASD を持つ人は，タイムスリップ現象と杉山が呼ぶ特異な記憶想起経験をしやすいと，彼は論じている。

　加えて，杉山は，ASD を持つ人は，自己意識の形成が不全であるとしている。特に，主体性の核となる実行機能（executive function）の不全がみられるとしている。実行機能は，類推，未来の予測，判断と関わる自我機能の中核である。

　最後に，杉山は，ASD を持つ人は，間主観性，特に，トレヴァーセン（1996）の言う一次的間主観性の形成不全がみられるとしている。そしてそれにより，彼らは，自己の歴史性が成立しづらいとされる。

　以上の杉山の議論をまとめてみよう。ASD を持つ人にとっては，経験はト

ラウマ化しやすく，トラウマ性記憶として主体のコントロールを超えて想起されがちである。それは，経験を「意味的時間的連関」に編み込み，表象へと変形することに困難があるからである。そしてその背景には，実行機能が不適切であり，間主観的な関わりが十分にできていないことがある。

5. 精神分析的理解とアプローチ

最後に，杉山の精神病理学的論考，そしてトレヴァーセンの間主観性による発達理論などを踏まえて，ASD とトラウマの問題に関する精神分析的理解とアプローチについてまとめよう。

（1）知覚過敏性と接触－障壁の形成不全

杉山のいう知覚過敏性の問題は，ビオンのいう接触－障壁の形成不全と理解できる。ビオンのいう β 要素は，杉山のいう感覚刺激にあたり，α 機能を通じて産出された α 要素で構成される接触－障壁は意味的時間的連関に関わる。上述したように，ビオンによれば，接触－障壁を生成する α 機能は，投影同一化という前言語的コミュニケーションを通じた早期の母子関係を通じて培われる。そこで，早期母子関係における間主観性の発達に関するトレヴァーセンの理論と，それと重なるクラインの理論とを見ていく。

（2）一次的間主観性と二次的間主観性と対象関係

トレヴァーセンら（Trevarthen et al., 1996）によれば，乳児は生後 2，3 カ月になると，母親との間で彼らが一次的間主観性と呼ぶものを発達させる。その典型が，母子が交代で声を出し合う，原－会話である。この場合，「あなたと私」という構造化が一定あるものの，乳児に主導権が委ねられ養育者はそれに沿う側面が強い。このような状況は，クラインが述べる理想的対象関係（妄想・分裂ポジション）にあたる（Klein, 1952）。そこでは，乳児は，母性的対象の中にいると感じており，危険なものはすべて外部にあると想定されている（図 5-1）。

これに対して，生後 9 カ月ころまでに，乳児は新しい関係性を母親との間に持って行く。それが，二次的間主観性と呼ばれるものである（図 5-2）。そこでは，母子の間で，二人のどちらでもないもの，玩具や手遊び歌などが分かち合われる。そこでは，「あなたと私」という自他が明瞭に分化した関係性の構造

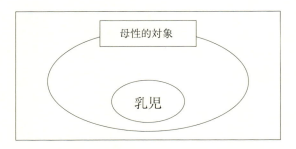

図5-1　理想的対象関係（一次的間主観性）

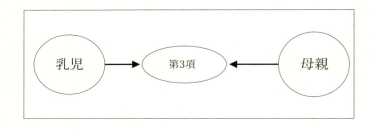

図5-2　抑うつポジションの対象関係（二次的間主観性）

がみられ，その中で第三項が共有される。これは，発達心理学において共同注視や三項関係などの概念で知られた事態である。

　このように，「あなたと私」が互いに異なること（「分離性」）が認められている心の状態は，クラインが抑うつポジションと呼んだ心の状態である（Klen, 1952）。この抑うつポジションの心の状態においては，主体はもはや母性的対象の内部にいるとは感じられておらず，その外部にいると感じられている状態である。

(3) 心の発達の道筋——〈うち〉から〈外〉へ，そしてまた〈うち〉へ

　クラインは，人は妄想・分裂ポジションと抑うつポジションとを行き来しながら発達していくと考えた（Klein, 1952）。これは，別の視点で見ていくと，

人は〈うち〉から〈外〉へ向かい，その〈外〉が〈うち〉となり，そのまた〈外〉へと向かうというふうに理解できる。すなわち，人は，母親の体内から体外に向かい，そこで母親の心と保育空間に育まれ，次第にその外側の父親やきょうだいと関わる。そしてそうした「いえ」の中にいる状態から，外である学校社会に入っていき，さらに学校の外へと向かっていく。

以上が，既述したエディプス理論で扱っている社会化の道のりのもう一つの姿である。

（4）ASD を持つ子どもの困難——〈うち〉にいることを阻みうるもの

こうした社会化の道のりは，結局，さまざまな水準で展開する〈人間の仲間〉の中に入っていくということを意味する。上述したように，ASD を持つ子どもたちはまさしく，こうした〈うち〉の中にいる〈敵対者〉，すなわち「母親の体内にいる他の子ども」への気づきへの恐怖によりそれが困難になる。ウゼル（Houzel, D., 2008）とロウド（Rhode, M., 2008）は，タスティン（1972）を踏まえながら，母親の体内とその中にいる敵（他の子ども）という布置を，自閉水準のエディプス葛藤としてとらえ，それがこうした子どもたちがもっとも原始的な水準で社会化が困難であることを対象関係的に定式化した。これを別の言い方でいうと，一次的間主観性を適切に経験できていないといえよう。

（5）ASD を持つ子ども／人との心理療法

以上述べてきたことを踏まえると，ASD を持つ子ども／人は，α 機能が十分に働いておらず，接触－障壁が形成不全である。こうした困難を改善するために，心理療法においては，まずは一次的間主観性を育み，徐々に二次的間主観性に移行していくことが重要であるといえるだろう。その際に，時間をゆっくりとかけていくことが肝要になる。なぜなら，このような子ども／人たちは，実行機能が脆弱であり，彼らの主体性や主観性を尊重し，育んでいくためにはゆっくりと歩みをともにすることが必要であるからである。その際に，面接室の中にいること，そしてセラピストの心の中にいることが彼らにとって決定的に重要であり，部屋の中，そしてセラピストの心の中に潜在する「他の子ども」がつねに彼らにとっては脅威であることを踏まえる必要がある。

118　第Ⅱ部　発達とトラウマ——発達性トラウマ，ASD

Ⅱ　事例提示

1．A君　20代前半男性[1]

　ウィングの受け身型（Wing, L., & Attwood, A., 1987）に分類されるであろう，この男性は，小学生の頃に心理療法を始め，すでに週1回の頻度で10年以上継続している。小学生から中学生にかけてのA君は，学校では一応形だけは通い，授業も受けていたが，非常に無気力で無関心に見え，心理療法に来てもほとんど自分から何かをすることがなく，何も話さないことが多かった。そして大半の時間，部屋の窓から外を眺めてぼうっと過ごしていた。こうしたセッションで私は，自分がどこでもないところで，いつでもない時間を無時間的に過ごしているかのように感じたものであった。そして出来事は窓の外側の「向こうの世界」で起こっており，私たちはその外側のどこでもない空間にいるように感じられた。

　こうした状況を打開すべく，私は，「向こうの世界」ではなくこの世界で，彼が行ったこと，すなわち窓の外の通行人に目をやったこと，窓のロールカーテンに関心を向けたことなどに注目し，それについて言及し，拡充するようにして関わるように努めた（平井，2011）。それは彼が少しでも私という他者の心の中に自分が届くことができるという，投影同一化の力を伸ばせることを期待した試みであった。

　特別支援学校の高等部に入ったころ，驚いたことに，A君は心理療法に来ると，私のそばの床に座り，話し始めた。当初，私はひたすら彼が放つ，単語をつなげただけのようなたどたどしい言葉を補いながら，彼が言おうとしていることを受け止め関心を向け続けた。この頃の彼の話は，プロ野球の話に限定され，しかも順位や個人成績などをぽつぽつと語るだけであったが，しだいに選手やチームの好き嫌いや個性について話すようになっていった。そして，話題は，拡がりを見せるようになり，プロ野球以外のスポーツ全般，さらに一般ニュースにも及ぶようになっていった。こうした話の終わりには，「次来た時には，日本シリーズ始まっている」などと時間の見通しの中での出来事について言及されるようになった。そして次のセッションにやってくると，「日本シ

1　本ケースについては，その一部は平井（2011）にも記載されている。

リーズ，始まった」と前回に言及し，実際にその時点までに起こった出来事に言及するようになった。

　特別支援学校を卒業し，A君は就労支援施設に通うようになったが，そこで他の人が出す声や音に圧倒され，ほとんどの時間，耳を塞ぎ，下を向き過ごすようになった。何とか，一人で過ごせるスペースを確保するなどの方策がとられたが，結局2年ほどでこの施設は退所した。その後，別の施設にも通ったが，結局どこの施設にも行かず，家で過ごすようになった。家では，父親が怖いと訴え，父親と会わないように過ごすようになった。

　こうしたことが起こっている間も，A君は週1回の心理療法には通い続け，それまでと同じように，私のそばの床に座り，私に話し続けた。彼は次第に，スポーツやニュースの他に自分のことも話すようになった。最初，それは，「20歳になって家にずっといる人っているかな」「自閉症って何なのかな？自閉症の人で家にずっといる人っているのかな」など彼と同じ状況の人がいるかといった，間接的なものであった。彼は，家で過ごすようになったころ，当初はこれでよいのかと感じていたようであったが，しばらく経つと，「今が一番いい」と話し始めた。そして，小学校に上がってから学校はずっとしんどかったこと，とてもうるさかったこと，中学校はまわりの人が怖かったことなどを話した。そして，不登校という手段があるならそれをしていた，不登校をしていたらよかったと話した。また保育園の時には，気の合う人がいたがそれから気の合う人はいないと話した。その後，ボランティアの大学生とは気が合った，プロ野球の話をしたと語った。さらに，しばらく経ったころには，私以外に話ができる人がいない，一人でいいので気の合う人がいればいいと話すようになった。そしてあるセッション，A君は夢を初めて報告した。それは，「鬼に追いかけられる」というものであった。

　このころ，彼は，ボランティアの大学生以来3年ぶりに気の合う人が見つかったと私に話した。彼はそれが「若い女性」であると嬉しそうに話した。この時点で，彼は再び授産施設に通っていた。あるセッションで彼は，気の合う人といると元気が出ること，そしていないと寂しいと話した。そして学校に行っている間ずっとしんどかったので，それはなかったことにすると言った。さらに，保育園の時に気のあった人は，人気があったので取られてしまい，自分はあきらめたと話した。そして今度は取られないようにすると言った。セッ

ションの最後に，彼は，自分は負ける方がいい，賞を取りたいと思う人が多いが自分はわからない，自分は最下位がいい，それで終わるからと私に伝えた。

[考察]

①トラウマとしての学校経験——無時間・非歴史的空間への退避

A君の変化は，心理療法以上に，学校に通うという圧迫，そして就労支援施設に通うという圧迫から解放されたことが大きいように私には思われた。学校は，A君にとって，他の子どもの声や音に圧倒されるトラウマの性質を持っていたように思われる。

A君の両親は，A君が普通に学校に通い，仕事をしてくれればいいという考えに引きずられており，実際の彼にはそうした道筋が難しいことがあまり目に入りにくかったように見える。私もどこかで，彼が学校に行ったり，就労したりしていくことが望ましいという考えを持っており，そうした状況で彼が実際にどう感じているかに十分，目をやることができていなかったように思う。

②外側から世界を眺めることから世界に関心を向け，そして世界の中にいられること

小中学校時代のA君は，セッションで部屋の窓から下の道路を通る人や車を眺めて過ごすことが多かったが，振り返ってみれば，そうした状態において，彼は窓の外，すなわちこの世界とその中で起こっている人々の営み，クラインの言い方でいえば，母親の体内とその中にいる子どもたちの動きを，いわば「外側」に退避し，そこから眺めていたのかもしれない。それは，どこでもない空間であり，歴史的に位置づけられない無時間的な空間であったように思われる。これは解離というには，あまりにも受け身的に生起している状態に思われる。こうした状態の時，彼は時折，私に気づいているように見えた。おそらく，私の存在は，こうした状態において，唯一一緒にいてくれる人，「気の合う」人への期待をつないでいたのかもしれない。

③能動的分裂（排除）と理想的対象関係

A君が変わっていき，私に話すようになったさいに，彼が話したのは，プロ野球の話題であった。そして話題は他のスポーツや他のニュースに拡がっていった。これらは，新聞やテレビのニュースであり，基本「この世界」で起こっていることをいわば外から眺める視点と関わるという点に注目できる。そうして，彼が「こういう人いるかな」と，自分と似た人が「この世界にいるこ

と」を問い始めた時，まさしく彼はこの世界にいていいかどうかを問い始めていたように思われる。

④接触－障壁の顕れ

A君は多くの時間，自分の部屋で過ごすようになり，週に1回私のところに来て，「今が一番いい」と語った。私は，彼が自分にとって何がいいかと語るのを初めて聞いた。クラインは，心の発達の最も重要な一歩は，よいと悪いとの分裂であるとしている（Klein, 1952）。この時点で，A君は受け身的に「この世」の外側に追いやられるのではなく，少しずつ彼のやり方で能動的に分裂を行い，時間と歴史の存在する「この世」の中にいることができ，そして「気の合う」人とつながっていける期待を持てるようになり，現にそういう人を見つけられるようになった。当面，そこでは，彼以外のライバルはいない独占できる状態，すなわち一対一の守られた関係性である必要があるだろう。A君は，ほとんど接触－障壁といえるものはなかったように思われるが，長い経過の中で「鬼に追いかけられる」夢を報告し，初めて接触－障壁らしきものが現れたように思われる。それは，彼がよいと悪いという分裂をし，逃げることのできる悪い「鬼」を特定できる空間の中にいることができ始めたともみることもできるだろう。

A君のケースは，こうした子どもにとって，他の子どもたちへの気づきがトラウマ的になり，集団生活は耐えられない衝撃をもつことを示している。A君の場合，それは大規模な解離状態にみえる，いわば極端な離人症状態が生じていたように思われる。そして，そうした状態は，外的環境の圧迫が減じ，本人に合った環境が整うことで改善の動きが生じ，そこで初めて，心理療法は役立ちうる。こうしたASDのケースにおいては，変化は着実に起こるものの，非常にゆっくりとしたものである。

2. Bさん　30代女性[2]

中度の知的障害とASDを持つBさんとの心理療法は，彼女が中学生の時に始まり，その後20年近く継続している。数年前に心理療法の頻度は月1回になったがそれまでは週1回の頻度であった。中学生の時のBさんは，セッションに

2　本ケースについては，その一部が平井（2011）に記載されている。

やって来ると，私とやりとりすることもないことはなかったが，すぐに，一人の世界での想像上のキャラクター同士の会話を楽しそうに展開していった。それは主に，アニメの『忍たま乱太郎』に出てくる男の子の忍者キャラクターたちであった。私にはまるで，それはテレビの中で展開しており，私はその外側でテレビを観ている人のようであった。しかし，彼女はそのように会話をするキャラクターの誰でもないように見えた。私は，楽しそうな会話からのけ者にされ，一人ぼっちにされているという憤りにも似た感情と強い無力感を抱くことがしばしばであり，私はそのような気持ちについて彼女に話していった。

　Bさんはしばしば教室に留まることができず，逃げ出し，トイレに何時間もいるところを発見されることがあった。心理療法では，『忍たま』状態は続いた。それを漫画に描くこともあったが，彼女の作る話はコマの間のつながりがバラバラで無理やりつなげられているだけに見えた。次第に，彼女の作る話は一人のキャラクターに集約され，そのキャラクターの一日と題する話を描くようになっていった。そして直接彼女自身と会話することもでてきた。その頃あるセッションで彼女は，「私，自分がなくなる，自分失調症なんです」と語って私をはっとさせた。

　特別支援学校の高等部に入ったころから，そのようなBさんの状態には改善がみられ，他の生徒とも関わり，学校の活動にも参加するようになってきた。心理療法では，それまで彼女は実際に起こったことや関わっている人のことを一切話さず，私はあたかも世界を彼女と共有することのない存在であり，面接室はどこでもない，時間や歴史のない空間であるかのようであった。しかし，次第に彼女は現実に彼女に起こったことや身の回りの人のことを話すようになっていった。それは当初，あいまいな形で決して固有名詞を出さない形であったし，また彼女の話はつながりがバラバラですぐに他の話に移行し，そのままにしていると再び宙を彷徨ようになっていった。そこで私は，彼女に話を戻し，先の話はどうなったか，尋ねたりして，地に足の着いた話にするように努めた。私は，いわば，Bさんを捕まえていなければならないように感じていた。こうした関わりを続けているうちに，Bさんは，寂しい気持ちについて話すようになった。そして特にセッションが終わる際に，強烈な寂しさを感じているようであった。

　心理療法を始めて，10年が経つ頃，Bさんは，授産施設に通うようになっ

ていた。その頃に彼女は，セッションで以下のような夢を話した。

夢①《B子はトイレにいる。隣に男の子がいる。掃除道具の部屋のドアを開けると誰もいない。男の子がそのドアを開けると，誰かがいる。幽霊かもしれない。》

夢②《（地下鉄の中で，と後で言う）誰か，何人かいる。ドアが開いて，どーっと人が入ってくる。足を踏まれたり，つかれたり。B子はどなったりする。「あんたのことなんかしらない！」と怒られたり，逆に怒ったりする。》

　この頃から，Bさんは，セッションで，授産施設で彼女が嫌いな女性からいやなことを言われたことを突然何の脈絡もなく思い出し，あたかもその女性が部屋の中にいるかのように大声で言い返すことが頻繁にあった。それはまるで，杉山（1994）の言うように，彼女はタイムスリップしてその女性とやりあっている場面に戻ったかのように感じられた。私は，そうした際に，彼女に話しかけていき，私に注意を向け，収まっていくことを手助けした。

　Bさんは，セッションでそのような状態になることはなくなった。セッションでは，小学校から特別支援学校の高等部に至るまで，いかに苦しかったか，教師に嫌な思いをさせられ，教室に居場所がなかったか話すようになった。特別支援学校に入り，ようやく居場所があるように感じたことなどを話すとともに，その時点での出来事や人間関係についても話すようになっていった。

　このようにしてBさんのコミュニケーションの力や対処能力は少しずつ成長していき，なんとか授産施設に通い続けた。そして彼女の両親は彼女をグループホームに入所させることを考え始めた頃，彼女は抑うつ状態に陥った。そのきっかけは，長年授産施設で彼女を見守り続けた年配の男性スタッフが異動になり，別施設に行ってしまったことであった。何か事があると頼り，とても愛着を抱いていたその男性との別離は彼女にとって打撃となったようであった。そして，それまで自分から休むことがなかった心理療法をしんどいと言って休むことが増えた。そしてセッションにやって来ても，部屋の中にいることがしんどいようで，入室しても座ることもできず，しばらく立ちすくんだのち

124 第Ⅱ部 発達とトラウマ——発達性トラウマ，ASD

に，苦しそうに「今日は帰る」と言って帰ることが続いた。こうした状況が1年ほど続き，本人の希望もあって，頻度を月1回にしてしばらくすると，再び彼女は面接室にいられるようになった。そうして，彼女は家を出て，グループホームで暮らすようになった。あるセッションで，彼女は，グループホームで風呂に入るとき怖いこと，それは風呂の中に幽霊がいるからだと話した。それは，面接室にもいるし，今そこにいると話した。彼女は，それを怖がってはいるようであるが，彼女の存在を脅かし，排除するようなものとは感じていないようであった。

[考察]
①どこでもない無時間・非歴史的空間への退避

このようにBさんとの長い心理療法過程を俯瞰してみると，A君と共通する問題にBさんは格闘してきたことが見て取れるように思われる。それは，「私たち」と共有する「この世界」の中にどのようにしていられるか，という問いをめぐるものにみえる。二人とも同世代の人が交流する「この世」からいわば弾き飛ばされていた。そしてA君の場合は，「この世の外側」のどこでもない場所で傍観しているだけであったが，Bさんの場合は，そのどこでもない場所，いつでもない時間，いわば虚数時空間の中に，明るいアニメキャラクターの世界を築き上げていた。それでもA君と異なり，Bさんは排除される憤りと無力感を私に感じさせ，ある意味伝えることはできていた。私との心理療法の中で，キャラクターの世界は，次第に，一人のキャラクターの一日という形で時間軸上に展開するものに変容していき，そうしてさらに彼女自身がこの世界にどのようにしているかを私に伝えるようになっていった。

②夢の意味——精神病的抑うつ，中にいる排除する人々

心理療法開始後10年余りたったころに報告した二つの夢はどちらもBさんがどのように感じていたのか私に伝えているように思われる。夢①の男の子は私のように思われ，ずっと一人で引きこもっていたのが一緒にいてくれる仲間を見出しているように思われる。すると，彼女は，ドアを開けその向こうに広がる空間に目をやることができるようになっているといえるかもしれない。「そこに誰もいない」というのは彼女が経験しているようであった強烈な寂しさと関わっているのかもしれない。それはタスティンが述べている「ブラック

ホール」のような精神病的な抑うつ（Tustin, 1972）につながるものかもしれない。

　他方，空間の中にいる幽霊も，やはり潜在的に彼女を脅かすものかもしれないと思われた。夢②のドアが開きどっと出てくる人々はまさしく空間の中にいて彼女を圧倒するそのような存在であると見ることができるだろう。A君の場合，この世界から，彼を弾き飛ばすような「他の人々」の存在に対しては，受け身的に下を向いたり，耳を塞いだり，自室に引きこもったりすることでしか対処できなかったが，Bさんの場合，「あんたのことなんかしらない」と相手に大声で言い返し戦い続けた。しかし，それはより通常のトラウマ反応であるフラッシュバックであり，トラウマ性の記憶の想起のように見えた。と同時に，彼女のことを無視し，無価値なものとして蔑む対象，彼女を抑うつ状態へと追いやる対象であるとみることができるだろう。

③私との関わりと別れ——部屋の中にいる幽霊

　家を出ることが近づいてきたこと，そして長年彼女を支えてきた男性が去っていたことはこうした自分が無価値だという感じを強めたのだろう。さらに，彼女は，私との心理療法の終わり，私との別離の可能性にも気づき始めたのだと思う。この頃には，Bさんは私との接触を断ち，虚数時空間に退避することができなくなっていた。こうしたわけで，この心理療法過程を通じて初めてBさんは，面接室の中で脅かされる感じを抱き，椅子に座っておられず，部屋に留まることが困難になった背景ではないかと思われる。それは具象的に部屋の中で彼女を脅かす幽霊がいることとして経験されていたようであることを彼女はのちに教えてくれた。これらの幽霊は，私が彼女とは異なる人生をこの世界で送り，他の人と関わること，面接室には彼女以外にさまざまな人たちが訪れる場所であることといった認識と密接に関わっていると私は考える。

3. C君　20代前半男性[3]

　中度の知的障害とASDを持つC君は，中学生の時に，両親，そして学校教師に激しい暴力を振るうということで主治医から私のところに紹介されてきた。C君は幼稚園の時から他の子どもへの暴力が問題になってきており，その

3　本ケースについては，平井（2020；2024）にも詳細に記述されている。

後もそれはあまり変わらず，中学生になると今度は親や大人に激しい暴力を振るうようになっていた。それはエスカレートの一途をたどり，警察を呼んだり，何度か入院したりしたが，C君はそのことで親を恨み暴力は一向に収まる気配はなかった。

　私のところに来た頃には，彼と関わる教師や援助者のほとんどすべての人に対して彼は腹を立て顔を見れば暴力的になっており，両親は本当に困ってしまっていた。私との面接で，彼は「僕は youtuber になりたいんです」と話し，「なのにお父さんとお母さんは警察を呼ぶなんて酷い！　刑務所に入ったら youtuber になれないんです！」と私に訴えた。このように訴えてくる彼の切実さと，何とかそれに応えたいという気持ちを私自身動かされるところから，よい対象関係を作っていける潜在性を私は感じ，彼との心理療法を開始した。

　当初，C君は，心理療法のセッションで，警察を呼び，彼を入院させた，親への恨みを話し続けたが，次第に「僕は本当はおとなしくて優しい」のだと話すようになった。私は，彼が自分がそうでありたいと思っている意図を大切にするアプローチをしていった。大半のセッションで彼は話すことの多くをあらかじめ考えてきているようであり，セッションではその考えてきたことを間違えないように話すことが大切なようであった。それはどこか，彼の好きな youtuber の動画のようであり，私はその観客であるかのようであった。私は，彼は，自分の今の状態を何とかしようとしており，彼が「本当」と思える「自分」を何とか作り上げようとしており，私との関係や面接室の空間をそうしたことを彼が遂行することを支えてくれる空間として用いているように感じた。

　C君は嫌なことがあるとすぐに「なかったことにして欲しい」と言い，誰かが少しでもそのことを持ちだすと激怒した。特に彼は，自分がやろうと思っていることを先に指摘されたりするととても腹を立てた。彼にとって「嫌なこと」とは彼の主体性や実行機能を脅かすことのように思われた。このような中で，彼は本名を捨ててユウタという youtuber と同じ名前になると宣言し，周りの大人にそう呼ぶようにと言った。

　心理療法が1年経った頃，C君の妹が突然亡くなるという不幸に見舞われた。葬式の際に，彼が母親に暴力を振るおうとした時にヨシヒロという従兄に「やめろ」ととがめられたことに彼はとても腹を立てて，半年以上セッションでは

その話ばかりしていた。彼は，「ヨシヒロは酷い。今度会ったら絶対段ってや
る！」と激昂して話したものであった。しかし，セッションを重ね数カ月経っ
た頃には，「Bおばさんはヨシヒロは優しいと言う。でもヨシヒロは優しくな
んかないんだ！」と別の視点も語りの中に入って来るようになった。そしてあ
るセッション，彼は，トーマスシリーズの模型を改造したものを持ってきて，
それがヨシヒロだと言い，ヨシヒロの物語を作るとはにかんで話した。これ
は，その後何カ月もかかって，『タクマと仲間外れたち』という物語に結実し
ていった。この物語では，蒸気機関車のタクマが，ディーゼル機関車のヨシヒロ
と衝突し，ヨシヒロは蒸気機関車の体になりパワーも弱くなってしまう。タ
クマはヨシヒロのディーゼルエンジンの一部を取り込み，蒸気エンジンとのハ
イブリッド機関車として強力なパワーを得る。ヨシヒロは，元の体を取り戻そ
うとしてタクマと激突するが，最後は崖から海に落ち，顔も消滅して海の藻屑
となる。

　C君は，ヨシヒロやタクマの模型をセッションに持ち込み，いくつかの場面
を実演して見せ，考えてきたセリフを何度も何度も繰り返した。特に，ヨシヒ
ロが海に落とされ，顔が消滅して苦しみながら消えていく場面を演じて見せる
のを楽しんでいるようであった。当初それは，ある種の象徴的復讐のように見
えたが，次第にヨシヒロが彼自身であり，「顔を失う」という自己消滅の恐怖
と取り組んでいるように見えてきた。物語には，さまざまなキャラクターが取
り入れられるようになった。わかってきたことは，これらのキャラクターも物
語もほぼすべて元ネタがあり，彼はそれらをいわば二次創作しているという
ことであった。追加されたキャラクターにほぼ共通する主題は，自分の居場所
や仕事を取られて，復讐の念に駆られ，以前はおとなしくて優しかったのが残
酷で暴力的な性格に変わってしまうというものであった。これらのキャラク
ターはおおむね蒸気機関車とディーゼル機関車，タクマの仲間とヨシヒロの仲
間に分かれていた。タクマの仲間には，女の子のキャラクターのエイミーとい
う客車が加わり，エイミーを助け最後はタクマとエイミーは仲良く暮らすとい
うハッピーエンドに話は変容していった。また，ヨシヒロは，悪者というより
も，元の体を取り戻したかっただけなのに海の藻屑と消えていったかわいそう
なキャラクターというニュアンスに変わり，最後は蒸気機関車とディーゼル機
関車たちは和解して仲良く平和に暮らすという話になっていった。

『タクマと仲間外れたち』がこのような物語になっていったころ，C君は『邪悪な幽霊列車ティモシー』という，トーマスの二次創作の物語について頻繁に話すようになった。これはネット上で見られる動画であり，彼はティモシーの模型を自分で作って持参してそれについて話した。ティモシーは元はおとなしくて優しい蒸気機関車であったが，鉄道会社の重役にスクラップにされると予定であることを聞き，悪魔に体を乗っ取られて，乗客もろとも崖から海に突っ込んでいき幽霊となってしまう。そして，他の蒸気機関車たちも地獄に道ずれにしようとする。C君は，ティモシーには，通常形態，悪魔形態，最終形態があると説明し，ムンクの叫びに似た，最終形態の顔は自分で作成して私に何度も見せた。そしてセッションでは，「お前たちも地獄に連れていってやる！」といった，悪魔形態と最終形態のティモシーのセリフを迫力ある声で実演して見せることを楽しんでいた。私はティモシーの変容と彼が豹変し暴力を振るうこととをつなげると彼はそれを認めることができるようになった。

　この頃からC君が暴力を振るうことはまれになっていき，心理療法を始めて4年が経つ頃にはほぼなくなっていった。セッションでは，入院中に屈辱的な目にあったことや母親から軽蔑的なことを言われたことを数カ月以上繰り返し語ったりしたが，それも次第にしなくなった。『タクマ』シリーズの映画製作の話は続けていたがそれほど熱心でなくなり，ついには話さなくなった。彼の話は，食べ物の話や，少女アニメ，声優など好きなものが主になっていき，しかも話題の範囲は増していった。私とは主に楽しい話を共有することに重点が移っていった。彼は，エナジードリンクを持ってきてセッション中に飲むようになったがあるとき私に「先生も飲みますか」と言ってそれを差し出したが，すぐに引っ込めて「冗談ですよ」と言ってにやりと笑った。

　6年目に入りコロナ禍が起こった。C君は志村けんや著名人が亡くなったことを「志村けんさんが亡くなるなんて」と話し，「亡くなったってわかりますか？　もう会えないってことなんですよ」「悲しい」と話した。その半年後，D町にいる祖母のところに行くのが楽しみだけど，コロナで行けないという話を毎回のようにするようになった。彼は，その町には小さいころから行っていて懐かしいとも言った。しかし，コロナに祖母がかかれば亡くなるかもしれず，亡くなればもう会えなくなると話した。あるとき，また芸能人がコロナで亡くなってショックだったという話をしたとき，私が妹の死に言及した。彼

は，妹が亡くなったとき，母親が大声で妹の名前を言っていたこと，父親が救急車を呼んだことなどをリアルに話をした。彼は，妹の死を悲しんでいるというよりも，自分も死ぬことを恐れているように見えた。

[考察]
①主体性（実行機能）の脆さと理想的対象関係の形成
　C君の暴力の勃発は，主に彼の主体性が脅かされる局面で起こっており，それはトラウマ化し，その記憶が喚起される局面になると彼は激怒し暴力をふるった。当初，彼ができたのはそうした「嫌なこと」を取り除くということだけであった。私とのセッションは，彼が自分の主体性（実行機能）を支えてもらう理想的な対象関係世界となっていったように思われる。

②トラウマと「遊びの空間」の形成
　C君との心理療法過程で起こった，妹の突然死は，家族全体にとってトラウマ的な出来事であった。C君は妹の死そのものに関して衝撃を受けたことはあまり話さず，むしろ彼にとってのトラウマは，主に「やめろ」と言ってくる，彼の主体性を脅かすヨシヒロに集約され続けた。半年近くの反復の後，彼は，他の視点も受け入れ，そして模型を持ち込み，二次創作の物語を展開していった。こうした展開を可能にするためには，「遊びの空間」が形成されていることが肝要であることを私は別のところで論じた（平井，2020）。「遊びの空間」においては，現実の事実はいったん脇におかれ，さまざまな可能性が試されることが可能になる。こうした「遊びの空間」が生成されるためには，一次的間主観性が生じる理想的対象関係が築かれている必要がある。この「遊びの空間」においては，かなり一方的な形ではあるが，二次的間主観的な関わりが生じている。そこでは，玩具，所作その他の非言語的表現・コミュニケーションが非常に重要になる。

③一部を取られること，外に放逐されること，憑依
　C君の物語の主題は，自分の一部を取られてしまうこと，そして〈外〉に放逐されてしまうことをめぐっていた。『タクマと仲間外れたち』のヨシヒロが「顔をなくす」というテーマは，C君の自己消滅の恐怖を表現しているように思われる。また，ティモシーの物語は，彼の自我状態が容易に他の自我状態に乗っ取られることを示唆している。同時に，この物語を話すC君は，自分に

起こっていることを象徴化しているようにも見える。

このように，C君の物語は，彼の主体の一部が取られたり，そこに放逐されてしまったりする恐怖，そして彼の心の状態が容易に他の心の状態にとって代わられてしまうことが表現されている。

④象徴化（二次創作）と接触－障壁

『タクマ』シリーズやティモシーのセッションでの実演は，C君の中で接触－障壁が育っていく様を示していると言える。実際に，トラウマ性の記憶がセッションを席巻することはほとんどなくなっていった。暴力はほぼ消滅し，セッションでは，好きなものに関する楽しい話題が増えていった。そして時折，かれは「冗談」を言うようになった。冗談は，「遊びの空間」の重要な特徴であり，主体に選択の余地を与えうる。

⑤取り返しがつかないことを受け入れていくこと

こうして，何年にも及ぶ心理療法過程を通じて，C君は，人の死一般を「もう会えない」こととして受け入れていくことが可能になっていった。それは，時間の非可逆性として受け入れていくことでもある。それまでは，おそらく「元に戻れない」は，ヨシヒロの運命のように，「この世」から放逐され，自己（主体性）の破局そのものを意味しており，決して受け入れることのできない事態ではなかったかと思われる。そのような不安が減じ，「この世」に自分がいてもいいという自信が生まれるとともに，「行きたくても行けない」「会いたくても会えない」事態を許容できるようになっていったのではないかと考えられる。

Ⅲ　おわりに

本章で提示した，三つのケースの記述を読むと，それぞれの長い経過そのものに愕然とする人もいるだろう。実際，私が抱く印象では，大半の時間が，浦島太郎の物語のように，反復的，もしくは無時間的・非歴史的な時空間に呑み込まれていったようにも感じられた。こうした「どこでもない無時間・非歴史的空間」は，トラウマ性の経験から退避する場所であり，保護を与えてくれるようにも見える。ASDを持つ人にとって，人とともにいる「この世」（間主観的な世界），すなわち時間と歴史を持つ空間は恐ろしい敵対者に満ちており，

それらに圧倒されがちであり，こうした空間への退避は必要なところもあるようにも思える。

このようにみていくと，こうした状況は，ASDを持つ人だけではなく，トラウマ経験をした人に普遍的な特徴としてみることができる。定型発達者にとっても，トラウマ経験をした部分は，間主観的に共有された世界は変質し恐ろしい敵対者に満ちており，そこから撤退し，「どこでもない無時間的・非歴史的時空間」に退避せざるを得ないのかもしれない。

それでは，心理療法の役割とはいかなるものであろうか？　本章で述べてきた三つのケースは，それぞれの形でこの点に関して示唆してくれる。それは，心理療法は，このようなクライエントに，理想的対象関係（A君の「気の合う人」，Bさんの『忍たま乱太郎』の観客，C君のyoutubeの観客），そして「遊びの空間」を提供することではないかと考える。そうした理想的対象関係と「遊びの空間」を通じて，彼らの主体性の基盤が育まれ，接触－障壁が再生／修復されていくことが可能になるかもしれない。しかし，それは非常にゆっくりとしか起こりえないように私には思われる。A君とBさんの夢，C君の二次創作の遊びを，そうした接触－障壁の例としてみることができるだろう。

私との長い心理療法過程を通じて，存在消滅の恐怖（C君のヨシヒロ），精神病的抑うつの恐怖（Bさんの夢で仄めかされた無の空間），圧倒する音（A君）などトラウマ性の経験は，次第に元に戻らない，もう会えない，喪失の痛みへと向かっていった。A君においては，それは，過去を振り返り，人との出会いと別れの歴史の中にいることを認めていくことに現れていた。Bさんにとっては，人との別れとその悲しみに圧倒されること，そして私が他の人とも関わっていることを認めることであった。C君では，元に戻らない，取り返しのつかない事態として人の死を受け入れることができるようになってきたことであった。三者三様にそれぞれが，少しずつ，歴史と不可逆的な時間，人と痛みを分かち合える空間にいることができるようになっていった。

これはまた，トラウマ経験を持つクライエントの心理療法過程に普遍的にみられる過程でもある。

⦿文献

Alvarez, A.（1992）Live Company: Psychoanalytic Psychotherapy with Autistic, Borderline, Deprived and Abused Children. London, Routledge.（平井正三・千原雅代・中川純子＝訳（2002）こころの再生を求めて．岩崎学術出版社）

Alvarez, A., & Reid, S.（1999）Autism and Personality. London, Routledge.（倉光修＝監訳（2006）自閉症とパーソナリティ．創元社）

Barrows, P.（2008）"Playful" Therapy: Working with Autism and Trauma. In Barrows, K.（ed.）Autism in Childhood and Autistic Features in Adults. London, Karnac Books.（世良洋・平井正三＝訳（2016）「遊び」療法——自閉症と心的外傷に取り組むこと．自閉症スペクトラムの臨床——大人と子どもへの精神分析的アプローチ．岩崎学術出版社）

Bion, W.（1962）Learning from Experience. London, Heinemann.（福本修＝訳（1999）精神分析の方法Ⅰ．法政大学出版）

平井正三（2011）精神分析的心理療法と象徴化——コンテインメントをめぐる臨床思考．岩崎学術出版社．

平井正三（2016）第18章　自閉スペクトラム症への精神分析的アプローチ再考——「間主観性／相互主体性ゲーム」の観点から．（福本修・平井正三＝共編）精神分析からみた成人の自閉スペクトラム——中核群から多様な拡がりへ．誠信書房．

平井正三（2020）意識性の臨床科学としての精神分析——ポスト・クライン派の視座．金剛出版．

平井正三（2024）自閉スペクトラムをもつ思春期・青年期のクライエントとの精神分析的心理療法．（木部則雄・平井正三＝編）セミナー　子どもの精神分析的心理療法——こころのケアに生かす理論と実践．岩崎学術出版社．

平井正三・脇谷順子＝編（2021）子どもと青年の精神分析的心理療法のアセスメント．誠信書房．

Houzel, D.（2008）The creation of psychic space: the 'nest of babies' fantasy and the emergence of the Oedipus complex. In Barrows, K.（ed.）Autism in Childhood and Autistic Features in Adults. London, Karnac Books.（世良洋・平井正三＝訳（2016）心的スペースの創出，「赤ん坊たちの巣窟」空想，エディプス・コンプレックスの出現．自閉症スペクトラムの臨床——大人と子どもへの精神分析的アプローチ．岩崎学術出版社）

Hoxter, S.（1977）Play and Communication, In Boston, M., & Daws, D.（Eds）The Child Psychotherapist and Problems of Young People, London, Wildwood House.

Klein, M.（1952）Some theoretical conclusions regarding the emotional life of infants.In Envy and Gratitude and Other Works, London, Hogarth Press.（佐藤五十男＝訳（1985）幼児の情緒生活についての二，三の理論的結論．（小此木圭吾・岩崎徹也＝責任編訳）妄想的・分裂的世界．誠信書房．

Music, G.（2011）Nurturing Natures: Attachment and Children's Emotional, Sociocultural and Brain Development. London, Psychology Press.（鵜飼奈津子＝監訳（2016）子どものこころの発達を支えるもの——アタッチメントと神経科学，そして精神分析の出会うところ．誠信書房）

Rustin, M., & Quagliata, E.（eds）（2000）Assessment in Child Psychotherapy. London, Duckworth.（木部則雄＝監訳（2007）こどものこころのアセスメント——乳幼児から思春

期の精神分析アプローチ．岩崎学術出版社．

Reid, S.（1999）Autism and Trauma: Autistic Post-Traumatic Developmental Disorder. In Alvarez, A., & Reid, S.（eds）Autism and Personality. London, Routledge.（倉光修＝監訳（2006）自閉症とパーソナリティ．創元社）

Rhode, M.（2008）Joining the Human Family. In Barrows, K.（ed.）Autism in Childhood and Autistic Features in Adults. London, Karnac Books.（世良洋・平井正三＝訳（2016）人間の家族の中に加わること．自閉症スペクトラムの臨床——大人と子どもへの精神分析的アプローチ．岩崎学術出版社）

杉山登志郎（1994）自閉症に見られる特異な記憶想起現象——自閉症の time slip 現象．精神神経学雑誌，96（4）；281-297.

杉山登志郎（2016）自閉症の精神病理．自閉症スペクトラム研究，13（2）；5-13.

杉山登志郎（2019）発達性トラウマ障害と複雑性 PTSD の治療．誠信書房．

Trevarthan, C., Aitken, K., Papoudi, D., & Robarts, J.（1996）Children with Autism: Diagnosis and Interventions to Meet Their Needs. London, Jessica Kingsley.（中野茂・伊藤良子・近藤清美＝監訳（2005）自閉症の子どもたち．ミネルヴァ書房）

Tustin, F.（1972）Autism and Childhood Psychosis. London, Karnac Books.（齋藤久美子＝監修・平井正三＝監訳（2005）自閉症と小児精神病．創元社）

Wing, L., & Attwood, A.（1987）Syndromes of Autism and Atypical Development. In Cohen, D., & Donnellan, A.（eds）Handbook of Autism and Pervasive Developmental Disorders. New York, Wiley.

※本稿は 2021 年日本精神分析的心理療法フォーラム大会企画分科会「心理療法で語られるトラウマの物語」において「精神分析から見たトラウマ——ASD の事例を通じて」と題して発表した原稿に基づいている。発表原稿は『精神分析的心理療法フォーラム』第 9 巻に掲載されている。

第6章
トラウマを抱えた子どもの精神分析臨床

西村理晃　吉岡彩子

I　導入：トラウマを抱えた子どもの精神分析臨床の概観
——英国クライン派の取り組み

[西村理晃]

　子どもにとってトラウマとは子どもがその時点の成長において情緒的に対処できる能力を超えた体験である。これらのトラウマ経験が一回性のものである場合，多くの子どもたちは周囲の大人をはじめとした環境のサポートを得ながら，あるいは自らに備わった内的な心の対処力を用いてそれを乗り越えていくだろう。問題はこういったトラウマに慢性的にさらされる場合である。特にそれが幼少期，とりわけ乳幼児期に生じる場合，トラウマはその後の心の発達だけでなく脳を含めた身体発達にまで深刻な影響を及ぼす（Schore, 2001；Anda, Felitti, & Bremner, 2006）。

　子どもの精神分析臨床はそのパイオニアの時代よりトラウマを抱えた子どもたちを理解することを主軸の一つにして発展してきた。現代のトラウマを抱えた子どもの精神分析臨床は，何世代もの精神分析臨床家が格闘した軌跡の途上に位置する。本節では，英国クライン派に焦点を絞り，その軌跡を簡潔に辿ることによってトラウマを抱えた子どもの精神分析臨床を概観する。

1.　内的世界の理解（1930 〜 1960 年代）
　子どもの精神分析臨床のパイオニアの一人であるメラニー・クライン

(Melanie Klein) は特に重篤な心の問題を抱えている子どもたち（今日の観点では，この子どもたちの多くはトラウマを抱えた子どもたちとみなせる）と仕事をする際，彼らの心の基層において何が生じているのかを深く理解し，そこに存在する不安に精神分析的介入によってアプローチすることが彼らの心の変化と成長につながることを見出した（Klein, 1932）。その中核にあったのは，遊びを通してあらわれる子どもの内的世界／内的対象関係の理解の試みである。クラインの中心的技法は，その理解を子どもに言葉で伝えること，つまり解釈であり，それを通して子どもが自身の理解を深めていくことで，不安から少しずつ解き放たれ，より現実的に対象，そして自らと関わっていくことを促すことであった（Klein, 1961）。

2. 逆転移の精査：関係性の領域へ──外的対象，環境の重要性の認識（1960 〜 1990 年代）

　第二次世界大戦後，英国では社会の復興とともに戦争のトラウマだけでなく，当時の社会状況の中でさまざまな剥奪（特に慢性的なネグレクトや虐待）から生じるトラウマに苦しむ子どもの援助に福祉，医療が積極的に取り組みはじめた。この舵取りをとった一人がジョン・ボウルビー（John Bowlby）である。ボウルビーは当時，精神衛生の領域で指導的役割を担っていたタビストック・クリニックの子ども部門をリードしていた。彼はタビストックに送られてくる子どもたちが苦しんでいる悲惨な環境，中でも人生早期の愛情剥奪を深刻視し，当時その領域で活躍していたクライン派分析家の力を借りて，こういった深刻なトラウマに苦しむ子どものニーズに応じることのできる専門家の養成に取り組んだ。これが子どもの精神分析的心理療法士である。子どもの精神分析心理療法士たちは，凄惨なトラウマ経験，特にそれが人生最早期に生じる場合，いかに深刻なダメージをその後の発達にもたらすかを心理療法の現場で目の当たりにした。心理療法士たちはクラインの技法と設定に倣い，週4回，5回の頻度で多くの場合長期間（長い場合は5年以上の期間），その子どもたちとの心理療法に取り組んだ（Boston & Szur, 1983）。その中で，従来の子どもの内的世界，内的対象関係の理解の試みはその取り組みの主軸にあったが，同時に子どもとセラピストの関係性，その中でセラピストに何が生じているかを理解していくことの重要性を認識していった。この逆転移の精査と呼ばれる営

みは，虐待を受けた経験故に，新たにその子と関わろうとする他者とも虐待的経験を反復してしまう子どもたちにとって，その反復的なあり方を根本的に変える契機となりうる（Henry, 1974）。子どもがトラウマの反復から自由になり，その心を育みうる新しい経験を他者とするためには，その子に関わるセラピスト自身がその関わりにおいて自らの中に生じる剥奪者，あるいは虐待者に注意を当て，それを内省し，それによってもたらされる心の状態をもってその子に関係することが決定的に重要である。コンテインメントとしてモデル化されたこの交流（Bion, 1962）が子どもとセラピストとの間で展開しない限り，トラウマは子どもの内的世界，内的対象関係に統合されることなく，関係性の中で考えることのできない異物として子どもを苦しめ続けることになる。ここにおいて，子どもの内的世界，内的対象関係の理解の営みはコンテインメントモデルに包含される。

3. コンテインメントの基盤の形成：精神分析観察および発達研究の重視 （1990 〜 2010 年代）

　乳児の生まれた家庭を訪問して 2 年間週 1 回の頻度で観察を行うタビストック方式乳児観察は 1946 年の子どもの心理療法の訓練開始当初より，最早期の心がどのようなものであるかを学ぶために訓練に組み込まれていた。その後の乳児観察経験蓄積の中で，そこで培われる観察の能力およびそこで観察したこと自体がその後の心理療法の現場で非常に重要な価値をもつことの認識を高めたのがアン・アルヴァレズ（Anne Alvarez）である。アルヴァレズは自閉症を抱えた子どもたち，複雑なトラウマを抱えた子どもたちとの心理療法においてセラピストが乳児観察の経験および発達研究の経験を参照しながら，子どもを理解していくだけでなく，子どもとの関わり自体を観察ポジション（参与観察）から探索していくことの重要性を認識した（Alvarez, 1992）。彼女は転移－逆転移の精査から子どもの内的世界を理解することに一定の価値を認めつつも，そのために強調される中立的態度および技法（内的世界を説明する転移解釈）の有用性については懐疑的であった。つまり，そもそもそういった言葉を関係性の中で理解する基盤（コンテインメントの基盤）が十分に成長していない，あるいはそれが欠損の状態にある子どもたちと心理療法を行うとき，セラピストが先述の従来型の態度をとり介入をすることは，良くて無害，悪くて子

どもたちをますます心の成長を促す生きた関係性から遠ざける可能性がある。セラピストに必要なのは，転移－逆転移の観察および精査だけではなく，乳児観察および発達研究の知見を参照しながら，そのとき子どもとセラピストの間になにが生じているのかを観察し，その子が他者と生き生きとした心の交流をするためにはその時点で何が必要かを見定め，それを関わりの中で積極的に提供していく態度および技法である（Alvarez, 1992；2012）。それは情緒的なトーンを交わすようなシンプルな声かけ，具体的に遊びを促す介入，ときにやさしく肩を支えるあるいは手をつなぐ等の身体的な介入となるかもしれない。これは従来の精神分析臨床の否定ではなく，むしろ経験から学ぶことに基軸をおいた中で現れる精神分析臨床の実践そのものである。それはコンテインメントの基盤の形成を促すことであり，いずれ必要とされる従来型の精神分析的介入の素地を育むためにも重要な精神分析的営みとみなされる。

このコンテインメントの基盤，およびコンテインメントの発達を促すことに対する認識の高まりは，もう一方で子どもを取り巻く大人がネットワークを形成し，それを育てていくことで子どもを抱えていくことの重要性の認識につながっていった。実際 1990 年代以降のタビストックの子どものトラウマ臨床は，それまでのように心理療法中心に捉えるあり方ではなく，ソーシャルワーカー，教師，心理士，医師等，その子に関わる専門職が協働して，子どもと家族を支えるコンテインメントを構成する要素の一つとして貢献していくというあり方をとっている。

4. 子どもの精神分析心理療法の応用／拡張（2000 年～現在）

2000 年以降，子どもの精神分析心理療法はそれまでとは異質の困難に直面している。それは精神分析臨床家側，あるいはクリニック，社会状況等それを支える側のリソースに関わる困難である。2000 年以降のタビストッククリニックをはじめとした公的機関では財政難のために，複雑なトラウマにより非常に困難な心の状態にある子どもであっても，それ以前当然のように行われていた週 4 回，5 回という高頻度かつ長期心理療法は行われなくなった。効果研究によりエビデンスを示す必要性も高まり，精神分析的心理療法はエビデンスを提示し易くコストが低い形（例えば週 1 回の頻度で計 40 回等）で行われることが多くなっている。それに加えて現代の速さとそれに合わせた効果を重視する

政治・社会状況，文化も以前ほど精神分析的心理療法，あるいはそれが象徴するような営み（例えば時間と労力をかけてじっくりと観察し考える営み）を支えなくなっている。子どもの心理療法士はこのような困難な状況の中，複雑なトラウマを抱えた子どもに精神分析臨床を提供するために，従来の高頻度かつ長期の個人心理療法に固執せず，そこで培った知見に基づいて，短期療法，家庭や施設を訪問して行うアウトリーチワーク，学校ベースの心理療法，乳児観察を応用したコンサルテーションワーク，グループワーク，他職種へのコンサルテーション等の精神分析臨床を拡張した形の実践を行っている。技法の点でも，トラウマにフォーカスした研究を参照し，例えばトラウマゆえの身体面の問題に取り組むために，マインドフルネスやボディワークも参照した技法的拡張を行うなどして心理療法に取り組んでいる（Music, 2019）。

　以上，クライン派によるトラウマを抱えた子どもの精神分析臨床を概観した。現代の子どもの精神分析心理療法の訓練はここで概観したものを系統発生的発達として自らの中に内在化させていくプロセスである。したがって，トラウマを抱えた子どもの精神分析臨床において，上述の四つの要素がどのようにあらわれ，どのように展開していくかは，そのケースの固有性によるところが大きい。次節ではクライン派子どもの精神分析的心理療法士の訓練を受けた吉岡氏が児童養護施設で行った心理療法の事例と考察を取り上げることで，トラウマを抱えた子どもの精神分析臨床の一例を示す。

II　生きた対象を希求することとその難しさについて
――虐待を受けた女児との心理療法より

[吉岡彩子]

はじめに[1]

　乳幼児期から虐待を受けた女児マホ（仮称）との2年9カ月間の心理療法を呈示する。マホは毎回のセッションでさまざまなことを行い，私にさまざまな情緒をもたらした。生きた子どもと出会っているという感触はマホとの心理療法に通底していたが，実際のセッションでは，むしろマホと出会うことの痛みや困難が前景にあり，私は幾度も思考停止状態に陥った。生育歴の内容の乏しさも物語っているように，出会った当初のマホの心には情緒を受け止め思考する良い内的対象（Klein, 1952）は育まれておらず，心の成長や成熟に向かうための基盤を持っていなかった。マホとの心理療法を通して，虐待というトラウマを抱えた子どもが人と繋がることや良い経験を積んでいくことがいかに難しいかを学んだ。本稿では，児童養護施設に暮らすマホというある一人の子どもとの心理療法の過程をふり返り，子どもが生きた良い内的対象を希求することに伴う痛みと困難について考えたい。

1.　事例の背景

　マホと初めて出会った時，活き活きとしたまなざしを私に向けるマホの存在に私はとても惹きつけられた。一方で，子どもたちの中に，寄る辺なくぼんやりとした表情で立っているマホの姿を私は何度か目にしており，マホのセラピストとして出会う前からマホのことが印象に残っていた。

　マホの母親は幼児期から成人するまで児童養護施設で育った。実父は母親に暴力をふるい，母親は乳幼児のマホと姉を連れて家を出た。その後両親は離婚し，母親と姉妹は母子支援生活施設へ入所した。そこでは姉妹が母親に叩かれ悲鳴を上げて泣く姿がみられ，姉とマホは母親にいつもされていると言って施

1　この事例は，平井正三・西村理晃共編（2018）『児童養護施設の子どもへの精神分析的心理療法』（誠信書房）の第12章において一部取り上げた。

設の乳児に噛みついたり，たえず空腹を訴えたりした。その後，継父との四人暮らしが始まった。姉妹は継父と母親による心理的身体的虐待を受けネグレクト状態に置かれた。児童相談所の介入により児童養護施設への入所が検討され，姉は聞き分けが良いという理由で母は姉の施設入所を拒み，マホのみ入所となった。

　児童養護施設では幼児の養育担当職員は三人おり，マホの担当者である女性職員はマホを含め三人の子どもを担当していた。三人の職員の名をマホは覚えていたが，職員たちはマホが自分たちの名前を覚えていると思っていなかった。マホの担当職員は特にマホに関心を向け，ともに過ごす時間を確保するよう努めていた。にも関わらず，マホが何を考えているのかわからないことが多く互いの信頼感が得られないと感じていた。マホが他児を突然噛んだり叩いたりする，食物の好き嫌いが激しく小食である，眠れない，頻繁にどこでもマスターベーションをすることを職員たちは心配し，施設入所から約半年後の5歳になる前に私に紹介された。マホは知的障害を抱えており，そうした子どものための施設に通園していた。

　心理療法に先立って行われたマホとのアセスメント面接（X年7月～8月）は，4回目まで担当職員と同席で行った。マホはハイテンションで部屋の中を動き回り，職員と身体を密着させて二人きりの世界を作り，私をその場にいないものとして扱った。回を重ねるにつれマホは私を遊びに誘ったり，自分の要求を伝えたりして私と接触を持とうとした。その後に2回，マホとの個別のセッションを持った。私と二人きりになった部屋で，マホは「こわい～」と泣き出し，尿を漏らした。粘土を舐めたり食べたり，私の顔に唾を吐きかけたりした。また，マホは私に"駄目で可愛くない子ども""悪いことをしては叱られる子ども"の役をあて，マホ自身は叱る役をとったかと思うと「ごめんなさい……」と泣き真似をし，私にも泣き真似をさせ，場は混乱した。自分と他者が簡単に入れ替わり，マホの主体感覚は不確かで脆いように思われた。マホはどのように人と一緒に居ていいのか，交流を持てばよいのかわからないようで，私自身も同様だった。そのような中で時折，私が話しかける言葉にマホは耳を傾け，関心を示すことがあった。この過程を通して，マホのばらばらの感覚や混乱した気持ちをともに体験し考えることで，感覚的で具象的な接触のあり方を心理的な繋がりや交流に繋げていける可能性を考えた。私は担当職員と

話し合い，マホも同意して，週に1回50分の心理療法を行うことになった。心理療法と並行して，施設職員たちと生活場面や心理療法でのマホの様子を日頃から共有し，学期ごとにマホの変化と課題をふり返るための話し合いの時間を持った。

2. 心理療法の過程

第1期　X年9月〜X＋1年7月（第1回〜44回）
混乱と嫌悪感，情緒を吐き出し受け止められる

　心理療法が始まり，マホは毎回粘土を食べ，私に唾を吐きかけ，唾と粘土を混ぜた手でドールハウスを触り，マスターベーションを行った。私はうんざりしてマホに直接触れられたくなかった。憤りや困惑で心身ともにいっぱいになり，マホを前にして何も考えられなかった。一方で，マホと離れている時には，マホがどうしているのか気になりマホのことが頭から離れなくなった。私は自分自身がどのようにマホと居たらいいのか全くわからず，マホには心理療法は役立たないのではないかと感じ，スーパービジョンを受け始めた。スーパービジョンの助けを得て観察するスタンスを少し取り戻した私を前にして，マホは紙やカレンダーにセロテープを貼る遊びを始めた（第8回）。マホはくっつく機能に惹かれているようであり，自分の経験を繋ぎ留めることに価値を見出し始めたようだった。同時に，排泄や抱っこ，眠るという身体的なニーズを私に伝え，接触を求めた。できるだけ言葉で応答しようとする私との間で自分のニーズが満たされないマホは，吐き気をもよおし，心的痛みを眠りに置きかえて無感覚の世界に陥った。同時に，欠乏や欠落を具象的に示し，もっとほしいと声と身体をいっぱいに使って泣き喚き，自分の求めているものは「ママ」であると表した（第10回）。

　職員がマホを叱っていたためにマホの心理療法が遅れて始まった第13回，マホは「どうして遅れたの！」と私に言った。マホは，私がいることや自分の過ごす時間や場所があることに気づいたようだった。またマホ自ら「きもみ（気持み）ねん！」と言い，自分の身体の内側に何かがあり，それは伝えることができると気づいてきたようだった。

　第17回以降，マホはセッションの休みを挟んだ翌回に「鬼さん来るよ！」と私に直接暴力をふるい，自分の場所が私の心の中にない憤りを伝えてくるこ

とがあった。そのマホの姿は，マホが実際に「鬼さん」になったようであり，私の身体に迫ってくる勢いがあった。このような真剣な態度を見せる一方で，マホは私を馬鹿にした目つきで見たり，私もマホの懸命な姿を見て思わず吹き出しそうになったりし，お互いの気持ちや存在を真剣に受け止められない関係があった。第22回では「マホちゃんのおうち，来てね。にいにいもいる。○○ちゃん（姉）もいる」と言い，赤ちゃんの絵を描いた。しかしその同じ回で，マホは泥状便を大量に漏らした。マホは私の中にいる赤ん坊の自分を空想したが，それは形にならずに排出されてしまった。赤ん坊を心の中に留め置き，考えることのできない対象を私との間に表した。

　第32回，マホは私の膝に座って「赤ちゃん」と言い，自分の体を私の体に密着させてじっと留まった。ぎこちないながらも良い時間を過ごしていると私が感じたその瞬間，マホは「キモ！」と吐き捨てるように言い，触れるのも嫌だというように私から離れ，私は呆然と取り残された。マホの中には，良いものに触れると即座に台無しにしてしまう何かがあるようだった。開始から9カ月頃（第37回），マホは私の髪や手，服に直接触れて私を探索し始め，穏やかで活き活きとしたまなざしで私の顔を見上げたり，指を怪我したと言って自分の痛みを私に見てほしいと伝えてきたりした。そうした一方で，相変わらずマホの中にある痛みは私への暴力や暴言で吐き出され，尿や便として具象的に排泄されていた。

第44回　初めての長期休みを迎える直前の回

　マホは私の傍に座り，お絵かき帳に向かい「描いたな，描いたな」と一枚ずつめくって見ていく。立ち上がって辺りを歩いた後，「おしっこ」と股を押さえ，私を見つめる。「うんちも出る」と言う。「どんなうんちなのかな？」と尋ねると，マホは「バナナうんち」と言う。マホは切迫した様子で私を見つめ「おしっこ！うんち！」と言う。「絶対あるってことだよね。描いてみてよ」と言うと，マホは茶色のクレヨンで，バナナの形の2，3cm大のうんちを縦向きに一本じっくりと描く。その横に，ほぼ同じ形のものを隣合せに4，5本描く。「マホちゃんのお腹の中にこんなにたくさんのうんちがたまってるんか」と私は言う。マホはクレヨンを黄色に持ち替え，「バナナ」と言って，少し離れた場所に，数本隣り合わせにして描く。（中略）マホは私の左耳を両手で広げるように

引っ張り，顔を近づけて耳の穴の中をのぞき込む。そして，私の左の耳穴に茶色のクレヨンの欠片を入れ，右耳に黄色のクレヨンをグイッと押し込む。

　マホと会い始めて1年経った頃にようやく，マホは自分の中にある良いもの（バナナ）も吐き出したい悪いもの（うんち）も私に受け止められると感じられてきたようだった。セラピストはマホに注意を向け，自分の中から出るものを保持することのできる内的空間をもつ存在であり，マホはそうした存在へ関心を持つことができるようになり，コンテイン－コンテインド関係（Bion, 1962）を具象的に体験し始めたようだった。それもあって，この時期，自分の中にある情緒を受け止める養育的対象，マホが出会い損ねてきた生きた対象を期待するマホの気持ちはより強まったかもしれなかった。

第2期　X＋1年9月〜12月（第45回〜61回）
対象の焦点化と消失の揺れ動き

　長期休みの後の再会の日（第45回），マホは私に対して，憤りや猜疑心，不信感を含んだ鋭い目つきを向けた。「内緒。見んといて」と言って，お絵かき帳を私に見られないよう隠しながら数字やひらがなを書き「ひみつがいっぱいある」「（あなたには）おしえへん（教えない）」と言う。

　第46回　マホは部屋の電気を消し，私の背後に寝ころぶ。起き上がってきて小さな声で「鬼さん」と言い，エアコンのリモコンを電話に見立てて誰かと話をしている。マホは電話を切り，「鬼さん」と話をしていたこと，「鬼さんしんどい（と言っている）」と私に伝える。私は「マホちゃんの中にいる鬼さんが何か言いたいことあるけど，なかなか言えないみたい」と言う。マホは「よしおかさんが，お熱ある」と軽い調子で言う。私は「先生がお熱あって，元気じゃないから，鬼さんは先生にお話できないって思ってるのかな」と言う。マホは少ししてから「いじわるしたから」と言い，再び電話で「鬼さん」と話し始める。私は「鬼さんは，先生意地悪！って言いたいのかもしれないね」と言うが，マホはあまり聞いていない。

　マホにとって私は，マホの中にいる「鬼さん」を受け止められない脆弱な対

象であることを表しているように思われた。この回の後半で，マホは私の指の絆創膏に注目し，上から傷を強く押した。マホは，自分が私にダメージを与えたかもしれないと感じていること，しかし，熱や怪我でダウンすることのない強い対象が必要であることを伝えてきているようにも思われた。

第59回，マホは「くろ，ない？」と黒い折り紙を探し，「旗」を作り「せんせい，きてね」とはっきりと言った。マホが自分のところに来てくれる対象を探し求め，私に焦点をあて，マホと私が出会える期待を表した。しかしそうすると今度は，マホは私の背後に引きこもり，あたりをさまよい，どうして良いかわからなくなった。マホと一緒にいてもどこか希薄な感じ（第60回）や，セッション中の一つ一つの出来事を私が失念する形（第61回）で，マホと繋がれない事態が生じていた。マホの自己感覚の脆弱さは寄る辺なさや心許なさという形で表われ，対象もまた同じく希薄で脆弱でザルのようであり，セラピストがマホの内的対象を具現化していたと思われた。

第3期　X＋2年1月〜12月（第62回〜103回）
生きている心，「おかあさん」の発見

小学校入学に際し，児童養護施設と幼稚園（通所施設）との間で，通常学級と特別支援学級どちらにマホを在籍させるかで意見が分かれていた。児童養護施設ではマホが他児から馬鹿にされ，きつくあたられることがたびたびあり，この時期のセッションでは，相手にされず嫌われ，排泄物のように扱われることがいかに惨めであるかをマホは怒りをもって表し（第67回），自分を「赤ちゃん」に映し，授乳の関係に関心や期待を向けた（第68回）。情緒を受け止められる関係というものがあり，それが自分の心を満たすことであることをマホは体験的に知っていった。1カ月後にセッションの休みがあることをマホに伝えた翌回（第70回），マホは入室を拒み「ママー！」と大声で泣き，私を力いっぱい殴り，蹴った。休みに対するマホの憤りと悲しみを伝える私の言葉をマホは聞いていた。そして，再会の日付をカレンダーで確認した。

第72回（春休みの直前の回）　マホは激しく泣き，わめき，暴れたあと，やりきれなさや悲しみのこもった，どこかしみじみとした泣き方で泣く。私が「マホちゃんは，お母さんがほしいよ〜って今思ってるんだよね」と伝える

と，マホは「おか〜さ〜ん」と悲しく，ほっとした声で泣く。（中略）セッションの終わりにマホは「うっさい!!　黙れ！」「死ね！」と吐き捨て，私を睨む。セッションを終え，マホを担当職員に送り届けると，マホは他の子どものいる居室に入っていき，そこから弱々しくうつろな表情で，しかし，しっかりした目で私を見た。

　この回，私はこれまでで一番マホとの別れが耐え難かった。マホが生きた心をもつことを発見し，それを維持することがいかに難しいか，生きた接触にマホがいかに消耗してしまうか，分離がいかに痛みを伴う経験となるか，こうしたことにマホと私は向き合っていく必要があった。

　小学校に上がったことによりマホのセッションの時間を変更すると，マホは部屋に他の子どもがたくさんいる空想をした。夏休み直前のセッションでは，私にいつ再会できるか弱々しく尋ね，「赤ちゃんいるん？」と聞いてきた。前の週のセッションが私の都合で休みになった翌回，マホは怒りを漂わせながらも「今日はよしおか先生のお話を聞きます」と言い，私への好奇心や期待，知りたいというニーズを表した（第94回）。

　その翌回「マホちゃんは，心が，あります」と，マホが教師となり，子どもたちに話しかけるふり遊びをした。また学校で習った歌を歌った。マホの歌の上手さに感心し，笑ってマホを見ている私をマホは見ていた。自分が他者に注目され他者を楽しませることができる存在であるという自己感，嬉しさを共有し，喜ぶ他者のまなざしを受け取れる関係が生じていた。さらにはまた，この時のマホは，子どもが別のものと関わることを許容できる対象を体験していたかもしれなかった。

　第98回　マホは急に私の目の前に立ち，私を真剣に見つめたかと思うと，辺りをさまよう。急に「あ！」と座布団を持って私の隣にいそいそとくっつけて置き，その上に寝転ぶ。「今日，イルカ見てきた」とぽつりと言う。続けて「イルカ見て，お人形もらってん」と言う。それから「マホちゃん，なんか，悲しくなるねん」「マホちゃん，なんか，泣いちゃうねん」と言う。本当にそう感じていると私に伝わってくる。マホは私の後ろに回り泣き真似をする。「すごく悲しいってことだよね」と私は言う。するとマホは「嘘やで」と言い，

後ろから私の背中を鋭く蹴る。マホは私を睨み，蹴り続け，制止する私の手に爪を立てる。（中略）マホは口の中にあったセロテープをペッと吐き出す。室外の物音にマホは注意を向け，そのまま部屋を出て行こうとする。

　親密な情緒的関係が二人の間に起こるが，それに耐えられず，攻撃する対象がマホの中から立ち上がってくるようだった。ビオン（Bion, 1959）は，投影同一化によるコミュニケーションを分断する心の動きについて述べている。マホはさみしさや孤独感をセラピストにコミュニケートするが，そうしたマホの情緒を受け止めようとしたまさにその瞬間に情緒的接触を破壊した。このセッションの翌週，入所時からマホを担当していた職員が退職することを私は聞いた。「繋がることへの攻撃」（Bion, 1959）がマホと親密に関わる人との間で静かに猛威をふるっており，マホにとって大事な繋がりを実際に壊し，遠ざけてしまう事態が進んでいた。

第４期　Ｘ＋３年１月〜３月（第 104 回〜 115 回）中断，別れの悲しみ
　冬休みが明けた第 104 回，マホと再会するその直前に私は施設長から年度末での雇い止めの通告を受け，常勤の心理士への引き継ぎを指示された。私は強い憤りと混乱，呆然として何も考えられない事態に陥った。第 105 回，マホはセッションに泣いて登場した。「ママが会いに来てくれない」「Ｎさん（担当職員）がいい……」「抱っこしてほしい……」と声を出してしばらく泣いた。第 106 回，マホはゴミ箱やゴミに目を留め，鉛筆の削り屑を封筒に入れるよう私に言った。私が微細なものやゴミをどう扱うかにマホは関心があるようだった。第 107 回，マホは，大人と子どもがお互いを見る関係，大人が子どもに関心を持ち子どもの声を聞くというやりとりを，先生と子どもたちの役を演じて表した。
　マホとの心理療法が中断する危機に際して，私は周囲の人の助けを借りながら，心理療法が中断することのマホへのダメージについてマホに関わる人と話し合い，取りうる方策について検討を重ねた。またこの時期に私は，惨めさと憤り，激しく深い悲しみが急激に湧きあがった。養育能力がないと決めつけられ，大事な子どもと引き離されることに対して何もできず，無力で無能だと言われる惨めさを体験し，これがマホの母親の経験だったのかもしれないと思い至った。

第109回（終りまであと7回）　私はマホに退職とセラピーの終わりを伝えた。マホは「（終わるのは）セラピー？」「なんで？」と目を合わせず低い声で言う。マホは私に「泣いてる場合ちゃうしな！」「警察行き！」と怒りと憎しみを込めて言い、「電話番号書いとくし！　持っとけ！」と言う。（中略）マホはミニカーの救急車の後部扉を開けて中をじっくりとのぞき込む。畳に寝転び「死んだ」「おはかに行く」と死んだ声で言う。「おはか……ばか……」とつぶやく。私は「バカだから、死んじゃった、お墓につれていかれるってことなのかな」と言うと、マホは「あんたやで」と私を一瞥し、冷たく言い放つ。マホはぼんやりと死んだ目でどこも見ていない。救急車をポーンと軽く突く。マホは救急車の行った先を見ていない。

第112回、マホは過去の描画を目にし、担当職員が同席して初めて私と会った回のことに触れた。その後「もう何もない！　０（ゼロ）になる！」と吐き捨てるように言った。消防車とクレーン車のミニカーを両手に一つずつ持ち、「２ひく０は、２！」と言った。第113回、マホは私に「見るな！」「死ね！」と言い、身を硬くして深く寝入ってしまった。すべてを台無しにする迫害対象がマホの中から立ち上がり、意識を保つことも身を起こしておくこともできないようだった。第114回は、ゴミ箱に乗ろうとしたり、座布団を積み重ねて抱えようとしたりし、何かの情緒を何かと結びつけよう、抱えようとしたが、自分の力ではどうしようもできずにマホは泣くしかなく、絶望感と無力感のうちに時間が終わろうとしていた。時間の最後にマホは道具箱の中を探り、髪を結わえるゴムを見つけ、私の髪を結わえた。

この時期、マホの担当職員の退職がマホに伝えられた。マホは静かに聞き、涙を流し、マホを心配する別の職員に「大丈夫じゃない。明日泣く」と言った。

第115回（最終回）　マホは私の顔をじっくり見て「…最後です」と言う。（中略）私はマホの道具箱の中身をどのようにしようかマホに話を持ちかける。何となくおさまりのつかない雰囲気で時間が過ぎていく。マホはお絵かき帳のバラバラになった紙をまとめ、セロテープで真剣に束ねていく。マホは下を向いて「べつべつ……おうち……」と言う。「マホちゃんと吉岡先生は別々のおうちだってことかな」と私が言いマホは頷く。マホは膝小僧の瘡蓋の跡を指で

つまんでめくり始める。自分用の座布団の上に背中を丸めて横たわる。身体に力が入らず絶望感のようなものが伝わってくる。私が「しんどい」と言うとマホは肯定し，マスターベーションを始めるが，没頭できずに動きを止め，仰向けになり目の焦点が合わなくなる。（中略）マホは私から数メートル離れた位置に移動し，そこから私の顔を見ながら無表情でゆっくりと近づいてきて，正面から私の顔をげんこつで殴る。目の下と鼻のあたりに鈍い痛みが生じる。（中略）マホは襖を開けてゆっくりと部屋の外に出て行く。部屋に戻りセロテープで襖の表面をペタペタと触る。「何かちっちゃいのがくっつくのかな」と私はかろうじて言う。（この後マホは再びマスターベーション，セロテープを口の中に入れて噛む，私を弱く蹴る）マホは私のそばに寝転ぶ。「マホちゃんと吉岡先生は 100 回よりも多く会ったね」と私が言うと，マホは寝転んだまま「ちゃうで」と言う。（中略）マホと私は黙って座っている。私は間もなくマホとの時間が終わることを思い何も言えないでいる。そうしているとマホは急に私の膝に突っ伏す。マホの顔が赤くなっているように見える。私はマホと離れたくない気持ちがこみ上げ，マホをぎゅっと抱えたくなる。しかしそうすることでマホがどう感じるのか？　と考えがまとまらない。「マホちゃんは，吉岡先生にくっついておきたいんだよね」と言うと，マホは無言で小さく頷く。しばらくマホと私はそのままじわじわと過ごしている。私は終わりの時間を伝える。マホは全身で自分の座布団にしがみつく。マホが丸ごと自分を抱えてほしいということがこの日一番伝わってきたことのように感じ，道具箱や創作物，ゴミについて「私が持っておくね」と言う。マホは「うん」とはっきり言い，弱く微笑み，ほっと顔がゆるむ。マホは掛け時計を見あげて「10（50 分）になった」と言う。「これで，マホちゃんと吉岡先生のセラピーはおしまいです」と言う私の声を聞いて，マホは襖を開けて部屋を出て行き，面接室のある建物から生活場所である建物へと続く小径を進み，この間一度も後ろをふり返ることなく，居室へ入って行った。

3．考察
（1）生きた対象を求める子ども
　マホは出会った当初からセラピストに対して活き活きとしたまなざしを向け，人に対する好奇心を表していた。心理療法に先立って行われたアセスメン

ト面接では，未知の経験に不安や恐怖を覚えたマホは，担当職員にくっついて自分を保ち，職員の存在に支えられてセラピストに近づいていった。マホは他者によって自分に注意関心を向けられることに興味を示し，その後もセラピストを相手にさまざまなことを行っていった。

こうした，未知のものとの接触や関係に開かれていたマホのふるまいからは，自分に関心を向ける生きた対象を期待する部分，他者との接触や交流を期待する部分がそれを活性化できるほどにマホの心に育まれていたことが推測される。マホが心理療法に紹介されるもとになったマホの他児への噛みつきや暴力は，対象の実在性が希薄なマホがそれを実感しようとする試みだったかもしれない。マホが心理療法に繋がった背景には，マホのいわゆる問題行動を心配するだけでなく，マホの良い対象への期待を職員たちが感知し，マホがこの先良いものと繋がっていけるようにと期待する職員たちの気持ちがあったかもしれない。マホの良い対象への期待が周りの人の気持ちを動かしたのかもしれない。

しかし，心理療法が進むと明らかになってきたのは，他者への好奇心や期待を維持するマホの内的枠組みは脆弱であり，マホの心の成長や他者との関係を意味のあるものとして支え維持していくほど丈夫ではなかったことである。後述するバラバラで脆弱な自己感や軽薄な内的対象関係によって，マホの心が育つことに繰り返しダメージが与えられていた。

（2）バラバラで統合されていない自己感，自分であるという感覚の希薄さ

初期のセラピールームはゴミなのか資源なのか区別できない断片が散乱し，混沌とした，没落感と非現実感に満ちた空間であった。それはネグレクトや虐待の経験の中に暮らしてきたマホの内的世界そのものであり，まとまった自己感覚をもてないマホの心の状態を表わしていたと思われる。マホの心は原初的迫害（Klein, 1946）の心性が作動し続けており，セラピストは迫害対象と体験され，セラピールームは迫害空間そのものとなっていた。その中にあって，マホの暴力は意図や目的のある攻撃性や破壊性の表れというよりも，存在が消滅する恐怖に圧倒されたマホが，自らが崩壊しないようにするために付着同一化（Meltzer, 1975）や代理皮膚（Bick, 1968）としての機能を発動させていたと思われ，良い内的対象をまだ心に育んでいないマホの母性的養育対象の欠損（Alvarez, 1992）の状態を表していたと思われる。

自らも児童養護施設で育ったマホの母親は，迫害対象が暴力をふるう内的世界を変容させるコンテイン－コンテインド関係（Bion, 1962）を十分に体験することが難しかったと推測される。アルヴァレズ（1992）は，十分なコンテインを体験していない子どもが養育者の内的対象を内在化してしまう問題を論じており，ウィリアムス（Williams, G., 1997）は子どもが親の投影の受け皿になる機能をω機能と名付け，母親の投影を受けて子どもの心が壊れ，主体的自己が立ち上がらない様を描写した。迫害的対象関係に晒され，母親の投影の受け皿になってきたであろうマホの心は断片的で脆弱な状態に留め置かれ，次に述べる軽薄で愚かな対象関係を内在化したものと思われる。

（3）無能で無価値であるという自己感，軽薄な対象関係について

こうした脆弱で断片的な状態のマホの心に取り入れられた対象は，マホの気持ちを受け止め考える機能に障害のある「愚かな対象」（Alvarez, 1992）であったと思われる。

出会いの始まりからマホはダメでバカな自分，そうした存在は叱られ，泣くしかない弱い者だとプレイアウトした。施設の担当職員たちは，マホが自分たちの名前を記憶していると思っていなかった。心理療法ではマホは侮蔑的なまなざしをセラピストに向けたり，唾を吐いたり蹴ったりという，相手を人間扱いしない行為を繰り返し，セラピストはマホの真剣な表情に触れて思わず笑ってしまうという形で，互いの存在を馬鹿にし軽視する対象関係を展開した。

ビオン（Bion, W., 1958）は子どもの好奇心を育む対象関係を阻むものとして，痛みを抱える対象が愚かな対象にとって変わられ，傲慢さがそこに現れ，良い対象関係を破壊する乳児的心性を描写した。自分の存在や心に対する好奇心，痛みを伴う意味のある繋がりを探求していく子どもの好奇心を受け止め考える対象をマホは繰り返し体験する必要があったが，それはマホが内在化していた軽薄な対象関係，愚かな対象を具現化する動きに幾度も足を引っ張られた。

アルヴァレズ（1992）は，知的障害を抱える子どもの中には，周りの人は馬鹿であるという空想をもっていることを明らかにし，シナソンは防衛であり二次障害としての「知的障害」を見出した（Sinason, V., 1992）。両者は「知的障害」を対象関係の観点からとらえる重要性を述べている。出会いの初期からセラピストはマホに嫌悪感を抱いたが，それはセラピストの中に投げ込まれた無

能で無価値な感覚，愚かさをセラピストが自分の心から排除し，マホのもので
あるとしたい気持ちに駆られていた可能性が高く，マホの乳幼児期の体験に根
を持つ軽薄な対象関係が二人の間に展開されていたと思われる。

　経過の中でマホは，セラピストが伝える「マホはわざとバカなふるまいをし
ている」ことを受け止め理解するようになっていった。平井（2011）は，子ど
もの精神分析的心理療法におけるコンテインメントの顕れとして，セラピスト
が子どもについて考え感じたことをセラピストの感じている感情であり逆転移
であると捉える枠組みをセラピストが持つことが重要であると述べている。そ
れによればまず，セラピストがマホに実際に嫌悪感を抱き，「自他の存在や心
を真剣に考えられない子ども」として見ている内的現実に気づき，それが二人
の関係の中で展開していると理解することが重要であった[2]。

　最後のセッションで，マホの中の愚かな対象は「おはか，バカ」「死んだ」
対象として現れるが，同じセッションでマホはセラピストにしがみつき，大切
な存在との別離がいかに痛みを伴うかを表し，生きた対象を求める自己を現わ
した。また愚かな対象は「あんたやで」とセラピストに位置づけ，もはや自身
を愚さの中に完全に閉じ込めることはなかった。

（4）養育的対象関係の展開と抵抗

　マホの担当職員を中心とした施設職員との協働，スーパービジョンという第
三者との協働を背景に，マホとの心理療法はマホが養育的対象を探索する時間
となっていった。観察する自己部分をセラピストが心に取り戻していくと，マ
ホはくっつくことや束ねることに関心を示し，自分を世話する人は「ママ」と
言うらしいと思い出し（第10回），セラピストはマホから具象的な形で排出さ
れる未だ情緒とも呼べないものを受け止めるトイレット乳房（Meltzer, 1967）
として機能し始めた。約1年経った頃のセッションでは，マホは長期休みの分
離の感覚を「4かい寝たら」と表し，マホの中に時間性，順序性を体験する基
盤ができつつあり，心の中と外，自他の身体という区分が体験され，セラピス

2　平井（2009）は知的障害を抱える子どもとの心理療法の中で，愚かな対象関係は非象徴
　領域にあるがゆえに行動化されるため，いわゆる逆転移の問題としては気づかれにくい
　こと，象徴的思考の能力をはじめとした子どもの心の成長を阻み，「知恵遅れ」として
　軽蔑される対人関係を作り上げる可能性があることを論じている。

トの内部を探索しようという動きが見られ，良いものと悪いものの両方を抱える対象を経験し始めた。第3期では分離がいかに情緒的消耗をもたらすかをマホとセラピストは経験できるようになり，心理療法の中断に際して二人は破局的な分離の痛みに苦しんだ。

　心理療法の終了を目前にし，マホは「0になる！」と表現した。それは生きた対象との繋がりを奪われる怒りや抗議，絶望感を伝えていたと思われる。最終回，生きた接触を無効化する動きに誘われるマホもいたが，自己愛的で万能的な世界に引きこもり続けることができなくなったマホは，セラピストを殴ることで対象の実在性，手ごたえを感じようとしたように見える。分離の痛みに触れ，痛みを共有できる関係性に留まることのできる抑うつ的な心の状態を経験しはじめていたと思われる。

　マホとマホに関わる重要な他者との間に育まれた良い繋がりが絶たれる動きが止められなかったのは，マホの心がさらに複雑に豊かになっていく兆しが周りに明確になっていたことが影響したかもしれない。それはマホとマホに関わる人の心に生きていた羨望（Klein, 1957）をかき立てる赤ん坊や，傲慢で愚かな対象のもつ破壊性が，マホの成長を期待し考える動きよりも強力に作用していたからかもしれない。

4.　おわりに

　良い対象との繋がりを経験し始めたマホにとって，マホの担当職員やセラピストとの別れは耐え難く苦しい体験であり，今でもこの破局的な別れと痛みを私は考え続けている。それとともにマホのさまざまな表情や生き生きとした姿が私の心に生き続けており，マホの心にも，考える良い対象と繋がっている感触が生きていることを願っている[3]。

3　マホさんと児童養護施設の職員の皆様，特にマホさんの担当だった保育士Nさんに深く感謝申し上げます。人には人の心を求める心が備わっており，人の心との繋がりを実現することに諦めずに取り組む力があることを心理療法を通じて学ばせていただきました。マホさんとの心理療法は西村理晃先生のスーパービジョンに大きく支えていただきました。いくつかの研修会では編者のお一人である平井正三先生はじめ多くの先生方にコメントをいただきました。あらためて深く感謝申し上げます。

Ⅲ　結び：吉岡氏の論文に対するコメント

［西村理晃］

　吉岡氏の事例には前節で示したトラウマを抱えた子どもの精神分析臨床の四つの要素が子どもの心の理解に集約される形で有機的に結びつきながら展開している。それはトラウマを抱えた子どもとの精神分析心理療法は子どもとセラピストとの間で展開する，子ども，セラピスト，そしてその両者の関係の理解に向けた絶え間ない歩みということを示している。

　マホのように人生最早期から複雑なトラウマを経験している子どもの場合，それは誰かの心にコンテインされるというプロセスを十分に経たことがないゆえ，マホの意図とは関係のないところでマホの中に，なによりもマホと他者（施設を含めた環境を含む）との間にそのままあらわれる。それは吉岡氏を嫌悪させるマホの身体的行動，それに応じる吉岡氏の身体，身体感覚，果ては雇用止めによる終結という形であらわれている。これらはセラピストである吉岡氏にとっても心で考え，感じ，プロセスしていくことが困難な経験であった。

　氏が考察の焦点として取り上げた「愚かな対象」は，対人関係で複雑なトラウマを経験した子どもの心理療法では必ずそこにあらわれる。愚かな対象とは，子どもを一人の固有で価値ある心をもった対象として尊重し，考えることをしない軽薄かつ無思慮だがその無自覚さゆえに残酷な対象である。心理療法の中でセラピストがこの対象になるのは避けようがない。避けているとしたら，その子に深く関わっていない。重要なのはセラピストがそれを内省し，そこで生じるさまざまな情緒を経験しながら，観察を続け，その子，その子とセラピスト自身の関係を理解する試みを続けることである。それを通して，それまでそのままあらわれるほかなかったトラウマが少しずつ象徴化していき，子どもは少しずつそれに対して情緒の重みをもって関わることができるようになっていく。セラピストの雇用止めという愚かさの具現にしか見えない事態により導かれた心理療法終結の過程で，マホからでてくる言葉，所作には他者の心に訴える重みがあらわれ，実際吉岡氏の心と体をうちつけている。これはマホの中に他者を，そして自らを真剣に考える対象が育っていたことを示してい

第6章　トラウマを抱えた子どもの精神分析臨床　155

るのではないだろうか。最後にマホが叫んだ存在の痛みは，氏の心を貫通し，心理療法が終わって時間を経た今も，氏を深く考えさせている。ここにマホのようなトラウマを抱えた子どもが精神分析的心理療法を受ける重要性があるように思う。

⊙文献

Anda, R.F., Felitti, V.J., & Bremner, J.D.（2006）The enduring effects of abuse and related adverse experiences in childhood: A convergence of evidence from neurobiology and epidemiology. European Archives of Psychiatry and Clinical Neuroscience, 256; 174-186.

Alvarez, A.（1992）Live Company. London, Routledge.（平井正三・千原雅代・中川純子＝訳（2002）心の再生を求めて．岩崎学術出版社）

Alvarez, A.（2012）The Thinking Heart: Three Levels of Psychoanalytic Therapy with Disturbed Children: London, Routledge.（脇谷順子＝監訳（2017）子どものこころの生きた理解に向けて．金剛出版）

Bick, E.（1968）The experience of skin in early object relations. International Journal of Psycho-Analysis, 49; 484-486.（古賀靖彦＝訳（1993）早期対象関係における皮膚の経験．（松木邦裕＝監訳）メラニー・クライン トゥデイ②．岩崎学術出版社）

Bion, W.（1958）On arrogance. International Journal of Psycho-Analysis, 39; 144-146.（中川慎一郎＝訳（2007）傲慢について．（松木邦裕＝監訳）再考：精神病の精神分析論．金剛出版）

Bion, W.（1959）Attacks on linking. International Journal of Psycho-Analysis, 40; 308-315.（中川慎一郎＝訳（2007）連結することへの攻撃．（松木邦裕＝監訳）再考：精神病の精神分析論．金剛出版）

Bion, W.（1962）Learning From Experience. London, Heinemann.（福本修＝訳（1999）経験から学ぶこと．精神分析の方法Ⅰ．法政大学出版局）

Boston, M., & Szur, R.（Eds.）（1983）Psychotherapy with Severely Deprived Children. London, Routledge.（平井正三・鵜飼奈津子・西村富士子＝監訳（2006）被虐待児の精神分析的心理療法．金剛出版）

Geissmann, P., & Geissmann, C.（1998）A History of Child Psychoanalysis. London, Routledge.

Henry, G.（1974）Doubly deprived. Journal of Child Psychotherapy, 3（4）; 15-28.

平井正三（2009）第6章　アン：愚かさとその対象関係．子どもの精神分析的心理療法の経験．金剛出版．

平井正三（2011）精神分析的心理療法と象徴化——コンテインメントをめぐる臨床思考．岩崎学術出版社．

Klein, M（1946）Notes on Some Schizoid Mechanisms. The Writings of Melanie Klein, vol.3, 1-24.（狩野力八郎・渡辺明子・相田信男＝訳（1983）分裂的機制についての覚書．（西園昌久・牛島定信＝編訳）メラニー・クライン著作集3　愛，罪そして償い．誠信書房）

Klein, M（1952）The Origins of Transference. The Writings of Melanie Klein, vol.3, 48-56.（舘

哲郎＝訳（1985）転移の期限.（小此木啓吾・岩崎哲也＝編訳）メラニー・クライン著作集 4　妄想的・分裂的世界.　誠信書房）

Klein, M.（1957）Envy and Gratitude. The Writings of Melanie Klein, vol.3, 176-235.（松本善男＝訳（1996）羨望と感謝.（小此木啓吾・岩崎徹也＝責任編訳）メラニー・クライン著作集 5　羨望と感謝.　誠信書房）

Klein, M.（1984）The Psycho-Analysis of Children（A. Strachey, Trans.）. R. Money-Kyrle（Ed.）, The Writings of Melanie Klein（Vol.2）. New York, Free Press.（Original work published 1932）

Klein, M.（1984）Narrative of a Child Analysis. R. Money-Kyrle（Ed.）, The Writings of Melanie Klein（Vol.4）. New York, Free Press.（Original work published in 1961）

Meltzer, D.（1967）The Psycho-Analytical Process. Perthshire, Clunie Press.（松木邦裕＝監訳, 飛谷渉＝訳（2010）精神分析過程.　金剛出版）

Meltzer, D., Bremner, J., Hoxter, S., Weddell, D., & Wittenberg, I.（1975）Explorations in Autism: A Psycho-Analytical Study. Perthshire, Clunie Press.（平井正三＝監訳（2014）自閉症世界の探求――精神分析的研究より.　金剛出版）

Music, G.（2019）Nurturing Children. London, Routledge.

Schore, A.N.（2001）The effects of early relational trauma on right brain development, affect regulation, and infant mental health, Infant Mental Health Journal, 22（1-2）；201-269.

Sinason, V.（1992）Mental Handicap and the Human Condition: An Analytic Approach to Intellectual Disability. London, Free Association.（倉光修・山田美穂＝監訳（2022）知的障害のある人への精神分析的アプローチ――人間であるということ.　ミネルヴァ書房）

Williams, G.（1997）Internal Landscapes and Foreign Bodies Eating Disorders and Other Pathologies. London, Routledge.

第Ⅲ部

コミュニティとトラウマ

いじめ，犯罪被害，災害

第Ⅲ部は，学校におけるいじめ，犯罪被害，災害という現代の社会問題に
みられるトラウマのテーマについて，それぞれの現場での実践をもとにした論
考により構成した。

　第7章で，上田順一は，「いじめ」という語に内包される意味を糸口に，い
じめによるトラウマを負った子どもの架空事例を提示する。これらの事例で
は，仲間外れなど見えにくいいじめを受けた子どもの茫洋とした訴えを，大人
の心を使って考えていくこと，その大人の心のありようによって子どもの訴え
に対する見方が変わり得ることが説かれる。子どもにはトラウマ体験を言語化
する難しさがあり，いじめという事態や子どもの心の傷つきを見取るには，乳
幼児観察における観察者の態度が有用であることが論じられる。

　第8章で櫻井鼓は，犯罪被害によるトラウマを取り上げる。犯罪被害を受
けた当事者やその家族が自身の心的苦痛に向き合うのはたやすいことではな
い。怒りにまつわる創作事例をもとに，その人にとっての被害体験の意味が，
支援の一つの手がかりになると示す。そして，トラウマに対する精神分析的な
アプローチとトラウマ焦点化認知行動療法であるPEを取り上げ，トラウマ臨
床の要は何かを論じる。

　第9章で，堀有伸は，東日本大震災を契機に自ら福島県に移住し，精神科
クリニックを開業した経験をもとに，被災によるトラウマについて集団という
観点から論考する。同じ災害に遭ったとしても，負うトラウマは一様ではな
い。症例を提示し，被災後の生活に根差した治療，複数の困難を抱えている被
災者への治療とはどうあるべきかについて考察する。さらに，大震災によって
もたらされた原発事故をめぐる問題について，堀が提唱した「日本的ナルシシ
ズム」概念をもとに論を展開させていく。

第7章
いじめの問題に心理学ができること

上田順一

まず本論を始めるにあたり，この章で差し込まれる描写は，筆者が思春期外来やスクールカウンセリングでの臨床実践の中で経験したいくつかの事例から，その基層となるプロセスを抽出し，さらに現実味があるように加工したモデル事例であることをお断りしておく。

I　いじめとトラウマの周辺

いじめがトラウマ（心的外傷）体験とどう関連するかを論じることが本論の役割である。本論で使用する「トラウマ（心的外傷）」という用語が照射する範囲は広く，一般的には「傷ついた（傷つけられた）というような心の状態」を広く指し示し，一方，専門家は「死にそうになったり，重傷を負ったり，性犯罪の被害者になるなど，精神的な衝撃を受けるトラウマ体験を契機に発症するPTSD（心的外傷後ストレス症）」を指し示すことが多い。本論で使用するトラウマは，少しカジュアルに，いじめを受けて学校に行けなくなっている状態，言い換えれば，いじめた張本人たちやいじめられた学校という場を回避している状態から，専門的にはPTSDおよび適応反応症も含めた状態までも意識した使用としたい。

さて，「いじめ」という言葉は，人によってイメージする様態，そしてそこから引き出される感情が異なっている言葉である。そもそも「いじめ」という単語は，なぜひらがなで書かれる場合が多いのであろうか。いじめ撲滅のための啓発ポスター等で「いじめ」を「イジメ」というようにカタカナで表記する場合もある。カタカナ表記は，そのビジュアル的な硬さもさることながら，いじめの様態の特異性を印象付けているかのように感じられる。それと対照的

に，「いじめ」がひらがなで書かれた場合，カタカナで書かれるよりは日常性が感じられ，兄が弟をいじめる，のように日常生活でもよく使われる単語のように感じられる。しかし兄弟のいじめと学校における生徒間でのいじめは，その指し示している様態のトーンが違うだろうということはコンセンサスを得られるところであろう。このように「いじめ」という単語は，言葉としての生息域が広い。

　そこで本論では，「いじめ」を概ね学校内の児童間，生徒間で起きる対人関係トラブルにおけるものとする。そしていじめ防止対策推進法第2条が定義するところの「いじめ」としてスタートすることにしたい。学校教育現場での「いじめ」は，文部科学省（旧文部省）が毎年実施している「児童生徒の問題行動等生徒指導上の諸問題に関する調査」の中で，その時その時に問題となったいじめの様態に合わせて含意するところを変えながら定義されてきた。このいじめの定義の変遷は，いじめ防止対策推進法の法律としての建てつけに影響を与えていることは確かである。ここで，いじめ防止対策推進法第2条を抜粋してみることにする。

　　　「本条は，いじめを①児童等に対して，②当該児童等と一定の人的関係にある他の児童が行う，③心理的又は物理的な影響を与える行為であって，④当該行為の対象となった児童等が心身の苦痛を感じているもの」

　本論はいじめ防止対策推進法の逐条解説をする意図はないので細部に立ち入らないが，心理士として個人的には，「心理的（又は物理的）な影響を与える行為によって心身の苦痛を感じる」という部分が革新的であると思っている。それは「仲間はずれにする，ハブく，みんなで無視する」等，居場所を奪うという目に見えにくい精神的な被害を，いじめの法律という蚊帳の中に入れ込んだからである。もちろん，いじめと思われない様態も「本人がいじめだと感じればすべていじめなのだ」という第一種過誤（偽陽性）を引き起こす危険性も孕んでいる。「体を殴られる，蹴られる」「大事なものやお金を取られる」「恥ずかしいことや嫌なことをするよう強制させられて惨めな思いをする」「公衆の面前で悪口を言われる」等のいじめの様態は，当然ながら子どもにとって大変つらいものであるし，それによって大変苦しんだ子どもたちがいることも確

かである。しかしそれ以上に，スクールカウンセラーとしていじめられた子どもたちの言い分を聞く立場として強調したいのは，「仲間はずれにされる」「（集団から）ハブかれる」「（みんなで）無視される」という状況が，明日からの学校生活をなんとかやり過ごそうとする子どもたちの覚悟の気持ちを打ち砕くトリガー，いわば最後のダメ押しとなっているということである。いじめられている子どもたちは，不登校（登校拒否）という手段によっていじめられる状況を回避する直前まで，ものを盗られたり，小突かれたりするというような自分にとって心地よくない状況があったとしても，なんとかそこに留まろうとする行動が垣間見られる。「仲間はずれにする」「（集団から）ハブく」「（みんなで）無視する」という行為は，その子どもの居場所を取り上げる，またはその子どもを閉め出すという行為によって，その子どもの存在すら認めないという仕打ちである。そしてこれらの行為は，作為・不作為に関わらず，いじめられている子どもにとって，（学校だけではない）世界は自分の存在すら奪い取る怖いものだらけと感じてしまう要因であることは間違いないだろう。そう考えれば，いじめられた子どもが学校をイメージさせる人・モノを自分から遠ざけ，厭世的な思考に浸り，回避的な日常生活を送っているのも十分に理解できよう。このようにいじめられた子どもの話を持ち出すまでもなく，実は子どもに限らず大人も，自分の居場所がないものとして扱われたり，取り上げられたりすることが，何よりもつらいことであるというのは誰しもが感じるところではないだろうか？　だからこそ「仲間はずれにする」「（集団から）ハブく」「（みんなで）無視する」。冗長になるが，私たちは「仲間はずれにされる」「（集団から）ハブかれる」「（みんなで）無視される」ことがとてもつらいということを人生上のどこかで十分に身にしみてわかっている。いじめられた経験がなくてもなぜか知っていて，時としてなぜか人をいじめる。なぜか傍観者になる。なぜか事態を自他ともに過小評価する。さてここでたくさんの事例からエッセンスを抽出したモデル事例を描写してみよう。

【モデル事例 1】

　A子は「ぼんやりしちゃいます」という主訴で相談室に現れた。A子のぼーっとしている物腰に違和感を感じた学級担任が，一度スクールカウンセラーに会ってみたらどうかと相談を勧めたとのことである。A子は一礼して相談室

に入室すると，穏やかな物腰と丁寧な言葉遣いで挨拶をした。A子は「自分に何かおかしいところがある」と不明瞭な前置きをしつつ，「クラスにいることがつらいなぁと思って……」と述べ始めた。A子の話が小休止したところでカウンセラーは，着座する時のA子の所作から「あなた目が悪いんじゃない？」と声をかけた。するとA子は，目が悪いにも関わらず，眼鏡をせず，ぼんやりとした中で学校生活を送っていることを話した。そして目がよく見えないことと相談の主訴である「ぼんやりしちゃいます」は，異なる事象なのだということも説明してくれた。カウンセラーはなぜ「ぼんやりする」かは，今のところわからないが，「ぼんやりする」ことの可能性をいくつか示し，医療機関への受診を勧めた。場合によっては家族にも「ぼんやりする」ことのいくつかの可能性をお伝えし，医療機関を受診できる環境を調整することができるとも伝えた。しかしA子はやんわりとしかし頑なにカウンセラーの申し出をすべて拒否した。この「ぼんやりしちゃいます」は専門家であれば，なんらかの精神症状の可能性（例えば解離という症状）を疑いたくなるし，医療機関への受診を勧奨することが第一選択であろう。一旦A子には，続けて相談に来ること，もう一度医療機関の受診を考えてみること，ぼんやりする状態になったら保健室に来ると良いこと（カウンセラーと養護教諭が連携することの許可を含む）を提案し，A子はそれを受け入れた。それ以来A子はある程度の間隔で相談にやってくるが，何かをすぐに解決してほしいとか今苦しいことをわかってほしいという切迫した雰囲気は全くなく，粛々と相談に来た。そして毎回，相談室の外廊下が少し賑やかになる放課後を選んでA子は相談に来た。それはまるで夕刻の曇天に発生する天使の梯子を上り下りする天使のような佇まいであった。彼女は学校（人の中）にいるつらさは訴えるものの，なんらかの問題解決を求めていないせいもあり，私は彼女がなぜぼんやりしちゃう状態に浸っているのか，いつも考えることになっていた。そのような相談状況が何カ月か繰り返される中で，A子は「先生がいつも一生懸命考えているので関係あるかなあと思って……（小声）」とかつて学校に居場所がなかったことをポロリと告白した。カウンセラーがもう少し詳しく教えてほしいと促すと，A子は珍しく目を赤らめてもう泣きそうだという雰囲気で少し沈黙した後に，過去のいじめられた体験（いじめの内容は省略）と，そのことを家で話してもわかってもらえず，どこにも居場所がない感じがするようになったと語った。

【モデル事例2】

　H子の相談の主旨は，まとめてみれば「同じクラスの男子たちが嫌だ」というものだった。自分の周りに男の子がいると嫌だというH子の語りは，現状のなんとなくの困り感はわかるものの，状況としては不安，怯えなのだと簡単にまとめられるほどスムーズな話ではなかった。H子は，話ながらさめざめ泣くということがあり，その時はカウンセラーも「今場面を思い出して泣けてしまうんだろう」と思わされ，場面を冗長に物語るH子のつらい感情にアクセスできる感じがしたものの，話の筋から導かれる本人の心的苦痛の源泉はよくわからなかった。カウンセリングやセラピーにおいてカウンセラーやセラピストは，話のあらましから本来本人が感じていると推測されている関係性（人間関係）における心的苦痛の中心的課題やつらさの源泉を見取ろうとする，言い換えれば，心的苦痛のネガフィルムのようなものを見て取ろうとするものだが，H子の話には全くそれができなかった。カウンセラーは，H子のなんとなくの現状の困り感である「人の視線や話し声が怖くて」泣いちゃうという感覚を頼りに，話のあらましの中の登場人物をイニシャルで説明してもらうこととした。さらに小見出しをつけ，明細化してもらっていくことにした。そうすることによってH子は，語りたくない時は少し微笑みながら，「ちょっと，それは言いたくないです」と言うことができ，カウンセラーもH子のことばにならない苦しさを受け入れながら時を過ごしていた。このようなことを繰り返しながら，H子は自分のペースで少しづつストーリーを紡いでいった。そしてH子の語りは日を増すごとに，川の流れのようになっていき，ある時，堤防が決壊したかのようにその勢いを取り戻したかのように語り始めた。そしてカウンセラーにとっても意外なことではあったが，H子の話の主訴である「男子が嫌」という話は，その場の背景の集合体としてイメージされそうな男子たちは語られたが，エピソードの中心部分としては全く語られなかった。その代わりにI子，J子，K子，L子というような実在する女子のみが登場した。そしてH子は，この女子たちから，わざとH子がやりとりや対応に困る場面を作り出されていることがわかってきた。そこでH子本人の許可を得て，H子，I子，J子の三人組となった状況の時の様子，さらにはK子，L子を含めた五人組（それはH子・I子・J子とK子・L子のパターン，H子・K子・L子とI子・J子のパターンになるのだが）となった時の状況の様子を学級担任に観察してもら

いながら，班分けや席替えなどの環境調整をしてもらっていった。H子とのカウンセリングが進んでいくと，五人組の中の三人組で起きた出来事で嫌だったことや稀にある良かったことがH子の心持ちを刺激し，結果としてH子の気分の乱高下につながることがわかっていった。H子は，カウンセラーから起きたエピソードのあらましについて言語化と明細化を少しづつ求められることを繰り返されていくことによって，「グループからなんとなくハブかれてつらい。仲間はずれにされてつらい（三人組の中の一人状況もしくは五人組の中の一人状況）」と自分の気持ちを把握していった。そしてうっすら語られていた数年前の出来事も同様に「いじめられていた（のであろう）」状況であることも自覚した。

　さて，モデル事例1および2におけるいじめの様態は，大事なものや金品を取られたり，体を殴られたり蹴られたり，公衆の面前で誹謗中傷を受ける，というような誰もがそれは酷いと一見して峻別できるものではない。それゆえ，「それってあなたの感じ方じゃない？」と言われてしまう危険性も孕んでいる。ある種のカリカチュアを呈していると思われるのは遺憾なのだが，スクールカウンセラーをやっているとよくあることとして，「子どもに（あなたは）いじめられている，って言いました？」とカウンセラーを詰問する教員に出会う。しかもそれが比較的熱心に児童指導，生徒指導を行っている教員の場合もある。このことはどういうことがきっかけで起きているのだろうか？　このことが指し示しているのは，「受け持ちクラスの子どもにいじめがあると言われるのが嫌だ。唆したのはスクールカウンセラーだ」と教員が早合点しているという低水準の話ではない。問題として起きていることは，学級担任自身がいじめという言葉や内容を発した児童生徒に対して，「なぜそうのようなことを言うのだろう？」とじっくりと浸る，考えていく心のスペースがない，すなわち教員が，拙速な解決をしたいという気持ちがあらわれていることである。言い換えると学級担任の心の中に，いじめられている（かもしれない）子どもの居場所がないということである。子どもにとって，友達がいない，ひとりぼっちであるという事態は，つらさや惨めさはもちろん感じる。それでも子どもたちはその状況を甘受しながら，なんとか学校にやって来ることができる。それは子どもたちが子どもたちなりに，学校は行くものであるという価値観を育んでき

ており，ある種の性善説や公正信念に期待して，ギリギリの心持ちでつらい惨めな状況をやり過ごしてきているからである。しかし居場所すら取り上げられた子どもたちは，どこへも行けず，（家で）ひきこもるしかないのである。モデル事例1のように，学校には来ているが，終始「ぼんやりして」いることでやり過ごしている子どもたちもいる。いじめれらて自宅にひきこもったり，学校には登校しているがぼんやり過ごしている子どもたちに関わる大人は，かかるいじめ問題の解決に飛びつくのではなく，これらの子どもたちの指し示す現在のありようを十分認め，なぜそうなっているのか大人の心の中で考え続けていくことが肝要であろう。このように子どもたちのことを大人が考え続けることは，現代の精神分析学では「考えるスペース」と言われる。この考え続けているカウンセラーやセラピストの心の空間に，これらの子どもたちは自分の生き延びる居場所を見出すこととなる。その結果，子どもたちも自分自身で自分の心の中にあることばを見つけ出し，そのことばに自分を感じながら今の苦しい事態を生き抜いていく希望を見出そうとしているのである。

II　いじめが与える心の傷に敏感になることの重要性とその方法

　私たちは「いじめ」をなくすということが大変難しいことが重々わかっている。なぜなら，「いじめ」は交通事故のように日々の生活の中で避けようがなく起きてしまうものだからである。交通事故をなくすためには車を使用しないとするのは現代の車社会ではナンセンスであるし，「いじめ」をなくすために学校における集団生活をなくすということもまたナンセンスである。もっとも，「いじめ」をなくすことは難しいが，その「いじめ」問題を拗らせて重大事態へと発展させないことは私たちの知恵でできることではあるだろう。ここで「いじめ」がなぜ重大事態へと発展してしまうか考えてみたい。

　まず初めに私は，「いじめ」ということばが人それぞれで違うところから始めたい。「始めにことばありき」というヨハネの福音書の一説もあるように，ことばがこの世の中のすべてを司っているように考えることは，意識できないくらい自然なことであろう。ことば，言い換えれば言語は，世の中の現象すべてに対して再現性を担保しているかのような働きをする。しかし私たちは，

「いじめ」ということばを一つとったとしても，「いじめ」ということばを使う人や「いじめ」ということばをあてがう場面によって，それぞれ持たせる意味合いが違うということもなんとなくわかっている。そのようなことから，ことばというものが，その人の人生においてそれぞれの形で組み込まれていることをなんとなく知っている。だから，学校現場における児童・生徒間の対人関係トラブルで，そのトラブルが「いじめ」にあたるかどうか判断したい時，まずは先行するいじめの概念や定義を参照したいと思うことはよくあることであろう。現在の学校現場では，平成25年公布のいじめ防止対策推進法を参照し，最終的には各学校現場での判断の裁量でさまざまないじめの事態に対応してきているだろう。繰り返しになるが，いじめ防止対策推進法による「いじめ」の定義を再確認する。第1条によれば，いじめが，いじめをうけた児童等の教育を受ける権利を著しく侵害しその心身の健全な成長及び人格の形成に重大な影響を与えるのみならず，その生命又は身体に重大な危険を生じさせる恐れがあるものであること，としている。そして第2条1項では，この法律において「いじめ」とは，児童等に対して，当該児童等が在籍する学校に在籍している等当該児童と一定の人的関係にある他の児童等が行う心理的又は物理的な影響を与える行為（インターネットを通じて行われるものを含む。）であって，当該行為の対象となった児童等が心身の苦痛を感じているものをいう，としている。法律の定義はわかったが，現実の学校生活などで「いじめ」とその周辺のコトをやや難しくしているのは，ただいま問題となっているコト（起きているコト）をいじめと呼んでいいのかどうかわからない，ということである。法律に従って，問題となっているコト（起きているコト）を「いじめ」と呼んではみたものの，そのことが妥当なのか（蓋然性があるか），それとも全く不当なのか，ましてやそれを誰が判断するのか（判断できない），何が正解かわからない。ただし法律は，「いじめ」があったのではないかと認知することと，実際いじめがあったという事実を認定することはある意味で別であると考えている。この区分は，「いじめ」の早期発見・未然防止に取り掛かるために「疑わしいものも含めてまずはいじめを認知する」という姿勢でありそれは正しい。しかし一番大変なのは，実際にいじめがあったという事実を認定することである。学校はそもそも教育現場である。「いじめ」をした児童生徒に対してなんらかの罪状や量刑を言い渡す立場にはなく，明日からいじめられた子どもとい

第7章　いじめの問題に心理学ができること　167

じめた子どもが一緒に生活できていくように環境を調整する立場である。実際に学校でどのようなことが起こるかということをかいつまんでみよう。

【モデル事例3】

　中学校1年生のKとLは幼馴染である。Kは性格的におとなしいタイプで、反対にLはクラスの明るい人気者であった。KとLは小学校6年生まで、長期休暇になると家族ぐるみで一緒に出かけに行くようなご近所関係だった。中学校も同じ中学校に入学したKとLは別クラスになったものの、部活動は同じ運動部に入った。Lは入学早々、他の小学校出身のMとクラスも希望する部活動も一緒という理由で仲が良くなった。その運動部の1年生部員はK、L、Mの3名で、Kだけクラスが違っていた。部活動本入部から1カ月経った頃、調子に乗りやすい性格のMが「Kは足が遅い」と言ってKをからかった。しばらくするとMは折に触れてKの足の遅さをからかうようになり、その場にLも居合わせることが多くなった。夏休みの部活動の練習が始まった頃からKは、MとLの二人からすれ違いざまにかなりの小声で悪口を言われたり、なんとなく無視されたりするようになった。夏休み明け、Kは担任の先生に「部活動を辞めたいと思っている」ことを相談した。担任の先生は、部活動の顧問の先生にKの窮状を伝えることを約束し、部活動を辞める決断は少し待つように説得した。Kの担任の先生から事情を聞いた部活動の顧問の先生は、MとLが練習中にKに対してなんとなく冷たい態度をとっているところを見て取っており、練習後三人から事情を聞くことにした。そしてM、Lの二人からは「同じ1年生部員として、Kに頑張れ、ってつもりで応援しているんです」という説明を受けた。部活動の顧問の先生は「Kのペースを大事にして見守ってほしい」ということと「同じ1年生部員なのだから三人で仲良くすること」をお願いした。この部活動の顧問の先生の指導後、MとLは、Kをあからさまに無視するようになった。そしてこの頃から犯人は誰だかわからないが、Kの上履きが何度も校舎外に捨てられるようになった[1]。

　児童指導や生徒指導に携わる人とってこのモデル事例はよくあるパターンだと思われたと思う。このような事例では、①K、L、Mそれぞれの性格特性や行動特性を中心とした生徒理解の再検討、②それぞれの家庭環境や小学校での

学習の様子や申し送り等の再確認，③担任の先生と部活動の顧問の先生との連携の見直しと学校のいじめ問題の取り組みに則った対応の検討，に取り組むだろう。もちろん中学校1年生は，学校種変更によるクラス担任制から教科担任制というかなりの環境変化があることも考察のポイントに上がるだろう。おそらく，どのような学校でも似たり寄ったりの取り組みを行うであろうし，そのこと自体に非があるわけではない。筆者はこのモデル事例を用いて，いじめ問題の対応において注力した方が良いと思う部分をハイライトしたい。それは，担任の先生が受けた相談と部活動の顧問の先生の指導の部分である。誰しもここがターニングポイントだと推測するだろう。モデル事例ではあえてここの部分を素描するにとどめていることからやり取りの内実はわからない。経験的な言い方で恐縮だが，筆者が自治体のいじめ調査委員会の委員としてさまざまないじめの事例に携わった経験からすると，いじめ問題が重大事態化してしまったケースはいずれも，初期段階での対応とそれに基づく指導の取り違いで起きていることがわかった。またこの取り違いは，筆者とは別の自治体でいじめ調査委員として調査にあったことのある弁護士も同様の見解を持っていた（安西，2023）。この初期段階でのいじめ問題の取り違いを防ぐには，まずはいじめ問題に関連する子どもたちの学校生活に対する見取りの解像度を上げることが大変重要であると個人的には思っている。カウンセリングや心理療法には，アセスメントという段階がある。これは具体的なカウンセリングや心理療法の前に，そもそも悩みや困りごとを持ち込んできたクライエントにおいて，実際は何が課題となっているのかを精査し，その上で真の課題を解決する方法をクライエントと一緒に探っていく合意を得るというものである。このアセスメントという段階は，いじめの問題を考える時，大変参考になる。それくらい，いじめが発覚すると本来の課題は何かを顧みず，いじめられている子どもの言動や感情を頼りに，勢い両者の和解に入ってしまっている例も少なからずあり，

---

1 モデル事例の理解を提示するつもりはないが，軽く理解の補助線を引いておくことにする。先生やカウンセラーがKの気持ちに寄り添うとするならば，「二人組から排除される感じ，閉め出しをくらっている感じ」というダイナミクスが陰に陽に働いていることを理解すべきだろう。子ども（大人も）は自分の居場所を奪われるほど心理的につらいことはない。最終的には上履きを捨てる＝入るな，という具体的なメッセージまでKは押し付けられている。本当の事例ならば，上履きの時点で心が折れているであろう。

結果として要らぬトラブルになってしまっている。

　モデル事例3で説明しよう。まず担任の先生はKからの相談に対して，部活動の顧問の先生はL，Mからの聞き取りにおいて，「（Kの訴えが）深刻ないじめかもしれない」という予断を持って対応することが以後の指導の展開に大きな影響を与える。学校の先生がたは基本的に，少々オーバーな物言いだが，性善説の子ども観や公正信念を持ち，いじめの被害者と加害者の双方の健全育成を願って教育的指導を行っている。ゆえにいじめを疑わせる事態が起きた時，初めから罪を暴いて処罰するつもりで子どもたちに接しているわけではない。しかし，いじめ調査委員の経験から言わせていただくと，この性善説的な立場からの教育活動や公正信念が，いじめ問題の盲点となってしまっていることが多いと感じている。誤解を恐れず明確に言うならば，先生がたはご自身の教育指導によっていじめの被害者も加害者も再び仲良く学校生活を送れる（送って欲しい）と思っている。そしてこの思いが取り返しのつかない事態になっている場合がある。やはりいじめを疑わせる訴えが出た場合は，まず問題が何であるかを見極め，問題解決をする前に関連する子どもたちの学校生活の見取りの解像度を上げる，ということから始めることになろうかと思う。見取りと言わず，アンケートを利用すればいいではないかという意見もあろう。もちろんアンケート調査はいじめ問題の探り針として有効である。しかしいじめ調査委員で調査を見た経験のある者なら知っていることだが，小学校低学年ならまだしも中学生ともなると生活アンケート等にいじめを匂わせる記述はほとんど記載されることはないのである[2]。ではどのように子どもたちの見取りの解像度を上げればいいのか。それはいじめの問題が起こる前から，そして不幸にもいじめの問題が起きたらなおさら，先生がたが普段クラスで授業をしている時間，休み時間，部活動の時間の児童や生徒たちの見取り，言い換えると子どもたちの学校生活に対する観察力をあげるということであろう。

2　アンケート調査は，無記名が望ましいが，実はそれほど記名・無記名の違いはないようだ。ただし，記名でのアンケートしか行っていない場合，再度無記名によるアンケートをとるように求められる場合もある。なお，外部によるいじめ調査委員会が学校に入り，いじめ調査を行う場合，いじめ調査委員は複数の目でアンケートを一枚一枚丹念に確認する。時に30cm幅の簿冊が4，5冊になる場合がある。

170 第Ⅲ部 コミュニティとトラウマ——いじめ，犯罪被害，災害

Ⅲ　心の傷をことばにすることの難しさ

　実はよくあることなのだが，先生や保護者を含めた大人が「もっと早くいじめられていることを教えてくれればよかったのに」と，いじめられた子どもたちを責めてしまうことがある。スクールカウンセラーやいじめ調査委員をしているとよくわかることなのだが，今（その時）いじめられている，もしくは，いじめられているかもしれない子どもたちは，自分の身に進行中で起きている「いじめのようなコト」がなんなのかわからない場合が多いのである。このことはなぜ起きるのだろうか？　おそらく，なんらかの事情で，今自分の身に起きているコト・気持ちをプロセスすること（体験を言語化すること）ができなくなってしまったのである。

　そもそも人は本来，自分の体験や気持ちがなんであるか説明したい，言語化したいものだと思う。その活動の典型は詩である。阿部（2014）が，詩の基本的な機能の一つとして名づけについて説明をしているので引用する。

　　「何かを見つける。目につく。いや，「あっ」と思うだけでもいい。すると，この事件を何らかの形で自分の中に配置したくなる。そのためには言葉が必要となります。欲しい，と思う。この事件にぴったりの場所が欲しい。どこかに行ってしまう内容に，そこに立てる旗が欲しい。人に言いつけるための，便利な言い回しが欲しい。」

　人生は出来事の連続である。そして出来事によって自然に喚起される感情的反応およびその感情的反応の名づけの連続である。何かが起こるたび，その時生じた感情的反応をうまく名づけられることもあれば，まったく名づけられず未消化な気持ちになる場合も多い。感情的反応を名づけるということは，自分の心の未開拓な領野（それは無意識という言葉に置き換えられるかもしれない）に，自生していることばを発見しに行く，極めてパーソナルなことである（上田，2022）。

　このように自然な人としての営みが，ある出来事によって全くできなくなるのである。それは心に傷を負うような出来事，例えば，さまざまな事件・事故，自然災害，いじめやハラスメント等に出くわした時である。いじめられた

児童生徒の話を聞いていると，相談している最中でも「もしかしたら自分が悪かったかもしれません」と状況や気持ちを自分の勘違いであるとして打ち消している場合が多い。このことは，人間が心的苦痛を味わっている時，解離，そして回避という現象が起きることがあるという，精神医学や心理学の知識でも説明しうる。さらに最新の精神医学で唱えられている概念で，「心的外傷体験における Tonic Immobility（持続性不動状態）」という概念がある（大江，2019）。かなり簡単に言うと，心の傷を負うようないじめや嫌がらせを受けている時の心理は動物が擬死しているような状態を示している時に近い，という理解である。活動だけでなく，思考も停止させて，ただただ外敵からの身の安全を案じてじっとしていることに集中している状況である。このような状況において，自分の心の中にことばを見つけにいくことはできないだろう。全くもって先生や親御さんから見れば「SOS を出しましたか？」と問いたくなったり，「早く言ってよー」と被害者本人を責めてしまう状況は，当の本人にとって SOS も気持ちの表明もできない，抗拒不能の状態なのである。この抗拒不能な状態を大人はしっかりと理解し，まずは子ども本人の状態をよく見守り，見守る大人も悩み迷い，拙速な言語化を促せずに本人の語りを待っていく必要がある。

Ⅳ　心理学がいじめの問題にできること

　最後に，いじめの問題に対して心理学ができることをいくつか述べ，本論を閉じたいと思う。

　大前提は，いじめの訴えを構成している要件は何か見極めることである。いじめの訴えが重大事態にならないようにするためには，いじめの訴えで本当に問題となっているのは何か再検討することは重要である。まずはいじめの訴えに対して真摯に対応するために，訴えている子どもをよく観察し，そのことで得られる周りの状況に対して拙速な判断や解決をしないということである。

1.　集団の関係性を読み解くことができるスタッフを用意する

　文部科学省のウエブサイトにアップロードされている『令和 2 年度児童生徒の問題行動・不登校等生徒指導上における諸課題に関する調査結果』の概要を

172 第Ⅲ部 コミュニティとトラウマ——いじめ，犯罪被害，災害

見てみたい。まず，いじめの認知件数と書いてあることが非常に重要である。グラフとしては平成30年度，令和元年度令和2年度と概ね同じトレンドを示している。そのトレンドとは，小学校2年生を認知件数のピークとして，以後学年を追うごとにいじめの認知件数がなだらかに下がっている，ということである。このことはどう捉えたらいいだろうか。小学校低学年では，担任の先生を頼りにするけれども，学年が上がるたびに子どもたちのいじめは大人に見えにくく，さらにSOSも出しにくくなっていると見ることはできるだろう。言い換えればこのことは，小学校高学年，中学生，高校生については，大人（先生や保護者）がいじめの兆候を見取っていかないとならないということでもあるだろう。いじめの兆候を見取ると言っても何をしたら良いのだろうか？　一般には，子どもたちと子どもたちに関わる大人のグループライフを読み解くことができるスタッフを用意するということであろう。では子どもたちと子どもたちに関わる大人のグループライフを読み解くためにはどうしたら良いのだろうか？　この問いについては，いささか個人的な経験による主張となるが，学校教員が精神分析的観察の態度を身につけることが有用と考えている。精神分析的観察は，タビストック方式乳幼児観察[3]の方法論をもとに発展した。この乳幼児観察の方法論はかなりシンプルである。赤ちゃんの観察を引き受けてくれる妊婦さんを見つけたら，出産後できるだけ早くから毎週1回1時間，2年間にわたり赤ちゃんとママがいる家庭を訪問することである。観察においては観察者は，赤ちゃんが感じているであろう気持ちに想いを馳せながら，ただ

3　乳幼児観察（関西では乳児観察と言われる）は，イギリスのタヴィストック・クリニックで心理療法家の訓練に端を発し，現在はタヴィストック・クリニックだけでなく，世界中で取り組まれている。この乳幼児観察は，これから出産する予定がある妊婦または生まれた直後の赤ちゃんのいる母親を探し，赤ちゃんの出生後2歳になるまで週1回1時間，家庭を訪問して赤ちゃんとその母親を観察する。この観察は，主に，赤ちゃんと母親の情緒的交流を観察するものであるが，2年間という間，さまざまな子育ち・子育てのドラマがあり，乳幼児に関わる支援者だけでなく実際に赤ちゃんを育てているママにとって示唆に富んだ内容が記録される。その記録は，同じように乳幼児観察に取り組んでいる五，六人の観察者で構成される観察セミナーグループにおいて，精神分析家や精神分析的心理療法家としての経験を豊富に持つセミナーリーダーのファシリテーションのもと，民主的な自由討議が行われる。日本では，タヴィストック・クリニックに正規留学し，乳幼児観察グループと精神分析のインテンシィブな訓練課程を修了して帰国したセラピストたちを中心に乳幼児観察セミナーのグループが開催されている。

ただ集中して赤ちゃんを「見る」というものである。実は観察中にメモも取らない。赤ちゃんとママをただ見るだけで，いじめとなんの関係があるの？と思われた方もいるだろう。実はこの「（ただただ）見る」というところがキモなのだが，このことを精神分析学の用語で言い換えれば，「同一化」となる。赤ちゃんをただただ見ると，観察者は自然と赤ちゃんの感情的反応に敏感になっていく。例えば，「ずっと泣いているけど，おっぱいが欲しいのかなあ？」「眠りたいのに何か眠れないのかなあ？」「ママが見えなくなって不安を感じているのかなあ？」「赤ちゃんが一人，家族から除け者になっているのではないか？」という具合にである。もっともこれらの観察者のアイディアに正解はない。よって観察者は観察をするたびに，自身の一瞬のアイディアを感じてはそれを一旦留保し，それがある程度まとまった知識（ことば）になるまで待つことが求められる。このように，乳幼児観察という方法論は，赤ちゃんの原始的な不安に同一化することを繰り返すので，集団の中で居場所がないと感じる不安や心の傷を感知しやすくなるのである。

2. 逆境に耐えうる資質を涵養する土壌を用意する

　精神分析学では，消極的能力（ネガティブケイパビリティ），逆境を甘受していくことの重要性を説いた精神分析者ビオン（Bion, W.R.）がいる。ビオン（1970）は『注意と解釈』の「達成の前奏もしくは代用」において，キーツ（Keats, J., 1817）のネガティブケイパビリティを引用した。消極的能力（ネガティブケイパビリティ）は，19世紀英国の詩人キーツが着想した概念である。キーツによれば消極的能力とは，「人が不確実なもの，不思議なもの，解決できそうにないものの中にあっても，事実や理由を求めて苛立つことなく，そうした状況の中に身を置いていられることだ」と定義づけている（児玉（2023）の訳による）。ビオンがこのネガティブケイパビリティに着目したのは，治療関係における解釈について思考を巡らすためである。そして私には，ビオンが「分析でのやりとりは，錐の頂点に立つような，どうもできないような状態で，何事にも依拠しない，明鏡止水の心持ちで捉えられることばを見つけにいく作業だ」，と語っているように思われる。まさに詩と言ってもいいだろう。ここでビオンを引用し，いじめについて秀逸な論考をしている精神分析学者マーゴ・ワデル（Margot Waddell, 2006）の結語を抜粋して引用する。

「(いじめに対して一時的に耐え忍ぶような) 破壊的な経験に耐える能力，すなわちレジリアンス (消極的能力と言い換えても良いだろう) は，発達初期に備わっている。いじめっ子は，他人を殺し続け，いじめの被害者は自分を殺す。この現象の種は，文化の奥深くにあり，個人の心の奥深くにある。この現象の種を持った心には，幼少期から特別な種類の支援とケアと対応，すなわちコンテインメント (巻末の用語集を参照のこと) を必要とする。これらは，見て見ぬふりをせず，子どもを本当に大切にし，親であることを大切にする社会でのみ可能である。」(訳および訳註は筆者による)

　ワデルは，いじめの心理およびいじめられの心理を，個人の心の奥底だけでなく，文化というグループライフの次元における共通の潜在的な要因を見てとっており，子どもや親を包摂する社会に目を向ける大事さを説いている。このことは，1. で述べたタビストック方式乳幼児観察が得意とするところと重なる。タビストック方式乳幼児観察において観察者は，赤ちゃんに同一化しながら赤ちゃんのセンシティブな感情的反応を受け取り，それに浸り，それを拙速に理解することを留保することによって，その赤ちゃんを抱える兄弟姉妹や親の感情的反応をも抱えていくことになる。この同一化をめぐる一連のプロセスがコンテインメントとなるのである。またこのタビストック方式乳幼児観察の仕組みでは，観察者も乳幼児観察のセミナーグループのメンバーとリーダーに抱えられる構造となっている。乳幼児観察のセミナーグループでは，赤ちゃんだけでなく，赤ちゃんの兄弟姉妹や親の心の痛みも丁寧に検討されていく。マーゴ・ワデルの言説はもちろん，この精神分析的観察の知見が下敷きとなっていると思われる。さすがに教育現場で子どもに関わる大人，すなわち教員にタビストック方式乳幼児観察のトレーニングを受けさせるというのは荒唐無稽な話である。実は，このタビストック方式乳幼児観察の変法として，ワークディスカッション[4] という方法論がある。こちらは，例えば，教員が自身が困った教室での場面をじっくりと観察し，ワークディスカッションセミナーというグループでそれを報告し，参加メンバーと討論するという方法論である。この方法論は，赤ちゃん観察を長期間行うというコストはかからない。それでいて，観察場面から窺い知れるさまざまな心の痛みや目を背けたくなるような

第7章　いじめの問題に心理学ができること　175

事実に敏感となる資質を涵養することができる。

3.　排除された子どもたちの居場所をつくる

　臨床経験による私見の域を出ないのだが，子どもたちがいじめにおいて不安
や恐怖となっている一番のものは何かというと，「それは自分の居場所を奪わ
れることである」と筆者は感じている。よく「そんなに嫌だったら別の友達を
見つければいい」「もっと気が合う友達がいるよ」などの助言もあるだろう。
いじめられている当事者としては，不満もあるだろうが，この助言は間違って
いないだろう。しかしこの助言が不人気なのは，いじめられている当事者はそ
の場所，そのスペースを奪われていること自体に不満や納得のいかなさがある
のである。いじめの相談で保護者は，「うちの子がなんで，別室や学校を休ま
ないといけないのですか。いじめた張本人が別室や学校を休めばいいじゃない
ですか」という訴えをよくされる。これはあながち間違っていないだろうと感
じる。筆者は，いじめられた子どもたちは居場所を奪われた人たち，もしくは
居場所を奪われることに恐怖を感じている人たちではないかと観測している。
しかし，居場所を奪われることが本当に，心の痛みとなるのだろうか？　この
点については，サイバーボール課題などを用いた集団から排斥された後の心理

4　ワークディスカッションは，乳幼児観察と同様，精神分析的な観察態度によって，心理
　支援が大変困難である状況の中に潜むさまざまな不安，およびその不安への感情的反応
　を観察し，その観察した場面で考えられることをグループで討議し，その討議から得ら
　れる理解を心理支援に還元するという実践である。このワークディスカッションの方法
　は，観察者がさまざまな臨床現場での一場面をじっくりと観察し，観察終了後，観察さ
　れたことがらや観察している時に引き起こされた感情的反応などを記録に起こす。観察
　者はこの記録をワークディスカッション・グループに持ち寄りで報告する。ワークディ
　スカッション・グループに参加しているメンバーは，観察者によって報告された観察記
　録をもとに自らの中に引き起こされた感情的反応を発表し，他のグループメンバーに
　シェアする。このようなワークディスカッションの方法論によって，心理支援が行き詰
　まっている状況であることを再認識させられたり，未だ顕在化していない重要なことが
　らに直面させられたりする。なお，ワークディスカッション・グループは，①心理支援
　に困難を抱えている職場において，職員メンバーを募ってワークディスカッション・グ
　ループを構成し，自由討議を行っているもの，②医師たちで行われているバリントグルー
　プのように，ワークディスカッション・グループセミナーが開催され，臨床現場が異な
　る参加メンバーがそれぞれの臨床現場の観察を持ち寄って自由討議を行うもの（①の変
　法と言っていいだろう）の二つの方法がある。

プロセス研究が進んでいる（例えば，玉井（2020））。最終的には，排斥研究の結果のデータを待ちたいが，臨床上では，居場所を奪われた子どもたちは，人から傷つけられたけれども，安心できる人たちなら繋がりたいという気持ちを表明していることは少なくない。それならば，このような子どもたちに居場所を提供することは大切である。少々おとぎ話ではあるが，メタバースで創造されるワールドが，いじめられた子どもたちにとって救いになるかもしれない。もっともメタバースの世界でも，人を集団から排斥するコードが実装されてしまうかもしれないけれど。

◉文献

阿部公彦（2014）名前をつける．詩的思考のめざめ——心と言葉にほんとうは起きていること．東京大学出版会，2-33.

安西敦（2023）パーソナルコミュニケーション

Bion, W.R.（1970）Attention and Interpretation. London, Tavistock Publication; reprinted in paperback, Maresfield Reprints, London, H. Karnac（1984）（福本修・平井正三＝訳（2002）注意と解釈．（福本修・平井正三＝訳）精神分析の方法Ⅱ〈セブン・サーヴァンツ〉．法政大学出版局）

ジョン・キーツ（1817）ジョージ及びトーマス・キーツ宛一八一七年十二月二十一日，二十七（？）日．（田村英之助＝訳（1977）詩人の手紙．冨山房百科文庫，51-54）

衣笠隆幸（1994）タヴィストック・クリニックにおける乳幼児観察の方法と経験．（小此木啓吾・小嶋謙四郎・渡辺久子＝編）乳幼児精神医学の方法論．岩崎学術出版社．

児玉富美惠（2023）ジョン・キーツと理想の詩的世界．第2章キーツとシェーイクスピア．音羽書房鶴見書店，101.

文部科学省（2021）令和2年度児童生徒の問題行動・不登校等生徒指導上における諸課題に関する調査結果．

大江美佐里（2019）心的外傷体験における Tonic Immobility（持続性不動状態）．最新精神医学，24（5）；384-391.

鈴木龍（1994）乳幼児観察で見えるものは何か？（小此木啓吾・小嶋謙四郎・渡辺久子＝編）乳幼児精神医学の方法論．岩崎学術出版社，40-52.

玉井颯一（2020）仲間外れにされると「痛い」のか．心理学評論，63（2）；170–182.

上田順一（2022）乳幼児観察応用研究会で見えるものは何か．乳幼児観察応用研究会誌創刊号，47-58.

Waddell, M.（2007）Grouping or ganging: The psychodynamics of bullying. British Journal of Psychotherapy, 23（2）；189-204.

第**8**章

トラウマの軌跡

犯罪被害者との経験

櫻井 鼓

「そしてしめくくりとして，犠牲としてのわたしたちについて語った。いずれにしても，そのことに意味はあるのだ，と。」(Frankl, V.E., 1977，池田香代子訳『新版 夜と霧』p.139，みすず書房)

I　犯罪被害によるトラウマへの支援

　トラウマ (trauma：心的外傷) を負う出来事に遭った人をどのように支援することができるのだろうか。

　トラウマ出来事といえば，狭義には犯罪被害や被災など，命にかかわったり重傷を負ったりする出来事，性暴力などのことを指す。犯罪というと身近に感じられない人がいるかもしれないが，2023 年の 1 年間で殺人は 912 件，不同意性交等は 2,711 件，傷害に至っては 22,169 件が認知件数として計上されている (警察庁，2024)。これらは犯罪の中のほんの一部であり，毎年多くの犯罪被害者やその家族，遺族[1] が生まれている現状がある。虐待も犯罪被害であるし，いじめも犯罪被害の範疇である。そしてこれらの被害には，人による，しかもほとんどの場合が予期せぬ暴力という特徴がある。本章では，さまざまな犯罪被害の中でも，殺人，性暴力，傷害，交通死亡事件などによる，単回性でインパクトの強い被害に焦点を当てる。

　最近では，犯罪被害者支援活動の高まりにより，犯罪被害者に対して，カウ

1　平成 16 年に「犯罪被害者等基本法」が成立し，「犯罪被害者等」とは犯罪による被害者及びその家族又は遺族のことを指すと示されている。ただし，本稿では，以降，特に断りのない限り，犯罪被害者及びその家族又は遺族のことを犯罪被害者又は被害者と呼称する。

ンセリングをはじめとする精神的支援以外にも，各分野の専門家やボランティアによる直接的支援，生活支援，法律相談などが行われている。さまざまな人が支援に携わる機会が増え，心理士も例外ではない。よって，そのような犯罪によるトラウマを突如として負ったクライエントに対して，カウンセリングという枠組みでは何を行い，どう役に立つのかを考えることは重要であるといえる。しかし，答えを見出すのは難しい。それは次のような理由によるだろう。

　トラウマは，面接室の中でクライエントによって語られる他の素材とは異なる性質をもっている。それは，突出した記憶という点においてである。外傷記憶が平時の記憶とは異なるものであるということは，トラウマ出来事の悲惨さから容易に想像されるであろう。実際，何らかのトラウマを負ったクライエントは，心理面接の初回から，中学校時代にいじめられた体験があったことや，過去にも同様の性的被害に遭ったことなどを語り始めることが少なくない。それはまるで飛び石のように，トラウマだけに光が当たっているかのようである。ヴァン・デア・コーク（van der Kolk, B., 2014/2016）は，通常の記憶と外傷記憶の違いは，出来事についての情動がどれほど掻き立てられたかによることを指摘している。通常の記憶であれば忘却されたり変容されたりするが，インパクトが強いほど記憶はそのまま残存するという。新たなトラウマ体験や何らかのトリガーによって，過去のトラウマまでもが鮮やかに，断片的に蘇ってくるというところに外傷記憶の特徴がある。

　それだけトラウマとは，他の思い出とは馴染みにくい，生活史に組み込まれにくい圧倒的な性質を有するものだといえる。よって，クライエントが心理士との関係の中に持ち込むすべてを，クライエントのトラウマ体験と関連づけて理解することや，それを理解していくことによってクライエントのトラウマ体験が治ゆするといった考えについては，ひとつの限界があるような気がしている。特に単回性トラウマの場合は，被害状況が転移されるとは言い切れない場合がある。また，殺人，交通死亡事件などの過酷な体験の場合に，トラウマ体験は面接室で展開される状況に納まりきらないところがあるとも感じられる。

　そもそも，トラウマを負ったクライエントを理解する方法についても困難さが伴う。一般的な心理臨床の実践においては，拠って立つ学派の違いはあるにせよ，クライエントの心的課題にはそれを生じさせる〈何か〉があり，その〈何か〉を探索し，〈何か〉に対するアプローチをすることが必要になるだ

ろう。しかし，トラウマ支援の難しさは，むしろその〈何か〉が客観的に確認されるトラウマ出来事だと明確で，被害者が訴える困難の要因は，それ以前の〈何か〉に求められないことにある。その困難さについては，ブロンスタイン（Bronstein, C., 2013）が「私たちはその出来事に近づく手段をもっておらず，私たちが利用できるのは，特定の出来事における個人の知覚と記憶のみである」と述べていることとも似ている。トラウマ事例の場合，トラウマを生じさせている原因であるはずの出来事という事実に近づこうとすればするほど，見ようとしているものが見えなくなってくる，という逆転が起きているように感じられる。

　わが国で広く一般に，トラウマ，PTSD（Posttraumatic Stress Disorder：心的外傷後ストレス症）という言葉が関心を集めたのは，1995年に発生した阪神・淡路大震災と地下鉄サリン事件を契機としている。PTSD はアメリカのベトナム帰還兵の精神症状を医学診断として扱う必要性があったことから，アメリカ精神医学会による DSM-Ⅲ（Diagnostic and Statistical Manual of Mental Disorders 3rd edition：精神障害の診断と分類の手引）に収載された診断名である。そして，大震災と地下鉄サリン事件より数年前の1991年には，犯罪被害に対する国からの給付制度の発足10周年を記念したシンポジウムが開かれた際に，飲酒運転者によりご子息を亡くされたご遺族から，わが国における犯罪被害者への精神的支援の必要性が強く訴えられていた。これらを契機として国全体として犯罪被害者支援施策が推し進められるようになった。精神分析においてトラウマという言葉は初期から取り上げられたが，わが国における犯罪被害によるトラウマへの注目や犯罪被害者への支援は，精神分析とは別の水脈から出てきたという歴史がある。

　もちろん，それまでにも個々の治療者がトラウマを負った人を支援していたであろうし，そこではさまざまな技法が用いられていたと思われる。しかしこのように，国全体として犯罪被害者への精神面への支援の機運が高まるようになったのは90年代半ばのことである。それから現在までまだ30年ほどであり，被害後急性期の支援がどうあるべきなのか，単回性のトラウマに対してカウンセリングで何をどうするのかといった議論が深まっていないのは必然であるだろう。その点も単回性トラウマへの支援が容易ではないことにつながっているのではないだろうか。

Ⅱ　トラウマに向き合うこと

1. 怒り

　犯罪被害者への精神的支援では，大きくとらえればその回復を目指すことが目的となる点に異論はないと思われる。実際に何をどうしたら良いのかを論ずるに当たって，被害後の情緒をもとに考えてみたい。

　被害者が出来事直後から解離，ASD（Acute Stress Disorder：急性ストレス症）などの精神症状を示すことは知られている。同時に恐怖感，無力感，不安感，恥辱感などさまざまな気持ちも抱く。本人に責められるべき要因があるわけではないのに自責感を訴える被害者は多い。あのときあの道を通らなかったら，あのとき鍵を閉めていたら，あのときわが子を送り出さなかったら，と繰り返し考える。

　被害者が怒りを抱くのも当然である。加害者を許せないという思いから，それが正されるよう謝罪を求めることもある。その結果，何らかの法的手段に訴えるという行動をとることもある。怒りは自分がされたことに対する正当な主張でもあるだろう。しかし，こういった怒りは直接的に表現されるとは限らない。自責感という形で自らに向けられる場合もあれば，声を挙げられずに抱え込まれる怒りもある。

　怒りが，被害直後の段階ではどのように犯罪被害者に体験されるのかについて，ひとつの示唆が与えられる架空事例を示したい。本章で示す事例はいずれも，私の経験から必要だと思われる要素を中心に描いた創作事例である。

【架空事例 A】

　A は悲惨な事件により，こどもを亡くしたのだった。その後，A は食事を十分にとることも熟睡することもできず，一人での外出が困難な状態に陥っていた。数週間が経ったところで，A は心配した親族に付き添われてやってきた。暗い色の洋服を着た A は全くの無表情で，足音さえ聞こえないように歩いてきた。その姿はまるで，亡くしたこどもに同一化しているかのように感じられた。

　私は支援の中で A に付き添うことになった。その日，私は黙って A の傍らに座っていた。A はひととおり悲惨な出来事の状況を語った後で，加害者に

対する気持ちを述べる段になった。私はＡが，　加害者を殺してほしいとか，どのような言葉を用いるにせよ，　いずれにしても強い思いを伝えるだろうと想像していた。しかし，　Ａは，「犯人のことは心の中にありません。わかっているのは，あの子に会えないということだけです」と，　か細い声でようやく語ったのだった。私は，語られる衝撃的な出来事を耳にしながら，その出来事から生じてくるさまざまな気持ちを認めないようにしていた。Ａも私も，　本来の情緒に触れることを避けており，思考しない状態にあったのだった。

　被害を受けた側からすれば，加害者に対する怒り，返報の願望を抱くのは当然のことと思われる。しかし，　私自身が情緒に触れられなかったように，Ａは，怒りについては触れられず，事実を話すことだけで精一杯のようであった。被害後の急性期には，出来事に対する意味づけがなされず，情緒を体験することが困難な段階がある。その状態は解離や回避ということになるが，なぜこういった状態が生じるのだろうか。

　犯罪被害者が示す言動にはさまざまなものがある。例えば，自宅侵入による被害を受けた人が何度も家の鍵を確認するようになったり，交通事故に遭った人が歩道にいても車を過剰に気にするようになったりすることはよくみられる。トラウマを負った人は，これまで安全だと思っていた世界を危険なものだとみなし始める。世界に対する過剰に否定的な信念を抱くようになることは，精神医学的に捉えればPTSDの中核的症状でもあるが，ヤングとギブ（Young, L. & Gibb, E., 2007/2011）は，別の視点から，このような認識の背景には被害者の怒りがあると述べている。被害者は自身の感じる怒りを恐れ，否認や投影を用いて外界や他者の中に怒りの感情を見つけ出すがために，世界は危険に満ちていると体験されるという。

　誰しも，自身の激しい情緒に気づくことは不安を伴う。自分では抱えきれないかもしれず，自分の中にある怒りを認めることは心の痛みを伴うことである。だからこそＡのように，被害直後には心的苦痛を避け，自分の怒りに触れられない段階があるのだろう。自分の心を知ることができない状態は，ビオン（Bion, W.R., 1977/1999）が示した「－Ｋ」[2]の状態だと言える。

　出来事が起きたという事実そのもの，その事実が被害と位置づけられる出来事であったということ，自分の情緒を認識するのは，大変に困難である。しか

182 第Ⅲ部 コミュニティとトラウマ——いじめ，犯罪被害，災害

し，事実をなかったものにすることや見ないようにし続けることはできない。なにものかわからない気持ちをおさめていくためには，心の中で何が起きているのかを知ることが必要になるだろう。その作業は，急性期だけではなく，支援を通じての一つの課題になると思われる。

2.「鬱憤」を手がかりに

怒りに関連するものとして，「鬱憤（resentment）」（Steiner, 2011/2013）という概念がある。鬱憤とは，起きた出来事が不正だと感じて体験される，抑制され表現されにくい怒りのことである（Steiner, 2011/2013）。シュタイナー（Steiner, J., 2011/2013）によれば，患者は，受けた傷つきが不公正だと感じられると報復への願望を抱くが，その願望には破壊性が伴われるため，危険だと考えるという。その代わりとして隠されたかたちで表現される状況を，彼は「こころの退避（psychic retreat）」と名づけた。

犯罪被害の場合を考えると，被害者が理不尽な思いを持つことは自然である。加害者に対して，それ相応の責任や罰を負ってほしいと願うだろう。しかし，そもそも被害者が負ったものと同値のものを加害者が負う，ということはあり得るだろうか。その加害行為に対して，加害者は内省するという変化への手段があるが，被害者が何をしたらよいのかは難しい。被害者の思いは秘められ，心は引きこもることがある。

創作した事例 B を挙げる。

【架空事例 B】

B は，友人と食事をした帰り，エレベーターの中で犯人から突然顔面を複数回殴られ，怪我を負ったのだった。犯人はそのまま逃走した。B は，被害直後は，本を読んでいても家のことをしていても，何をしているのかはっきりしなかった。しばらくすると，なぜもっと早く帰らなかったのか，なぜあの日に約束をしてしまったのかなど，その出来事を後悔とともに考えるようになり，フラッシュバックや不眠に悩まされた。数週間経ってから，いくつかの相談窓口

2 　対象との関係の要素を表すビオンの用語。「K」は，情動的経験をとおして知ることで，「－K」とは，羨望によって意味や価値がはぎとられ，真実が歪曲されること，すなわち嘘を生み出す活動を指す。

を訪れた後に，相談室につながった。

　Bは，目深に帽子をかぶり，色のついたサングラスをかけて現れた。顔が若干ゆがんだように見えることを，Bはひどく気にしていた。私は，不安な気持ちを落ち着かせていくためには，ここで何ができるか考えていくことが役に立ちそうだと提案し，Bは同意した。

　面接の初期に得られた情報から，Bの原家族は両親，同胞の四人家族であることがわかった。同胞との関係は良好で，Bは頼られ相談される立場にあった。また，母親には物事を決めきれない傾向があり，やはりBが相談に乗ってきていた。家族の中では，Bがまるで保護者のように切り盛りしていた様子が窺われた。他方で父親のことについては口をつぐみ，私には，Bが肝心なところは話せない，と伝えてきているように感じられた。

　Bは，実際の生活では，他人にはこの被害の事実を打ち明けたくない，ばれたくないのだと訴えた。そして，もう少し気を配っていたら被害に遭わなかったのかもしれない，と悔いが残ることを繰り返し話した。ある回の面接で，Bは私に，顔のゆがみが目立つかを確認した。私は，Bがゆがみは目立たないと言ってほしいと思っていることを感じ取り，話が継ぎにくくなった。同時に，Bは実際の傷についての意見は求めるが，心の傷には触れてほしくないのだと感じられた。私は，見た目にはわからないことを伝えるのが精いっぱいであったが，反対にBは，ここでは率直な気持ちを言えるのだと，十分に感じたようであった。

　続く面接では夢が報告された。二人組が白い木立の中を抜けていくと，突き当りのところで爆発が起き，黒い残骸が残っている，という夢であった。私には，二人組がBの同胞関係を指していることのように感じられたが，Bは夢の印象について簡単に述べるだけで，どこか自分の気持ちから距離を置いているようであった。私は，Bが被害による傷つきを苦しく感じていると思われることを伝えると，Bは肯定し，犯人が捕まるかもしれない，怪我が治るかもしれないと期待をしてしまう気持ちの波が辛いのだ，と話した。

　怪我の治ゆには時間がかかることがわかってくると，Bは，治らないことへの焦りを募らせ，何とか治す方法を探した。そして，これまでの生活の中でも，いかに自分が不公平な扱いを受けてきたかを語った。それは，友人関係の中でいじめに遭ってきたこと，人からいいように使われてきたということなど

だった。私には，被害における‘させられた’という思いにもつながっているように感じられた。

　犯人に対しての思いは，毎回の話題であった。腹立たしい，憎いという思いと同時に，怖いという両方の気持ちで揺れていた。Ｂは，捕まっていない犯人がのうのうと暮らしていると思うと腹立たしい一方で，きっと最近も，どこかですれ違っているのだと考え，恐怖を感じてもいた。続けてＢは，それまで語られなかった父親のことについて触れた。いかに父親が暴力的な人であったかを語ったＢは，父親のことは誰にも話したことがなかったのだと言った。そして，打ち明け話をすると自分がかわいそうに思われそうであることを泣きながらつけ加えた。私たちは，今回の出来事にまつわる気持ちをこの場で話すことに不安があることを話し合った。

　しかし，面接はこれ以上の展開を見せなかった。Ｂがネガティブな側面や怒りに触れるのが難しいということがより明らかになったのは，面接の時間変更をめぐってのことだった。私は，それまでの時間で面接を維持することが難しくなっており，Ｂに時間変更の依頼をした。Ｂは同意していなかったにもかかわらず，私の提案に沿う形をとったのだった。その後から，Ｂは，時間を変えたことによって窓口の担当者が代わり，相談室に入るときに改めて自分が被害者だと見られ，入室するのが怖いのだと話した。私は，犯人にやり返すこと，攻撃することができない不安を取り上げた。しかしＢは，やはり怖いのだと言い，話すと被害を思い出すのだと苦しそうな表情を浮かべた。そして，話すと本当のことになる気がする，実際にそういうことがこれまでにもあった，とそれ以上自身の気持ちに触れようとはしなかった。そして，見知らぬ男から追いかけられる夢を見たのだと報告した。その夢で，男と向かい合ったＢは棒を持っていた。戦うと男が小さくなりはじめ，Ｂは持っていた袋に男を入れてしまう，というものだった。私が夢の印象を促すと，Ｂは特にないと述べ，やはり話すと落ち着かなくなるのだと訴えるのだった。

　Ｂの実際の傷を治すことのできない私には無力感が残された。Ｂには，傷を修復したいという願いはあったが，心の喪失に向き合うことはおそらく困難なのだった。

　Ｂのこれまでの人生において切り離されてきたものが，被害をきっかけに顔

を出しつつあるようであった。それは，被害の事態も同じであるように，自分が理不尽な体験をさせられているという，以前から抱いてきた思いであった。しかし，そのことを自覚するのは，もともとの傷つきに向き合わなければならなくなるため，Bにとっては困難であった。Bは，現実的に怪我を負ってもおり，理不尽な事態に抗う十分な力をもてずにいた。Bの行き場のない攻撃性は父親に投影されている。

　Bは出来事が理不尽であることを繰り返し述べ，なんども傷の修復方法を探した。その方法は，外装を治すという一足飛びに良くなる，具象的なことに焦点づけられていた。二つ目の夢の袋に表されるように，相手をコントロールしてなんとか収めようとするところからも，複雑な意味合いをもつような事態に関わることはできずにいるBの思いが感じられる。Bにとって，今回の出来事によって心の中で何が失われたのかということを見つめていく作業は困難であったと思われる。

　見つめる作業が困難であるということには，別の側面もあるだろう。自分の心に何が起きているのかを知ろうとしないことによって，Bは傷つくことから自分を守っているようにも感じられる。Bにとってのトラウマ体験は，苦痛を呼び起こされる以前の体験から意味づけられていることが推測される。Bにとっては，トラウマの意味がそれまでの人生と結びついているからこそ，その傷つきを認めることが困難であったのではないか。

　トラウマ体験それ自体は理不尽なことであり，意味はない。しかし，人は意味がないことを認めることが困難である。フロイトやアドラー（Adler, A.）に師事したオーストリアの精神医学者フランクル（Frankl, V.E.）は，ユダヤ人であるがためにアウシュビッツ強制収容所に収容された。そしてそこでの過酷な体験，心の動きをその著に克明に記している（Frankl, 1977/2002）。彼は，収容所の中で仲間に対し，犠牲となることについてでさえ，そこに何らかの意味があるのだということを説いている。ここから窺われるのは，人は時の経過の中で，合理的な理由のないトラウマ体験に何らかの意味を付与していくということである。犯罪被害の場合も，被害に遭った意味を求めていく。それは，後になって意味が与えられる事後性（deferred action）と捉えられるだろう。事後性は，冒頭で述べた，被害者がトラウマ体験をまるで飛び石のように語るということとも合致しているように感じられる。

186　第Ⅲ部　コミュニティとトラウマ——いじめ，犯罪被害，災害

　そしてここに，支援の一つの手がかりがある。トラウマ出来事そのものから
は，出来事がどれだけ悲惨なのかを推測できても，その被害者の苦痛の様相
は，わからない。付与された意味を見出し，トラウマがその人の人生にとって
どのような影響を与えているのかを見出すことが，支援者がトラウマ体験に接
近できる方法であるだろう。トラウマ体験が何に結びつけられているのかを紐
解いていく作業により，トラウマが与える影響（意味合い）と，苦痛として感
じられていることの源泉を知ることができる。犯罪被害者の心の傷は消すもの
でも，消すことのできるものでもない。その人のトラウマ体験が何に結びつい
ていて苦痛を生じさせているのか，その結びつきを知ることが被害からの回復
にとって大切なのだと思われる。

3.　臨床実践を支えるもの

　私はここまで，トラウマの意味を知ることの重要性について触れてきた。被
害者の場合，被害に遭った意味を求め，時とともにその意味づけは変遷してい
く。支援においては多くの場合，そのプロセスをともにすると言っていい。

　トラウマ直後の被害者は，豊かに自分の感情を語ることに困難を抱えている
など象徴化の機能は低い。被害直後は，夢を見ても比較的単純な質のもの——
例えば，波が押し寄せてくる夢，事件の犯人がぬいぐるみを着て出てきた夢，
被害当時にはできなかった行動をやり返すことのできた夢など——であるか，
夢を見ない傾向にある。しかし，意味を求めていくには，言葉が必要である。
トラウマを語ることが困難な人が，語ることができるよう時間をかけていく。

　その際に必要なのは，ありきたりであるが，誰かがともにいるという基
本的なことなのかもしれない。フロイトの一番弟子であったフェレンツィ
（Ferenczi, S.）は，その生涯において多くのトラウマを負った患者を治療し，
トラウマについての論考を残している。彼はその著（Ferenczi, 1985/2000）で，
予期せぬ暴力をしかも一人で受けるのは耐え難いこと，そして「喜びと苦しみ
をわかちあい，伝えあうことのできるだれかが〈そこにいる〉ことが，心的外
傷を癒す」と述べている。そして，現代においてもトラウマに関わる治療者の
多くが（ストロロウ（Stolorow, R.D., 2007/2009）など），最終的には人間的な
関わりという原点を主張している。

　トラウマに向き合っていく道程は，誰かが傍にいることが支えになる。

Ⅲ　精神分析的アプローチの再考
──認知行動療法の視点から

1. PE について

　本節では，一旦精神分析的アプローチから離れ，トラウマに関連した記憶を扱い，トラウマに焦点化した治療を行う認知行動療法の一つである PE（Prolonged Exposure Therapy：持続エクスポージャー療法）から，精神分析的アプローチを再考してみたいと思う。PE が精神分析的アプローチと根本的に相違している点は，PTSD 症状の治療を目指しているという，医学モデルに近い面をもっているところであるだろう。曝露療法は全米アカデミーズ医学機構の報告書で PTSD に対するエビデンスのある唯一の心理療法とされており（Committee on Treatment of Posttraumatic Stress Disorder, 2007），PE はわが国では 2016 年に医療保険の適用となっている。

　同種の試みとして，森（2013）はフェレンツィの実践と認知行動療法の一つ NET（Narrative Exposure Therapy：ナラティヴ・エクスポージャー・セラピー）との比較を行っている。私がここで精神分析的アプローチとは異なる療法との検討をしようとするのは，私自身が犯罪被害者支援に携わる中で精神分析的アプローチと PE の双方に出会ったという理由があげられる。いわゆる「犯罪被害者支援」の活動では，心理教育が主であったり，回数が限られているなど短期の心理療法が実施されたりしている。中でも PE は，PTSD 症状へのエビデンスが得られている療法であり，現在では訓練を受けた専門家が民間被害者支援団体や大学の心理相談室などで被害者に対する実践を行っている。そこで，近年の犯罪被害者支援におけるトラウマ焦点化治療の主流の一つである PE と犯罪被害者支援の文脈では取り上げられにくい精神分析的な視座とを比較検討することで，精神分析的アプローチのどの要素が，単回性トラウマへの支援に貢献するのかということを考えたい。

　PE の詳細については成書に譲るが，PE はフォアとカザック（Foa, E.B., & Kazak, M.J., 1986）が提唱した情動処理理論（Emotional Processing Theory）をその基盤に置いている。情動処理理論では，その名のとおり経験にまつわる情動を処理することによって，症状が改善されると考える。つまり，PTSD 症状が長引く要因はトラウマを思い出させるものを避ける回避にあるとし，回避

をするから恐怖記憶が維持されていると捉えている。恐怖記憶は記憶表象，感情，思考，知覚がバラバラになり，本来の意味とは違う関連をもった状態で，例えば危険ではないものに対しても，恐怖や身体的反応が生じるようになってしまう。そこで，その構造を修正し，通常の記憶に戻すことが目標となる（金，2019）。

　どのようにして修正するかに関連して，PEの具体的な施行方法について簡単に触れておきたい。PEでは，毎週1回，90分，合計で9〜12セッションを実施する。主な治療法は，現実エクスポージャーおよび想像エクスポージャーからなる。クライエントが避けているいくつかの状況をリスト化し，その中から無理のない状況を選んで現実的に触れてもらい（現実エクスポージャー），その後に，想像の中で外傷記憶に立ち戻り，トラウマ体験の主要な場面について話してもらう想像エクスポージャーを導入するという手順である。想像エクスポージャーでは，トラウマ体験についての出来事，考え，感情，知覚などの要素に，クライエントが近づけるようにする。そして，今は再び被害を受けていることとは違うこと，今は安全であることが理解されるようになる（Foa et al., 2007/2009）。

　PEは，自然発生的な恐怖反応について，それを消失させる学習をさせるのであるから，条件づけの文脈から捉えられるであろう。つまり，PEにおいては，本来は恐怖を生み出さない刺激が恐怖を生み出す刺激になってしまっているため，繰り返し曝露をさせることによって，恐怖反応を減ずるということになる。しかし，このような消去学習はもとの恐怖記憶を減弱するものではないことから恐怖反応がぶり返すことがあるとされ，恐怖記憶が減弱するためには，新しい情報を入手することの必要性が示唆されている（仁田・髙橋・熊野，2019）。

　では，フォア（2007/2009）がPEのメカニズムについてどのように述べているかというと，恐怖記憶は賦活させることによって新たな情報を加えやすくなるという特質を利用し，安全な状態で恐怖記憶に直面化させ，今は実際には安全であることを学習することで合理的な判断ができるようになることを目指すという。そして，不安への馴化（habituation）が生じ，トラウマによって世界は危険である，自分は無力であるといった思い込みが否定されるようになるという。金（2019）は，恐怖記憶研究において，長期記憶に移行した恐怖記憶

が刺激に触れることによって再びワーキングメモリーに移行して活性化することで，長期記憶に上書きされるというプロセスがあることになぞらえ，PE治療で行っていることも新たな情報を加えて長期記憶に上書きするかのようであることを指摘している。

　これらの指摘を踏まえれば，PEにおける消去学習が行われる際には，同時に新たな意味の学習も加わっているのではないかとも思われる。いずれにしても興味深いのは，恐怖記憶が改変するためには，新たな情報が付与される必要があると主張されていることである。PEで行っていることは，トラウマに直面させる状況を作った上で，不適応的な結びつきをもつ恐怖記憶が，新たな意味をもつよう，当人がより適応的な生活を送ることができるように促しているということもできるだろう。

2. 精神分析的アプローチとの共通項

　このようにみてくると，PEも精神分析的アプローチも，トラウマ体験についての手法では，その意味を取り上げているところに共通項を見出すことができる。臨床においてトラウマ体験を扱うということは，トラウマ体験（記憶）を紐解き，その意味をともに探り，見出していくということであるのかもしれない。それぞれのアプローチによって新たな結びつきを得て，トラウマ体験は人生とも結びつく。そして，際立っていた体験は，その人の人生に組み込まれていくのだと思われる。

　補足にはなるが，外傷記憶ということを辿っていくと，認知心理学による成果との関連も感じられる。認知心理学における記憶研究には，プライミング効果（priming effect）という概念がある。そしてプライミング効果には，意味的プライミング（semantic priming）と反復プライミング（repetition priming）という二つの現象があるとされる。前者は意味的に関連のある二つの刺激を継時提示すると，後者は同じ刺激を継時提示すると，いずれも後続刺激の認知が促進される現象を指す（川口，1995）。プライミング効果が生じる2刺激間の時間間隔は数秒あるいは数カ月という比較的短時間なものではあるが，プライミング効果はプライムとターゲット間との連想強度が強いほど，質的に近い意味関係があるほど顕著になると指摘されている点（川口，1988）は，臨床実践において示唆的である。

190　第Ⅲ部　コミュニティとトラウマ——いじめ，犯罪被害，災害

　すでに述べたように，被害者がトラウマ体験を飛び石のようにトラウマだけに光が当たっているかのように語るという経験は，事後性として考えられる。他方で，事例Bのように，以前の経験からその出来事が意味づけられることは，プライミングとも合致しているように感じられ，トラウマの意味を辿っていくことの意義を再認識させられる。

Ⅳ　おわりに

　PEが対象としているのは，少なくともトラウマ的出来事から1カ月が経過し，それでもなお強いPTSD症状が持続している慢性患者である（Foa et al., 2007/2009）。現在，私たちの相談場面に訪れるのも，被害に遭った人のうちのごく一部であることを考えると，悲惨な体験をした人のうち，自然治ゆしている人が少なくないことが想定される。実際，PTSD研究では，成人の約半数が発症後3カ月以内に完全回復すると言われている（APA, 2022/2023）。

　私はこれまで，殺人，性暴力，交通死亡事件などさまざまな犯罪被害による当事者や家族の支援に携わってきた。その経験において，単回性トラウマを受け，それ以前の生活にそれほど大きな心理的課題のない被害者の場合には，カウンセリングが極めて短期で終了する傾向にあった。もちろん技法がうまくいっていない，その人にとっての被害の大きさなどが関連しているとは思うが，レジリエンス（resilience：回復力）がその後の回復に影響を与えることは確かだと思われる。よって，私たちが臨床現場で出会っているのは，単回性と言えど，ある程度トラウマが複雑化した人であり，その事例をもとに議論が展開されているということを心に留めておく必要はあるだろう。

　では，レジリエンスは何に規定されるかというと，早期のアタッチメントの質と関連があるということが指摘されている（Lemma & Levy, 2004）。トラウマ出来事の性質や大きさにもよるが，早期のアタッチメントが安定していれば，トラウマに持ちこたえたり回復したりする力に期待することができる。つまり，悪化の方向に進展していかない人々が一定数いるのは早期の心的出来事に支えられている部分があるといえる。

　だからこそ，トラウマの臨床実践において幼少期の体験から理解していくという精神分析的な視点に，今，改めて戻ってくる。

◉文献

American Psychiatric Association（2022）Diagnostic and Statistical Manual of Mental Disorders（5th ed. text revision）. Washington, DC, American Psychiatric Association.（日本精神神経学会＝日本語版用語監修, 高橋三郎・大野裕＝監訳（2023）DSM-5-TR 精神疾患の診断・統計マニュアル. 医学書院）

Bion, W.R.（1977）Seven servants. New York, J. Aronson.（福本修＝訳（1999）精神分析の方法 I〈セブン・サーヴァンツ〉. 法政大学出版局）

Bronstein, C.（2013）Nobody died!: Trauma in adolescence. McGinley & Varchevker（Eds.）Enduring Trauma through the Life Cycle. London, Karnac books.（小寺財団精神分析研究セミナー（2013 年 6 月 24 日）の岡本亜美氏による訳を引用）

Committee on Treatment of Posttraumatic Stress Disorder, Institute of Medicine of the National Academies（2007）Treatment of Posttraumatic Stress Disorder: An Assessment of Evidence. Washington, D.C., The National Academies Press.

Ferenczi, S.（1985）Journal Clinique. Paris, Editions Payot.（森茂起＝訳（2000）臨床日記. みすず書房）

Foa, E.B., Hembree, E.A., & Rothbaum, B.O.（2007）Prolonged Exposure Therapy for PTSD: Emotional Processing of Traumatic Experiences. Oxford University Press.（金吉晴・小西聖子＝監訳（2009）PTSD の持続エクスポージャー療法——トラウマ体験の情動処理のために. 星和書店）

Foa, E.B., & Kozak, M.J.（1986）Emotional processing of fear: Exposure to corrective information. Psychological Bulletin, 99, 20-35.

Frankl, V.E.（1977）Ein Psychologe erlebt das Konzentrationslager. Munchen, Kosel-Verlag.（池田香代子＝訳（2002）新版 夜と霧. みすず書房）

Herman, J.L.（1997）Trauma and Recovery. Revised ed. New York, Basic Books.
（中井久夫＝訳（1999）心的外傷と回復 増補版. みすず書房）

川口潤（1988）プライミング効果と予測. 心理学評論, 31, 290-304.

川口潤（1995）プライミングの認知心理学——潜在認知・潜在記憶. 失語症研究, 15, 225-229.

警察庁（2024）犯罪統計資料（令和五年一月～十二月【確定値】）. Retrieved from https://www.npa.go.jp/toukei/keiji35/new_hanzai05.htm（2024 年 11 月 26 日閲覧）

金吉晴（2019）持続エクスポージャー療法（PE）——情動処理による恐怖記憶の修正. トラウマティック・ストレス, 17, 21-29.

森茂起（2013）自伝的記憶の整理としての心理療法——トラウマ性記憶の扱いをめぐって.（森茂起＝編）自伝的記憶と心理療法. 平凡社, 12-41.

Lemma, A., & Levy, S.（2004）The Impact of Trauma on the Psyche: Internal and External Processes. In Levy, S., & Lemma, A.（Eds.）The Perversion of Loss: Psychoanalytic Perspectives on Trauma. New York, Brunner-Routledge, 1-20.

仁田雄介・髙橋徹・熊野宏昭（2019）恐怖記憶に対するイメージ書き直しと記憶の再固定化の関係. 不安症研究, 11, 2-12.

Steiner, J.（2011）Seeing and Being Seen: Emerging from a Psychic Retreat. London, Routledge.（衣笠隆幸＝監訳, 浅田義孝＝訳（2013）見ることと見られること——「こころの退

避」から「恥」の精神分析へ．岩崎学術出版社）

Stolorow, R.D.（2007）Trauma and Human Existence: Autobiographical, Psychoanalytic, and Philosophical Reflections. London, Taylor and Francis（和田秀樹＝訳（2009）トラウマの精神分析——自伝的・哲学的省察．岩崎学術出版社）

van der Kolk, B.（2014）The Body Keeps the Score: Brain, Mind, and Body in the Healing of Trauma. New York, Penguin Books.（柴田裕之＝訳（2016）身体はトラウマを記録する——脳・心・体のつながりと回復のための手法．紀伊國屋書店）

Young, L., & Gibb, E.（2007）Trauma and Grievance. In Garland, C.（Ed.）Understanding Trauma: A Psychoanalytical Approach. London, Karnac books.（トラウマと憤懣．松木邦裕＝監訳，田中健夫・梅本園乃＝訳（2011）トラウマを理解する——対象関係論に基づく臨床アプローチ．岩崎学術出版社）

※本稿は，2021 年 7 月開催の日本精神分析的心理療法フォーラム第 10 回大会大会企画分科会「心理療法で語られるトラウマの物語」で発表した内容を大幅に加筆修正したものです。

第**9**章
被災とトラウマ治療
福島での実践

堀　有伸

はじめに

　2011年3月11日14時46分，三陸沖を震源とするマグニチュード9.0の巨大地震が発生した。この地震により，東北地方から関東地方にかけての太平洋沿岸で非常に高い津波が観測され，各地で甚大な被害が発生した。その後にも余震活動が活発に起こり，2012年3月31日までに発生したマグニチュード7.0以上の余震は6回だった（南相馬市，2021）。

　筆者が暮らす南相馬市から最も近い観測点がある相馬市では，15時32分に9.3m以上の高さの津波が観測された。南相馬市では海岸線から約3km内陸にまで遡上し，標高が10m程度のところにまで津波が達した。南相馬市の市域の約10％に当たる40.8km^{2}が津波被害を受け，1,500世帯超の住家が全半壊や浸水の被害を受けた。人的被害について，南相馬市の津波等での直接死と死亡届等（明確に死亡が確認できる遺体がみつかっていないが，死亡届等が提出されているもの）の合計が636人で，震災関連死が513人，震災関連死を含む死者総数は1,149人である（南相馬市，2021）。なお，東日本大震災の全国での震災関連死は福島県が2,343人で，全国では3,802人である（復興庁，2024）。関連死を含む死者総数は福島県で3,920人，全国で19,747人だった（総務省消防庁，2021）。

　東京電力福島第一原子力発電所は，東京の北北東約220kmに位置し，双葉郡大熊町と双葉町にまたがり，敷地面積は約350万m^{2}である。敷地内には6基の沸騰水型軽水炉があり，総発電設備容量は4,696,000kWであった。1号機は東京電力株式会社にとって初めて建設・運転した原子力発電所であり，昭和

46 年に営業運転を開始して以来，約 40 年が経過していた。2011 年 3 月 11 日の地震によって外部からのすべての送電が停止し，施設内にあった直流電源も津波によって水没して機能不全となった。政府は，3 月 11 日 19 時 3 分に「原子力緊急事態宣言」を発表した。地震直後に出された原発から 3km 圏内の避難指示は 12 日午前に 10km 圏内に拡大され，同日の午後には 20km 圏内に拡大された。3 月 12 日には 1 号機で，14 日には 3 号機で，15 日には 4 号機で原子炉建屋の水素爆発が起きた。15 日の 11 時には，20 ～ 30km 圏内の住民に対して屋内に退避する指示が行われた。こちらの指示が，国から直接市町村に行われることはなかった。南相馬市は，その面積の中で南側約 3 分の 1 に相当する小高区がほぼ 20km 圏内であり，真ん中の約 3 分の 1 に相当する原町区がほぼ 20 ～ 30km 圏内，北側約 3 分の 1 に相当する鹿島区がおおよそ 30km 圏外である。20 ～ 30km 圏内に屋内退避指示が出された時に多くの住民が自主的な避難を行ったが，その場合には主に東に向かうルートと北に向かうルートがあった。この中で東に向かうルートに含まれる地域は，後日公表されたデータによって，風向きの影響で南相馬市内以上の放射線が飛散していたことが明らかになった。しかし，飯館村を含むこの地域が計画的避難区域に設定されたのは，1 カ月以上経過した 4 月 22 日であった（南相馬市，2021）。

　3 月 13 日夜の時点で，原発から 20km 圏内には入院患者と高齢者施設の入所者を合わせて約 840 人が残されていた。3 月 14 日を中心にこの人々の大規模な移送が行われたが，重症者を中心に移送中もしくはその直後に 50 人以上の方が亡くなられた（Tanigawa et al., 2012）。原発事故後に高齢者施設から十分な準備を欠いた初期の避難を行った場合には，避難しなかった場合と比べて死亡率が 3 倍以上に高くなったという研究（Nomura et al., 2016）や，原発近くに入院していた精神科患者の避難後の死亡率も上昇していたことを示す研究（Gotoh et al., 2021）があり，災害そのもののインパクトに加えて，避難や移住が健康に与える被害が大きかったことがわかる。

　国は，東京電力福島第一原子力発電所事故に伴う避難指示を解除するにあたり，以下の 3 点を基準とした。「空間線量率で推定された積算線量が年間 20 ミリシーベルト以下であること」「日常生活に必要なインフラ（電気，上下水道，主要交通網，通信など）や生活関連サービス（医療，介護，郵便など）がおおむね復旧し，子どもの生活環境を中心とする除染作業が十分に進捗すること」

「県，市，市民の方がたとの協議を踏まえること」である（南相馬市，2021）。
避難指示の解除は順次行われ，2014年4月に田村市，同年10月に川内村の一
部，2015年9月に楢葉町，2016年6月に川内村の一部と葛尾村，同年7月に
南相馬市小高区，2017年3月に飯舘村と浪江町，同年4月に富岡町，2019年
4月に大熊町の一部，2021年に大熊町と双葉町と富岡町の一部で避難指示が解
除された（経済産業省，2019）。

　筆者は震災まで首都圏を中心に精神科医療機関で勤務をしていたが，2012年
4月から福島県南相馬市に移住した。最初の3年間は一時休業を余儀なくされ
た地元の精神科病院の再開のために尽力した。その後2016年4月から福島県南
相馬市で「ほりメンタルクリニック」を開業し，本日に至るまで診療を行って
いる。本章では，東日本大震災がトラウマとなって大きな影響を受けた患者の
治療経過について精神分析的な観点から考察し，その後に広く地域や日本社会
全般に東日本大震災というトラウマが与えた影響についても試論を行った。

I　症例1　避難による影響が大きかった高齢女性

1. 症例の概要（Hori, A., Ozaki, A., Murakami, M., et al., 2020）

　患者は80代の女性で，震災まで原発から20km圏内の浪江町に夫・独身の
息子と暮らしていた。震災後にいくつかの避難所での生活を経験した後に，自
宅から約65km離れた二本松市の仮設住宅に入所した。その後すぐに，夫は肺
炎のために死亡した。息子は，別の町に住んで働くことを始めた。周囲の人々
からの暖かい理解と支えがあって仮設住宅での生活を続けたが，徐々に物忘れ
が目立つようになった。

　2017年3月に浪江町の避難指示が解除されるのに伴い，仮設住宅の提供が
終了することになった。そのために彼女は南相馬市の公営住宅で生活すること
になったが，周囲との関係は仮設住宅にいた時よりもよそよそしいものになっ
た。彼女は徐々に自分の毛髪を引き抜くようになった。2018年4月に物忘れ
と抜毛症を主訴に，患者は息子とともに筆者のクリニックを受診した。会話が
困難な状態で，ほとんどの頭髪が引き抜かれた頭部は痛々しい印象を与えた。
踏み入った言語的な交流はできなかったが，筆者が「浪江町に帰りたい？」と
尋ねると，顔を輝かせて何回もうなずいていた。抗うつ薬や抗認知症薬も無効

であり，ただ息子といる時間が長い場合に抜毛症の症状が抑えられるようだった。それでも筆者の外来に数年通った後に，息子や親類の話し合いの結果，福祉施設などの多い都市部に引っ越すことになって転院となった。

2. 症例についての考察

　彼女は東日本大震災によって多くの喪失を経験した。長年暮らした地域での生活（そこでの人間関係や毎日の活動），穏やかな時間，夫の生命，そして自らの認知機能などが失われていった。しかしながら同じ浪江町からの避難者がほとんどであった二本松市の仮設住宅で生活していた間は，そこに新たな一体感のあるコミュニティが新しく成立しており，その中では彼女なりの安定が成立していた。

　地元の避難指示が解除されたタイミングで，彼女は国によって強制的に避難している立場から，自主的に避難を経験している立場へと変わった。これは，仮設住宅の提供が終了するなど，いくつかの特権が失われることでもあった。仮設住宅について，例えば防音環境の不備などから，その生活環境の問題点について指摘されることが多い。一方で，仮設住宅での生活が続く中でそこに居住者同士の親密な関係性が成立し，そこから災害公営住宅に移った場合に被災者の社会的な孤立の程度が悪化することを示唆する研究もある（Sekiguchi et al., 2019）。今回の症例でも，仮設住宅からの転居が社会的なつながりの弱体化につながってしまった。近隣に浪江町の出身者が少なく，浪江町の住民は政府からより多くの賠償をもらっていると考える人が多い地域だった。このことが，患者家族が周辺の人々との親密な人間関係を築くことを妨げていた可能性がある（Maly, 2018）。

　患者と息子は数多くの喪失を体験し，強い悲しみと怒りを背後に隠していることは診察中も感じられた。また，二人の関係性についても，可能ならば取り扱うべき課題があったと思われる。しかし二人とも診察場面では淡々としており，元より患者本人はほとんど話すこともなかった。時に，「患者たちの怒りや悲しみをコンテインする」という連想が筆者の側に湧き，そのように自分の気持ちを持っていこうとしたこともあったが，「悲しみと怒りが大きすぎて追いつかない」という絶望感も同時に刺激された。当方も，淡々とした対応を続けただけの外来診療だった。

3. 内に秘めた強い怒りについての連想

　2012 年に南相馬市に移住後，何人かの方と接した時に次のような印象を持った。内にこちらを突き刺してくるような強い怒りと攻撃性を秘めている。しかしそれは心の奥底にしまわれていて，何事もないかのように今の場をやり過ごしている。当然，情緒的な交流は深まらない。そんな印象を持った人の中に，その後に自殺企図を行った人がいた。相当に本格的な方法で。筆者の方に，悲しみやショックに加え，強い狼狽が生じた。まるで，「心を癒そうとする」という気持ちの中に，少しでも混ざっている傲慢さが暴かれ，断罪されるような感覚を持たされた。

　福島県の相双地区は，江戸時代における相馬藩の領地と重なるところが多い。相馬家がこの地域を治めるようになったのは 1300 年代に遡るとされ，明治時代に至るまで一貫してこの地域に根差してきた名家である。江戸時代の天明の大飢饉で人口が減少した後には浄土真宗の移民を受け入れ，また江戸時代の後期には二宮尊徳の報徳仕法を積極的に取り入れて藩政の改革を行った。北には伊達家と隣接し，尚武の気風が強かった。毎年 7 月には「相馬野馬追」という祭事が行われ，現在でも 400 騎以上の鎧甲冑を着た武者姿の男たちが馬とともに参加する。その分，年功序列・男尊女卑といった傾向が残る土地柄である（堀，2016b）。親しくなった地元の方がある時酒席で筆者に，「この土地の人はうつとかにならないで，いきなり自殺しちゃいそうな気がする」と語ったことがあったが，筆者もそのことを感覚として理解できた。

　ハーマン（Harman, J.L.）によるトラウマについての古典的名著『心的外傷と回復』には，「心的外傷を受けた人はしばしばいかなる援助をも求める気にならないもので，心理療法などももちろんである」という言葉があるが（Herman, 1992），震災から日が浅いうちは，この言葉の持つ意味を実感することが多かった。ガーランド（Garland, C.）はトラウマ後に生じる怒りについて，トラウマによって自分の心の構造がバラバラに解体されそうな危機において，強い怒りと恨みの感情のみが自分に属する十分な強度を持った心的要素に感じられ，これこそが自分の心を現実に繋ぎ止める救いとなり，怒りや恨みの感情を中心に自分の心を再構築することで，心が解体の危機から救われるという機序について説明していた（Garland, 1998）。東日本大震災・原発事故という事態に巻き込まれた人々が，このような怒りを生じさせたとしても不思議は

ない。

　筆者が南相馬市に移住した 2012 年 4 月，避難指示が出た地域への一時立ち入りが許可された。そうしたところ，同年 5 月と 6 月にそれぞれ，浪江町と南相馬市小高区で，一時帰宅中の住民がその場で縊首自殺を遂げたことが報じられた（日本経済新聞，2012）。Takebayashi らによると，2011 年から 2017 年までを追跡したデータで，福島県内の震災関連自殺が減少していないことが示された。これは，宮城県や岩手県で減少した経過とは異なっている。震災関連自殺では男性が女性よりも多いが，高齢者に限定すると女性の方が多いとされている。この自殺既遂者の中には精神科の治療を受けていたり，周囲に自殺についての思いを語っていた人もおり，周囲が適切な対応を行うことが困難だった状況が推測される（Takebayashi et al., 2020）。Orui らは，避難者に認められる自殺が男性では震災直後に増加した後に一旦は減少し，女性では直後は増加せずに遅れて増加した経過があったことを報告した（Orui et al., 2018）。

Ⅱ　症例 2　震災後に地域に再建されたコミュニティに抱えられた高齢女性

1. 症例の概要（Hori et al., 2018）

　受診時 80 代の女性。南相馬市の海岸沿いで，漁師を家業とする家で生まれ育った。結婚して二人の子を産んだが，若くして夫が亡くなり，しばらくは会社勤めをした。会社を退職した後には，実家の近くに一人暮らしをして，家業を手伝いながら生活をしていた。

　彼女の居住地では震災時の津波被害が大きく，573 人の人が住んでいた集落で 50 人以上の人が亡くなった。彼女の周囲でも兄・姉・甥を含む 14 人の親戚が亡くなった。姉の遺体がなかなか見つからず，見つかるまでに遺体安置所などを 40 日以上探して歩いた。警察から求められて 10 名以上の遺体の身元確認を行った。

　彼女の住居の損害も大きかったために，まず仮設住宅に移り，それから 2013 年に相馬市に設置された，震災被害の大きかった高齢者の共同住居である「井戸端長屋」で生活するようになった。そこでは食事の提供や医師・看護師による定期的な訪問が行われていた他に，ダンス教室などのレクリエーショ

ンも提供された。すべての住人が津波を経験しており，昼食時に全員が集まった際には，それぞれの被災経験を熱心に語り合った。井戸端長屋の住人の中には，彼女の親戚や震災前からの友人・知人は一人もいなかったが，彼女はそこでの生活に安心し，強い満足を覚えていた。

　ある時，井戸端長屋の他の住人がアルツハイマー型認知症になり，物盗られ妄想を生じた。彼女もその妄想の対象となり，「泥棒」と呼ばれた。彼女はそのことに強いショックを覚え，周囲の人からもそのように思われるのではないかと心配になった。

　その後に彼女自身も物忘れをするようになった。ある時には，車を運転していて自分がどこを運転しているのかわからなくなったことがある。また，交差点で赤信号なのに止まらずにそこに入ってしまったこともあった。自分も認知症になってしまったのではないかと心配になり，筆者のクリニックを受診した。

　診察の結果，物忘れは認められなかった。その代わりに震災時の彼女の過酷な体験が聴取できたので，PTSD の再体験症状・回避症状・覚醒亢進症状などについて確認したところ，そのすべてを認めることができた。そこで主診断をPTSD として，井戸端長屋内の人間関係の不安をきっかけにして起きた解離症状が「物忘れ」の正体であると考えた。彼女に対して認知症ではないことを伝え，トラウマ反応について心理教育を行い，SSRI であるセルトラリン 25mg を処方した。彼女の症状は数カ月で改善し通院が必要なくなったが，その間に物盗られ妄想を生じた入居者は，認知症の悪化を理由に他の施設に転入所していた。

2. 症例についての考察

　この症例が示しているのは，PTSD からの回復における暖かみのあるサポーティブなコミュニティの重要性である。震災時に非常に過酷な経験をした症例だったが，その後に入所した井戸端長屋で，食事や医療などの生活に必要な物資やサービスを提供されながら，同じ経験を共有する他の入居者と一緒に生活する中で回復していったことが推測される。彼女から聞いた昼食時の語らいでは，それぞれのトラウマとなっている被災体験について，かなり赤裸々に開示し合っていたらしい。このように機能するコミュニティで自然発生した対等な，近隣からの出身者同志による語りの，治療的意義の大きさを意識せざるをえない。

200 第Ⅲ部 コミュニティとトラウマ——いじめ, 犯罪被害, 災害

　そのように井戸端長屋におけるコミュニティの重要性が彼女の中で大きくなっていたからこそ, 物盗られ妄想を生じた他同居者から「泥棒」と呼ばれたことが, 彼女の中に強い恐怖を呼び起こしたと予想される。もし他の入居者が, 彼女が「泥棒」と呼ばれたことを信じてしまい, 井戸端長屋のコミュニティの中で信用を失って排斥されるようなことが起きた場合を想像し, そのことを強く恐れた。それをきっかけにトラウマと関連した解離症状が出現したが, その後には「自分が認知症になったのではないか」という不安も抱えるようになった。

　筆者の外来を受診して, 「認知症ではない」と保証されたことは彼女にとって大きかっただろう。一方で, トラウマ反応についての心理教育がどの程度理解されたのか, SSRI の薬効がどの程度あったのかは現状では判定できない。また, 時間の経過の中で, 彼女を責めた認知症の入居者がコミュニティ外に出ることになり, 彼女のコミュニティ内の名誉と立場が保たれたことの影響が大きかったことが推測される。

Ⅲ　症例3　コミュニティのために献身的に働き続け, 震災から時間が経過した後に PTSD 症状を顕在化させた症例

1. 症例の概要 (Hori, A., Takebayashi, Y., Tsubokura, M., et al., 2020)

　患者は受診時 40 代の男性。震災までに結婚して子どもが生まれ, 地元の自治体に勤務していた。2011 年 3 月 11 日に地震が発生した時には職場にいたが, その後に震災被害を確認するために同僚と地域の見回りに出かけた。海岸沿いの自宅にいた時に津波に遭遇し, 残っていた家族と同僚とともに自宅の二階に避難した。そこで次第に水かさが増し, 自分たちがいる住居ごと流されてしまうのではないかと強い恐怖を感じたが, その前に水が止まり次第に水位が低下していった。その後も周囲が水浸しになっていたので身動きが取れなかったが, 夕方になって祖母を背負って近くの丘の上まで移動した。そこには約 40 名ほどの住民が集まっていて, 携帯電話も通じないままにその夜を過ごした。明け方になって自衛隊のヘリコプターが到着し, 他の住人とともに救出された。

　その日の午後には自治体職員として震災対応の業務に従事を始めた。地域の

消防団と協力して6～7体の遺体捜索を行ったが，その中には子ども時代からの友人の遺体も含まれていた。市役所に戻ると原発が危ないといううわさ話を耳にしたが，その晩は毛布にくるまってそのまま職場の机の側で眠った。

原発事故による避難指示の範囲が拡大し，彼の住居と職場があった場所もそれに含まれるようになった。14日には職場が閉鎖され，15日の朝，彼は家族に避難するように伝えたが，自らはその場に留まって災害への対応を続けることにした。200～300人の地域住民の他県への避難を自治体職員として引率することになったが，その業務に対応する職員は3人だけだった。ある住民のところを訪れた際には，怒った住民に座らされ，「来るのが遅い」と2時間叱責され続けた。3カ月その仕事に従事した後に地元に戻り，次には野生化した牛などを捕まえて殺処分する業務を担当した。動物たちを殺すことにも，心の負担を感じた。

震災から3年後，他地域の水害のニュースをテレビで見た後で，震災時の記憶がフラッシュバックするようになった。その頃仕事でも，地域住民から責められることの多い業務を担当していた。次第に抑うつ的になり業務にも支障が生じた。あるクリニックを受診したところ，うつ病とPTSDであると診断された。約8カ月休職した後に回復し，仕事にも復帰して治療を一旦は終了させた。この間に一度気分が高揚し，インターネットで多額の買い物をしたことがあった。一時的にだが，飲酒量も増加した。

その2年半後に再び抑うつ的になり，他の精神科病院を受診したところ，やはり同様の診断で休職となった。回復して4カ月後に職場に復帰したが，その3カ月後に症状が再燃し，3度目の休職が開始となった。その時の主治医の勧めで，PTSDに対する認知行動療法である持続エクスポージャー法（Foa et al., 2007）を実施できる当院に紹介となった。

筆者の外来を患者が受診したのは，震災から7年7カ月が経過した時点だった。2回の一般外来での診察を行った後に，全部で10セッションの持続エクスポージャー法の面接を行った。津波を間近に体験した恐ろしさや，知人の遺体を見つけた時の複雑な感情に合わせて，「大変なことがたくさんあり過ぎて，笑ってしまう」という発言もあった。

その後に彼は職場に復帰し，外来通院を継続しながら通院も継続している。地域で小規模の災害が発生したり，他地域の大規模災害が報道されると不安が

強まるが，その時は不安への対処技法として深呼吸などを行っている。気分が高揚して仕事にのめり込む傾向は継続しているが，自覚してそれが過剰とならないように配慮して過ごすようになった。

2. PTSD に対する認知行動療法である持続エクスポージャー法を用いていることの弁明

　精神分析的なバックグラウンドを持つ読者が多いと予想される本書において，認知行動療法の技法である持続エクスポージャー法を用いた症例を提示していることについての弁明を行うべきだと筆者は考えた。この技法は，筆者が福島県に移住後，少数ではあるが震災に関するトラウマ記憶のフラッシュバックや悪夢のような再体験症状が強烈な症例に出会った経験から，習得することを決意したものである。再体験症状が明確な事例に対し，短期間で症状を軽減させることについては，有用な治療法である。東京にいた時に筆者が受けた訓練は，精神分析を指向したものと精神病理学的なものが中心だった。

　持続エクスポージャー法は構造化された治療法であり，トラウマ反応や治療技法としてのエクスポージャー法についての心理教育，呼吸調整法のようなリラクゼーション技法について患者に伝えることが最初に行われる。この技法の中心は，回避しているトラウマ記憶そのものを，過剰に恐怖心が高まらないように構造化された方法の中で配慮しながら，くり返し想起して語ることを求めるものである。治療機序の中にはトラウマ記憶を想起することによって引き起こされる不安や恐怖に慣れることも含まれている。

　筆者がこの治療技法について知った時に最初に浮かんだ連想は，「そんな乱暴なことを実施してよいのだろうか」というものだった。これまでに精神科医・心理療法家として学んできた時に身に着けることを求められてきた「繊細さ」に逆らうものがあることを感じた。今でもその違和感が払拭された訳ではないが，ある程度の経験を経た今では，この技法が狭義の再体験症状を中心としたトラウマ反応を改善させる効果が強いことに納得している。

　持続エクスポージャー法について考えていた時にヒントになったのが，この技法の開発者であるフォア（Foa, E.B.）が，もともとは強迫症の治療者であり，エクスポージャー反応（儀式）防止法（Foa et al., 2012）の実践者だったことである。PTSD が慢性化した症例に何らかの強迫の機序が関与していると想定

するならば，強迫による防衛を乗り越える技法が必要となるし，そう考えれば持続エクスポージャー法の内容を理解しやすい。

　持続エクスポージャー法は例えるならば外科手術のような治療法である。技法そのものの侵襲性は，十分な配慮をもって実施したとしてもある程度は存在している。外科手術の場合に，術前に患者の体力が手術に耐えうるか十分に評価し，術後にも繊細な管理が必要になるのと同じような心構えが，持続エクスポージャー法を行う場合には必要だと考えている。実際に成功裏にこの技法を実施している治療者たちは，認知行動療法のみを知っている人々というよりは，分析的なセンスを含めて心理療法全般についての十分な理解を有している方々であるという印象を筆者は持っている。また，PTSD症状に対する認知行動療法として最初にエビデンスが集積されたのは持続エクスポージャー法であるが，最近はそこまでトラウマ記憶への直面を求めない，認知処理療法（Resick et al., 2017）のような技法のエビデンスも集積されてきている。

3. 有用性とコミュニティへの過剰な献身を尊ぶ傾向についての精神分析的解釈

　次に，精神分析的な観点から症例3の治療経過を振り返ってみたい。たしかにPTSD症状が軽減し，職場にも無事に復帰して社会への適応度も改善した。通常であれば，成功した治療とみなされるであろう。しかし，治療場面でほのめかされ，治療経過の中で十分に取り扱えなかった事柄として，出身家庭における父親への両価的な感情や，現在の家族内における妻・娘との関係性がある。彼自身は，こういった問題を数回のみ口走ったことがあったが，そのたびにすぐに「そんなのはよくあることで，みんな我慢していることだから」といった態度で打ち消していた。

　ここから見えてくる彼の問題は，「自治体職員の立場に由来する責任を果たすために献身しすぎてしまい，自分の過去を振り返ったり，現在の家族との関係を良好にするために時間とエネルギーを費やすことができなくなっている」ことであろう。それに加えて，自分の労苦や痛みを「たいしたことのないもの」と脱価値化してそこに現れている病理性を否認する傾向も認められた。北山による「自虐的世話役」の概念が参考になる症例だと考える（北山，1989）。

　ここで問われるのは，持続エクスポージャー法のような技法で介入し，患者

の症状と短期的な社会適応を向上させることが，直前に述べたような病理性を反復し強化することになっていないか，という点である。医者という社会的な立場にある筆者から，トラウマ記憶を反復して想起するという厳しい仕事に取り組むことを求められた時に，患者はそれを断ることをせず，忠実にそれに従って症状を改善させるという実績を残した。ちょうど，震災直後に，さまざまな厳しい要求に応え続けた時のように。このような形での介入は，「自治体職員としての役割」以外の，彼のパーソナリティにおける全体性の回復や発達を妨げることにはつながっていないのだろうか。災害後には，平常時には感じないような，「コミュニティが損傷されている，これを早く回復させねばならいない」という感覚が刺激されやすい。もちろん，それを感じやすい体質の人と，そうでない人がいるだろう。症状レベルに限定してでも早期の回復を目指さねばならないと，実務処理上の課題について優先して考えてしまうのは，該当の症例と筆者に共通の問題だった。しかしそのような心情が持つ価値についても，災害後の惨状について知ってもらえれば，共感的に理解してもらえるのではないかと期待している。

IV　日本的ナルシシズム

　2011 年の事故が起きるまでは，日本人は原子力発電に関して「安全神話」を信じていた。少なくとも筆者自身の記憶として，原子力発電の安全性について突き詰めて考えたことはなかったし，それが事故を起こす想定の下で物事を考えたことがなかった。私だけではなく，多くの人がそうだったと思う。ビオン（Bion, W.R., 1969）のように集団も全体として一つの心として無意識を持つと考えるならば，原子力発電に関わる安全神話は，日本社会全体を一つの心としてみた場合の，基底的想定（basic assumption）[1]に関わるものだったという思考が生じる。それは，それぞれの日本人が日本社会に向ける，あるいは日本社会がそれぞれの日本人に向ける，深い依存だろう。「国策として行われている原子力発電は，決して事故を起こさない」という神話を日本人は信じたし，日本社会もそれぞれの日本人がその神話を信じることを求めた。そのために，東日本大震災は原発事故を引き起こしたことで，日本社会の基底的想定を揺るがし，さまざまな退行的な混乱をもたらすことになった。

「日本的ナルシシズム」（堀，2011；2015；2016a；2019）は，精神科の入院病棟を力動的な見地から民主主義的に運営しようと試み，それに対して強い抵抗が生じた経験を記述するために筆者が提唱し始めた概念である（堀，2019）。例えば，病棟の運営に関わる出来事をコミュニティ・ミーティングでの話し合いで決めようとしても，患者たちの方から「スタッフに決めてほしい」という意見が出ることが多かった。あるいはなかなか結論の出ない話し合いの価値を病棟スタッフが認めず，「業務が忙しい」ことを理由にコミュニティ・ミーティングへの参加に消極的な姿勢を示すことが多かった。筆者はかつて日本的ナルシシズムの精神性について「個人と集団の境界があやふやである」「集団のメンバーは心理的に一体化することが強く期待されており，集団の中で分離をもたらすことに，強い恥や負い目の感情が刺激される」「集団に属していることに，万能とも言えるほどの信頼を置く。集団から独立した個人としての利害，将来への不安は真剣には検討されない」といった三つの特徴を指摘した（堀，2016a）。

　理論的な補強を行うために，精神病理学の分野で内因性うつ病の病前性格として記載されたメランコリー親和型の病理について，クライン派の術語を用いて再解釈することを行った。この過程では，メランコリー親和型の意義を，うつ病の病前性格から，急激な近代化を行った日本のような国家において生じやすい個人／社会の病理性と規定しなおした（堀，2011；2015）。

　メランコリー親和型では，つまり日本的ナルシシズムの構造を持つ個人や社会は，抑うつポジション（Klein, 1935）における葛藤を乗り越えられていない。「良い母」と「悪い母」の分裂が統合されないまま，「良い母」との一体感は，

1　「基底的想定」と「作動グループ」は，ビオンが集団への精神分析的なアプローチに用いた用語である。「作動グループ」は現実的な課題のために協働する人々により構成される集団で，組織化され科学的な方法を用いる。この作動グループの活動は，強力な情緒的衝動である「基底的想定」によって阻害や転用され，時には逆に助けられる。基底的想定には「つがい」「依存」「逃走－逃避」の三つが特定されていて，その想定に没頭するグループは他の活動から遠ざかる。「依存」はクラインの抑うつポジションと，「逃走－逃避」は妄想分裂ポジションと結びつけられている。いずれもリーダーへの葛藤がかかわり，例えば「依存」グループはリーダーによって完全に扶養される空想を抱くが，それが満たされないと強烈な情緒が生じる。同一のグループ内に作動グループと基底的想定グループの特徴が異なる精神状態として観察される。詳細は『集団の経験――ビオンの精神分析的集団論』を参照のこと。

206 第Ⅲ部 コミュニティとトラウマ——いじめ，犯罪被害，災害

「良い学校」「良い会社」，そして「良い日本」との一体感へと横滑りしていく。個人としての判断が求められる場面でそれを行うことは回避され，同一化した「社会的役割」に一致したふるまいを示すことが主体的に判断することに置き換わる。この場合には当然，「良いところも悪いところもある日本」について考えることが難しくなる。したがって，事故を起こした後の原子力発電について日本人が考えられるようになるためには，基底的想定の水準での依存や分裂を乗り越えるという精神的な達成が必要になる。しかしこのような「原子力発電について考える」動きは，震災から10年を経た本書の執筆時でも弱いようである。ここまでの10年で原子力発電に関する議論で目立つのは，「良い日本」と「悪い日本」の分裂であり，原発推進派と反対派が相互に「悪い日本」のイメージを投影し，相手を排除しようとする攻撃をくり返す闘争−逃走の基底的想定に支配された言論だった（堀，2011；2015；2016a；2019）。

　このように日本社会全般において，原発に関するテーマに関わる時に分裂が起きたことは，被災地の地域コミュニティの集団心理にも影響を与えた。「分裂」が持ち込まれたのだった。家庭や地域生活の中で，放射線低線量被ばくを恐れる人と，それを問題ないと考える人の間で，厳しい相互不信が生じた。原発事故被災地に留まった人と，他地域に避難した人の間にも深刻な葛藤が生じた。震災後に実施された特に賠償金をめぐる政策は，この分裂を緩和するよりも強化する方向に働いたと感じている。自己判断で地元に残ることを危険と考えて避難を行った人への賠償は薄く，事故を起こした原発に地理的に近いほど厚い賠償を受けた（堀，2019）。

　政府との結びつきを連想させる自治体職員や，事故を起こした東京電力や協力企業の職員は，原発推進の立場の人からは「良い」イメージを投影されやすく，原発反対の立場の人からは「悪い」イメージを投影されやすかった。震災後に原発事故被災地に暮らして感じたことの一つは，反原発の立場の人々から投影される「悪」のイメージの強さだった。一部の反原発運動の関係者が，放射線被ばくの影響を強調することについて，地元の人々が「それは風評被害を助長する」と反発するのには，このような力動的な付置に反応しているという側面がある（堀，2019）。実際に，悪のイメージを投影されて批判の矢面に立つことが多かった東京電力（Ikeda et al., 2017）や地元自治体（Maeda et al., 2016）の関係者で，精神的な不調が生じやすかったという調査結果もある。今

後，反原発運動の立場がより広範な支持を得ることを求めるのならば，「反権威的であれば正義」というような短絡的な言辞を強調するばかりではなく，自らも日本社会を運営する作動グループの一部であることを意識した活動を展開する必要があるだろう。もちろん，社会の権威的な部分に追従するばかりの姿勢が歓迎されているのではない。

V　症例4　震災前後にDVをくり返し経験し，震災でもトラウマ的な出来事を経験した主婦の症例

1. 症例の概要（Hori, 2020）

　患者は40代の主婦で，結婚して浪江町の家に嫁ぎ，義理の祖母と父母と同居した。この中で，特に義理の祖母と父からは虐待的な対応を受けることをくり返した。穏やかだった義母は早くに亡くなった。義祖母からの攻撃が激しかったために，一度は縊首自殺を試みて飼い犬に助けられたことがある。夫は家庭内の状況に関わることには消極的だった。震災前に義祖母は亡くなった。

　2011年の東日本大震災における津波を間近に体験し，自ら車を運転して危うく難を逃れた。その時に家は全壊し，多くの知人や友人が亡くなった。原発事故のために浪江町全体に対して避難指示が行われたために，その後避難生活を継続することになった。飼い犬をつれての避難は容易ではなく，最初の数年間は複数の避難所やホテルなどを転々とすることになったが，彼女は飼い犬と一緒に暮らすことにこだわった。その後仮設住宅に住んでいる時に，自らが胃がんに罹患していることがわかり，手術を受けていったんは治癒したものの，ダンピング症候群が生じるようになった。

　その次には彼女の義父ががんに罹患していることがわかった。義父は手術を受けた時にせん妄状態となり，家族にはそこに付き添うことが求められた。彼女がICUで義父に付き添っていた時に，せん妄状態の義父が彼女を強く殴る事件が生じた。緊急的な対応が行われたものの，彼女が義父を世話しなければならない状況が続いた。義父自体は，彼女を殴ったことを忘れていた。その後彼女には強い過呼吸発作が出現するようになり，救急車で病院を受診することをくり返した。筆者が彼女に初めて出会ったのは，当直業務を担当していた精神科病院を彼女が救急車で夜間に受診した時であり，その後に定期的な外来診療

が開始されたが，頻繁に解離症状が出現していることがすぐに明らかになった。

仮設住宅を出て一般の住宅に引っ越した。その後，彼女は「周囲の人から浪江町からの避難者はたくさんの賠償金をもらっている」と噂されているのを聞いた。そのことをきっかけに，強い過呼吸発作が出現して受診することが増えた。「もし原発事故が起きなかったら，こんな目に遭わないで済んだのに」と恨みを語ることもあった。「うちは津波の被害が中心で，原発事故の避難が中心の人よりは賠償が少ないのに一緒にされる」という訴えもあった。一方で，娘が結婚して孫が生まれるといった，彼女が慰めと安らぎを感じる出来事もあった。実母も近所に引っ越してきて，彼女を助けてくれるようになった。

一般外来による診療で支持的な対応と薬物療法を継続したが，なかなか症状は改善しなかった。その要因の一つは，健康状態が悪化した義父の病院への付き添いを，彼女が継続して担当したことだった。彼女自身は，義父のことよりも，近隣の人々の悪意のある噂話を負担に感じていると訴えることが多かった。その中で，義父の入院中に病院の ICU で殴られた場面についてのフラッシュバックが頻繁に起きていることが語られた。不安発作や解離症状が次第に悪化し，日常生活にも支障をきたすことが増えた。そのような状況でも，義父と別居することについて彼女が積極的に考えることはなかった。そこで，夫や他の家族の理解と同意を得て，持続エクスポージャー法を実施することにした（Foa et al., 2007）。治療開始直前には，彼女は「昔の自分に戻りたい」と発言した。

全部で 15 回のセッションを行い，抑うつおよびトラウマ反応は軽減した。「義父の存在を身近に感じる刺激」によって高まる不安もまた軽減した。合計六つのトラウマ記憶についてのエクスポージャーを実施したが，その中の一つは地震・津波と避難の初期の記憶だった。15 回のセッションの最終回で彼女は，「自分の状態がそんなに深刻だとは気づいていなかった」と話した。

症状は軽減したものの，義父の粗暴な態度は持続し，それに反応して過呼吸発作が起きることも継続した。しかし次第に彼女は祖父に反論するようになった。夫の態度も徐々に変化し，自分の父に，彼女に対して乱暴な言動を行わないように注意するようになった。そのような中で義父が再び彼女を殴るという事件が起きた。そしてその後に彼女は別居することを決意し，夫もそれを支持した。症状は軽減と悪化をくり返しながら全体として改善しているが，外来診

療は継続している。

2. 症例についての考察

　本症例も，トラウマとなる出来事を複数回経験していることと，フラッシュバックなどの再体験症状が活発だったことから，PTSD の診断は明確だった。重症の過呼吸発作がくり返されていたことからパニック障害と，解離性障害を合併していると判断した。持続エクスポージャー法を含む治療的な介入を行い，諸症状を軽減させることは彼女が日常生活を維持していくために必要で有効だった。

　しかし本症例の治療で最も重要だったのは，彼女自身と夫をはじめとした家族の価値観に働きかけることだった。彼女は長年にわたって DV 被害を受けながらも，家事や DV 加害者である家族の世話を献身的に行い，それによって疲弊してさらに DV 被害を受けたが，そのことを当然と考えていた。これは彼女とその家族だけの問題ではなく，地域全体に浸透した考え方だった。年功序列や男尊女卑は地域のコミュニティにおいて長い年月当然のものとして受け入れられてきた価値観であり，それらの価値観に反する「別居する」といった行動を選択することは，治療の初期には本人たちには考えることが困難な選択肢だった。筆者が治療当初に感じた葛藤は，そのような価値観に寄り添うことが，DV が反復されることを許容することにつながらないか，という疑問だった。しかし本人や周囲の準備が整う前に強い抗議を行うことを DV 被害者に勧めることが，治療からのドロップアウトにつながりやすいことも予感した。対症的なことを中心に粘り強く働きかけ続けることで，次第に本人と家族には，基本的人権の概念につながる，自己の感情や欲求を大切にすることの価値が理解されていった。

Ⅵ　「精神分析がトラウマ臨床に提供するもの」
としての倫理

　本書の題名は『精神分析とトラウマ』である。筆者がこの言葉から思い浮かべたのは，「精神分析は，複雑なトラウマ臨床に生じるさまざまな状況で，治療者がどのようにあるべきかという倫理に関して，導きを与えてくれる」とい

う内容である。

抑うつポジションなどの葛藤をワークスルーする，分裂を緩める，過酷な超自我を緩和する，集団の中で基底的想定に飲み込まれた状態からおりて，適応的な機能を発揮できる作動グループとしてグループが再建されることを意識する，集団と個人が抱く空想と幻滅について知る，感情をコンテインする，患者について愛おしい対象としてもの思いにふける，治療構造を構築する，修正感情体験を提供する，健康な自我機能を高めるなどの，さまざまな表現が思い浮かぶ。私が福島に移住してからの12年間の経験を振り返り，そのようにして精神分析を通じて与えられていた治療者としてのセンスが，たとえ狭義の精神分析的な治療環境を準備できない状況においても，治療者がどのようにあるべきか，またふるまうべきかについて導いてくれたことを思う。

精神分析以外の他の道徳的な表現が，私たちの行動を導いてくれることは，もちろんある。

たとえば，今回提示した症例1と2では，特に高齢者にとって，コミュニティとそこに属していることの重要性が強く示されている。災害後の状況などでは特に，「コミュニティを重視する」という徳目が大切にされる。しかし例えば，症例2でもコミュニティへの依存度が高いために，他のメンバーから「泥棒」であると非難され，コミュニティの中での名誉が脅かされたことが，精神的な危機につながったことからわかるように，道徳的な主題には裏の面も存在している。症例3と4では，コミュニティから個人への，束縛し，追い詰め，そして搾取するような側面が明確になっていた。このような状況で生じている葛藤に巻き込まれつつも治療者として適切にふるまうためには，「コミュニティを大切にする」という通常の道徳的観念に頼るばかりでは不十分である。

1. 日本的ナルシシズム再論（堀，2011；2015；2016a；2019）
――スケープゴート現象

震災から5年が経過した2016年，次のようなニュースが報道された。福島から横浜に自主避難した小学生が，同級生からいじめを受けた。「賠償金があるだろう」と金銭を要求され，渡されたのは総額150万円ほどになったという。その中学生は不登校になり，「死にたい」とも考えた。当時に在籍していた小学校などに相談したが，適切に対応してもらえなかった（堀，2019）。

このニュースを聞いた時に私は，福島県に移住する以前に，首都圏の精神科病院で，分析的な集団精神療法を適応しながらの病棟運営を実践しようとしていた時のことを思い出した（堀，2019）。閉鎖病棟であったが保護室が何床かあり，その保護室を数年にわたって独占していた患者の主治医となった。思いつく限りの個人精神療法的なアプローチ，薬物調整を行おうとしたが，いずれも奏功しなかった。患者からの，主治医となった筆者を，飲み込んでしまおうとする躁的な対象関係を，どうしても扱いきれなかった。やがて，その患者について，集団療法的な観点からの評価が行われることがあった。病棟全体を一つのグループとして見た時に，重要な問題が生じた場合に，それを民主的な方法で話し合い，作動グループを構築してそれを乗り越えることができるようには，その時の病棟の集団は成熟していなかった。患者もスタッフも，数十年におよぶこともある隔離収容型の入院治療を当然なことと受け止めていた。その中で「自分の意志で考えて決断し，それをもとに他のメンバーとコミュニケーションを行う」という，コミュニティを維持するために必要なコミットメントを求められることに，病棟スタッフは戸惑い，それを回避した。病棟運営に関わる問題について問いかけられると，そこに留まることができなくなり，逆に慣れ親しんだ「隔離室の常連の入院患者にどのように対応するか」という話題に立ち返ってしまうのだった。その患者の問題行動が話し合われ，その行動制限を厳しくしたり，薬物療法を強化するなどの対応が選択されることが多かった。隔離室は病棟内であるが，スタッフのステーションやミーティングを行っていた広間よりも，物理的に壁などで仕切られた場所にあった。この経過を見て，分析的な集団精神療法に習熟したスタッフは，「病棟グループの問題を分裂排除して，保護室の患者に投影している」と解釈した。

先の横浜に福島から自主避難した中学生の話題に戻ると，「原発事故」とそれに関わる「私たちの社会のこれからのエネルギーをどうするのか」という課題に日本人が留まって考えることができずにそれを分裂排除し，「賠償金をもらって良い思いをしている福島の人」というイメージを被災者に投影し，その特定の避難してきた中学生を心理的に飲み込んでしまおうという力動が働いていたと考えられる。この中学生と，言及した精神科病棟の保護室の常連患者では，所属する集団との対象関係には共通したものがあった。集団と個人の相互の過剰な依存を背景に，集団全体は自らが意思決定にコミットすることを回避

し，それがもたらす不安を目立ってしまった個人に投影する。そこに生じる緊張は，その個人を攻撃することで解消されるのであるが，それは「問題のある個人が集団に迷惑をかけているのを指導し教育する」という集団の側の躁的な空想に支配されて行われるので，そこに巻き込まれた集団の一般のメンバーが不安や葛藤を意識化できることは少ない。それは，決して真実ではなく，ナルシシスティックな空想の活発な働きである。その空想を通じて，特定の個人を飲み込もうとし続ける集団の躁的な対象関係が維持されていく。個人が集団のスケープゴートにされる。このような問題に介入することを可能にするのは，精神分析が示す倫理だろう。「集団・コミュニティのまとまりを維持する」という道徳に逆らい，集団が個人の人格を認めずに飲み込んでしまった関係性を解釈することは，解釈を行う分析家もまた，「不道徳なことを語る人」として，集団から非難される危険性をともなう。そのような行動を可能にするものとして，精神分析の倫理が働くことは可能である。

2. ナルシシズムの逆転と，鼻血の話題をめぐる葛藤

　福島への移住を決める少し前から移住後の数年間，筆者は頻繁に怒っていた。前節に述べた精神科病院での保護室の常連患者の扱いについて，私が発言し行動したことが，他のスタッフによってコンテインされず，自分自身を含めて分裂排除されているように感じていたからだ。そして「日本的ナルシシズム」をめぐる筆者の葛藤も，ワークスルーされていなかった。その流れの中で，原発事故後に起きたさまざまな出来事は，日本社会が「原子力ムラ」に飲み込まれ，それぞれのローカルなコミュニティや個人を支配して搾取している構造の現われであるように感じられた。そして自分自身もその構造を維持する側に飲み込まれていて，その搾取の結果がもたらす豊かさを享受する人間の一人であるという超自我の声を真剣に聞き，強い罪責感にとらわれたこともしばしばだった。移住を決意した時には，「東京で豊かな生活を続ける訳にはいかない」という自罰の感情も働いていたと思う。

　そのようにして高まった内的な緊張は，それを発散する場を求めてしまう。「原子力ムラ」に強く関わると思える人や組織，また，このような葛藤に関わることを回避し続けるように見えた多くの日本人に対して強い不満や怒りを感じ，その人々を「『日本的ナルシシズム』にとらわれている」と非難し続ける

ようになってしまった。つまり，筆者自身が，別の形のナルシシズムにとらわれていた。

　このような状況に冷や水をかけてくれた事柄が，二つあった。一つは，事故を起こした東京電力福島第一原子力発電所の廃炉作業に対応するために，自らの危険も顧みずに厳しい状況で働き続けてくれた人々の存在を知ったことだった。筆者の中で，「原子力ムラ」と「高度の技術と経験を持つ関係者の努力に支えられた，日本社会が誇るべきインフラとしての原子力発電」の分裂が緩和されていった。

　もう一つは，原発事故後に行われた放射線被ばくの影響を評価する研究を身近に知り，それが十分に科学的な手法で実施されたものであり，2011 年の事故に関して，放射線被ばくによる直接的な健康被害は極めて軽微であると納得できたことだった。もちろんこれは，避難などの生活環境の変化による間接的な健康被害の甚大さを含めた，他の問題点を否定する主張ではない。そのようなことを考えるようになっていた 2014 年，ある人気マンガで「福島県で鼻血を訴える患者が増えている」という主張がなされたことを知り，狼狽と怒りを感じた。鼻血は非特異的な反応として心身へのストレスとして容易に生じるものである。それを取り上げて放射線被ばくの直接的な影響が実は地域で蔓延しており，かつ，それが隠蔽されているという主張が行われたことを，すでに南相馬市のコミュニティの中で復興を目指しつつ 2 年間の時を過ごした段階の筆者は，地元の地域に対する不当な攻撃が行われたことのように感じた。このマンガにはさまざまな反応があったが，私も「鼻血と日本的ナルシシズム」という一文をインターネット上に発表し，「一つのナルシシズムを別の形のナルシシズムに逆転させるだけでは，本当の意味での問題解決につながらない」と主張した（堀，2019）。その後に私は一部の反原発運動を批判する傾向を強めたが，そのような筆者の姿勢を見て，精神分析的な志向を持つ治療者を含めた，数人のリベラルな立場を自認する友人や知人との関係は疎遠となった。しかし「原子力ムラ」といった表現に認められるような存在に悪を全面的に投影し，それに強い攻撃的な姿勢を続けることは，本当に精神分析の倫理にかなったことなのだろうか。

　原発についての推進派と反対派の論争は，それぞれがナルシシスティックに退行し，good と bad が分裂した闘争－逃走の基底的想定にとらわれながら，

214 第Ⅲ部 コミュニティとトラウマ——いじめ，犯罪被害，災害

相手より道徳的優位に立って飲み込もうとするか，それができなければ回避する形に終始してしまう傾向が続いている。私自身もその中に巻き込まれ，自分の時間と労力のほとんどすべてをそこに投入することで，道徳的な面を含んだ優位性を確保することを空想し，自らがナルシシスティックに退行していることを予感しながらもそれに抗えない時期が長く続いた。

3. 結語

筆者にとって，ナルシシスティックな退行からの回復の大きな助けになったのは，実際の臨床活動に従事し続けたことだった。症例1と症例2は，伝統的なコミュニティの価値について，改めて気づかせてくれた。症例3の治療を担当している時には，しばしば筆者自身の問題について直面させられているような逆転移が生じた。

しかし症例3の震災時の貢献は，筆者の同一化をめぐる空想を大きく超えた偉大な達成だった。そのことについて尊敬する気持ちを通じて，通常の道徳を重んじつつ社会的な立場を通じてコミュニティへの貢献を行うことの価値を再認識することができた。症例4とその関係者は本当に勇気のある立派な人々である。旧来の価値観に拘束された環境の中で苦闘しつつも，それにコミットメントを続けながら，少しずつ個人としての自由が達成される領域を広げることが可能であることを示してくれた。

本稿を終えるに当たり，今回の患者と関係者の方々，それのみならず東日本大震災と原発事故の影響を受けたすべての人々が示した勇敢で忍耐強い活動に，尊敬と感謝の意を表する。

⊙文献

Bion, W.R.（1969）Experiences in Groups and Other Papers. 1st Edition. London: Routledge.（ハフシ・メッド＝監訳　黒崎優美・小畑千晴・田村早紀＝訳（2016）集団の経験——ビオンの精神分析的集団論．金剛出版）

Foa, E.B., Hembree, E.A., & Rothbaum, B.O.（2007）Prolonged Exposure Therapy for PTSD: Emotional Processing of Traumatic Experiences, Therapist Guide. New York: Oxford University Press.（金吉晴・小西聖子＝監訳（2009）PTSDの持続エクスポージャー療法——トラウマ体験の情動処理のために．星和書店）

Foa, E.B., Yadin, E., & Lichner, T.K.（2012）Exposure and Response（Ritual）Prevention for Obsessive-Compulsive Disorder: Therapist Guide. 2nd Edition. New York: Oxford University Press.（松永寿人・中尾智博・金吉晴＝監訳（2024）強迫症治療マニュアル――エクスポージャーと反応（儀式）防止法：治療者用ガイドとワークブック．金剛出版）

復興庁（2024）東日本大震災における震災関連死の死者数（令和5年12月31日現在調査結果）．https://www.reconstruction.go.jp/topics/main-cat2/sub-cat2-6/20240301_kanrenshi.pdf（2024年7月29日閲覧）

Garland, C.（1998）Understanding Trauma: A Psychoanalytical Approach. London: Routledge.（松木邦裕＝監訳（2011）トラウマを理解する――対象関係論に基づく臨床アプローチ．岩崎学術出版）

Gotoh, D., Kunii, Y., Terui, T., et al.（2021）Markedly higher mortality among psychiatric inpatients mandatorily evacuated after the Fukushima Daiichi Nuclear Power Plant accident. Psychiatry Clin Neurosci., 75（1）; 29-30. doi: 10.1111/pcn.13158. Epub 2020 Oct 12. PMID: 32981195.

Herman, J.L.（1992）Trauma and Recovery. New York: Basic Books.（中井久夫＝訳（1999）心的外傷と回復．みすず書房）

Hori, A., Morita, T., Yoshida, I., et al.（2018）Enhancement of PTSD treatment through social support in Idobata-Nagaya community housing after Fukushima's triple disaster. BMJ Case Rep. Jun 19;2018. doi: 10.1136/bcr-2018-224935. PMID: 29925557; PMCID: PMC6011534.

Hori, A.（2020）Coming to terms with Fukushima disaster-related trauma and earlier trauma by constructing a new identity. About a case. Radioprotection, 55（4）; 283–290.

Hori, A., Ozaki, A., Murakami, M., et al.（2020）Development of behavior abnormalities in a patient prevented from returning home after evacuation following the Fukushima nuclear disaster: Case report. Disaster Med Public Health Prep. Jul 24:1-4. doi: 10.1017/dmp.2020.158.

Hori, A., Takebayashi, Y., Tsubokura, M., et al.（2020）PTSD and bipolar II disorder in Fukushima disaster relief workers after the 2011 nuclear accident. BMJ Case Rep. Sep 17; 13（9）．doi: 10.1136/bcr-2020-236725. PMID: 32943446; PMCID: PMC7500185.

堀有伸（2011）うつ病と日本的ナルシシズム．臨床精神病理，32（2）; 95-117.

堀有伸（2015）Tellenbach, H. の『メランコリー』の再構成．臨床精神病理，36（2）; 195-200.

堀有伸（2016）日本的ナルシシズムの罪．新潮社．

堀有伸（2016）福島県相双地区の文化と原子力発電所事故．こころと文化，15（1）; 50-58.

堀有伸（2019）荒野の精神医学――福島原発事故と日本的ナルシシズム．遠見書房．

Ikeda, A., Tanigawa, T., Charvat, H., et al.（2017）Longitudinal effects of disaster-related experiences on mental health among Fukushima nuclear plant workers: The Fukushima NEWS Project Study. Psychological Medicine, 47（11）; 1936-1946.

経済産業省（2019）避難指示区域の概念図（2020年3月10日時点）．https://www.meti.go.jp/earthquake/nuclear/kinkyu/hinanshiji/2020

北山修（1989）自虐的世話役について．精神分析研究，33（2）; 93-101.

Klein, M.（1935）A contribution to the psychogenesis of manic-depressive states. International Journal of Psycho-Analysis, 16; 145-174.

Maeda, M., Ueda, Y., Nagai, M., et al.（2016）Diagnostic interview study of the prevalence of depression among public employees engaged in long-term relief work in Fukushima. Psychiatry and Clinical Neurosciences, 70; 413-420.

Maly, E. (2018) Housing recovery and displacement from Fukushima: Five years post-nuclear meltdown. In: Santiago-Fandino, V., Sato, S., Maki, N., et al, eds. The 2011 Japan Earthquake and Tsunami: Reconstruction and Restoration. Cham, Switzerland: Springer International Publishing, 205-225.

南相馬市（2021）東日本大震災記録誌——100年後へ届ける記録．ぎょうせい東北支社．

日本経済新聞（2012）避難区域で男性が自殺か福島・南相馬．https://www.nikkei.com/article/DGXNZO42498590S2A610C1CC0000/（2024年7月29日閲覧）

Nomura, S., Blangiardo, M., Tsubokura, M., et al. (2016) Post-nuclear disaster evacuation and survival amongst elderly people in Fukushima: a comparative analysis between evacuees and non-evacuees. Prev Med, 82; 77-82.

Orui, M., Suzuki, Y., Maeda, M., et al. (2018) Suicide rates in evacuation areas after the Fukushima Daiichi nuclear disaster. Crisis, 39 (5) : 353-363. doi: 10.1027/0227-5910/a000509. Epub 2018 Apr 5. PMID: 29618266; PMCID: PMC6263751.

Resick, P.A., Monson, C.M., & Chard, K.M. (2017) Cognitive Processing Therapy for PTSD: A Comprehensive Manual. New York: Guilford Press.

Sekiguchi, T., Hagiwara, Y., Sugawara, Y., et al. (2019) Moving from prefabricated temporary housing to public reconstruction housing and social isolation after the Great East Japan Earthquake: a longitudinal study using propensity score matching. BMJ Open, 9(3). doi: 10.1136/bmjopen-2018-026354. Erratum in: BMJ Open. 2019 May 9; 9 (5).

総務庁消防省（2021）令和3年消防白書：資料1：東日本大震災における都道府県別死者数等及び住家被害等．https://www.fdma.go.jp/publication/hakusho/r3/data/64039.html（2024年7月29日閲覧）

Tanigawa, K., Hosoi, Y., Hirohashi, N., et al. (2012) Loss of life after evacuation: lessons learned from the Fukushima accident. Lancet, 379 (9819) :889-91.

Takebayashi, Y., Hoshino, H., Kunii, Y., et al. (2020) Characteristics of disaster-related suicide in Fukushima prefecture after the nuclear accident. Crisis, 41 (6) : 475-482. doi: 10.1027/0227-5910/a000679. Epub 2020 Mar 6. PMID: 32141328.

用語集

［精神分析関連］

（平井正三）

投影同一化

クラインが妄想・分裂ポジションでの防衛の一つとして記述した概念。クラインが用いた意味は，自己の中の悪い部分を対象の中に投げ入れるという万能感空想であった。悪い部分を投げ入れられた対象は実際に悪い対象そのものになったと感じられるという意味でそれは通常の空想とは区別され，万能感空想と理解される。その後，投影同一化は悪い部分だけではなくよい部分も投影されること，そして対象の見方だけでなく自己感も変容していくとされた。

このようにクラインのこの語の使用法では，あくまで主体の空想の内容を指しており，実際に主体が関わる他者に影響を与えているかどうかは問題にされていなかった。しかし，クラインの後継者の一人であるビオンは，クラインのこの用語の意味を大幅に拡張し，実際に他者に影響を与える事態を指すようになった。すなわち，主体が，耐えられないもしくは抱えたくない感情を他者の中に喚起する過程を意味し，これは**コンテイナーーコンテインド**概念につながっていく。さらに，主体が，自分自身の中にある対象や自己の一部を他者に担わせるような過程も指し，それは**実演**の概念と関連する。投影同一化概念はクライン派を超えて，広く現代精神分析において用いられているがそれは主にこのビオンが拡張した意味である。

コンテイナーーコンテインド（容器と内容：♀♂）

ビオンの概念。その原型は以下に述べる一連の乳児と養育者とのやりとりである。乳児は自身の中に起こる耐えがたく，名付けられない感情（**β要素**）を養育者に投げ入れる（**投影同一化**）。養育者は乳児から受け取った感情を名付

け耐えうるもの（α要素）に変容（α機能）させて返していき，乳児はこれを受け取る。こうしたやりとりを繰り返していくことで，乳児は自身の中に生じる感情を感じ，考えられるようになる（α機能の内在化）。この一連のやりとりを通じて，乳児は自力で考えることのできる力を培っていく。このとき，乳児の感情を「コンテインド」，それを受け止め包容する養育者の心を「コンテイナー」とビオンは抽象化し，前者を♂，後者を♀と表記した。♀♂過程総体をコンテインメントと呼ぶこともある。これは経験を消化する過程ともいえる。

　コンテイナー－コンテインド関係，もしくはコンテインメントの理論は，現代精神分析における治療作用の最重要の理解を構成している。そして，人が，トラウマ経験を典型とする耐えがたい感情を人と分かち合うことで考えられうるものになる可能性も示唆している。

コンテインメント

　耐え難い感情はコンテインされることで耐えうる感情，そして考えられ，語りうる感情に変容しうるが，それは必ずしも，ある人が耐えられない感情（コンテインド）を別の誰かがコンテインする（コンテイナーとなる）ことで達成されるとは限らない。両者の協働関係かもしれないし，両者をさらにコンテインするまわりの人とのつながりや集団が果たす役割も大きいかもしれない。このようにある耐えがたい感情（や関係性）がコンテインされる過程総体をコンテインメントと呼ぶ場合がある。これは経験の消化過程でもある。

α機能

　ビオンの用語。彼の考えでは，経験はまず感覚そのもの（β要素と呼ばれる）であり，心的要素ではなく，心的要素であるα要素に変形される必要がある。それを彼はα機能と呼んだ。乳児は当初このα機能を持たず，心の中で生じる生の感情，すなわちβ要素を養育者に投影する。養育者は乳児のβ要素を受け取り，α機能を通じてそれをα要素，すなわち考えることができ，感じることのできるものに変形し，乳児に返す。このやりとりを通じて，乳児はα機能を内在化していき，自分で経験を消化して考え感じられるようになる。それは象徴化の過程でもある。

β要素

ビオンの用語。経験によって生み出される要素を指し，感覚そのものであり，まだ心的要素になっていない。経験のまだ消化されていない要素ともいえる。それは，**α機能**により**α要素**に変形され，心理化もしくは**象徴化**されない場合，感じたり考えたりすることできず，他者にそれを喚起する（**投影同一化**）か，集団行動の中で解消するか，身体過程となり心身症化するかである。

α要素

経験から生じる生の要素である β 要素は α 機能を通じて，考えられ，感じられる要素である α 要素に変形される。ビオンによれば，α 要素はまとまっていき，意識と無意識を分かちつつ接触を維持する接触－障壁を形成する。それは夢思考でもあり，人が経験を心に留め考え話し合う際の起点となる。ここでいう夢思考は，覚醒時にも生じているものであり，その際は主に無意識的である。それは，一般に語りとして知られているものに相当する。夢思考は，抽象化されて前概念や概念などに変形され得る。

象徴化

経験はそのままでは他者と共有しえないし，また考えることもできない。それは象徴化されることで他者と分かち合い，そして考えることができる。それは言語表現かもしれないし，絵画や音楽など芸術表現でもあるかもしれない。精神分析の歴史において，象徴化の過程を最初に重視した分析家の一人がクラインである。クラインは，**対象**関係を通じて象徴化の能力が発達すると考えた。この着想を大きく展開させたのがビオンの**コンテインメント**の理論である。

対象

精神分析では，自己が関わる他者もしくは他者の一部を対象と呼ぶ。実際にいる他者のことを外的対象と呼び，自己の内部にいると感じられている対象を内的対象と呼ぶ。フロイトは，幼児期の両親対象は内在化されて，**超自我**を形成するとしている。クラインは，よい母性的対象は内在化され，自己を支える核となるとしている。内的対象は，外的対象に投影され，**転移**を形成する。

超自我

心の中にあり，「私」を監視したり，命令したりする道徳的な側面を司る部分を指す。フロイトは，両親対象が内在化されることで形成されるとした。子ども自身の破壊性が両親対象に投影されると，超自我は非常に懲罰的で子どもを苦しめるものとなる。他方，虐待する親が内在化される場合も非常に懲罰的な超自我が形成されうる。

実演

分析的心理療法において，クライエントが過去に経験した親子関係と同様のパターンの関係性が治療関係において具現化されることを指す。それは，クライエントの中に内在化された対象関係がセラピストに投影同一化され，セラピストがそれをコンテインできず，行動化することで生じると現代クライン派においては理解されている。しかし，関係精神分析においては，そのような一方向的な理解は不適切であり，実演にはつねにセラピストの要因があること，そして実演はむしろ必然であり，実演を通じて考えていくことこそ治療の営みであると総じて理解される。

接触－障壁

ビオンの考えでは，経験は α 機能により消化され，接触－障壁を形成する。すなわち，それは意識できることと意識できないことに分化されるとともに両者の間のつながりも維持される。接触－障壁は夢思考でもあり，語りとして他者と共有可能なものでもある。

接触－障壁が形成されるということは，経験が消化されつつあることを意味する。反復され続けるトラウマ経験は，消化されていくと，接触－障壁を形成し，語られることと語られないこと，意識されることと意識されないことに分化されていくと考えられる。

性的誘惑説

催眠を用いてトラウマ経験を想起して語ることで症状を除去できるという，ヨゼフ・ブロイアー（Joseph Breuer）によるカタルシス法の発見に導かれて，フロイトは，ヒステリー患者を治療していく中で，多くが幼児期に性的な接

触を大人としていることがそのトラウマの中核にあることに気づいていく。今日ではこれは性的虐待とみなすことができるが，1897年の時点でフロイトは性的虐待こそ神経症の病因であると論じるようになった。これは精神分析の理論史では「性的誘惑説」と呼ばれ，精神分析以前の学説であるとされる。性的誘惑説は当時の医学会での評判は良くないうえに，フロイト自身その信憑性を疑い始め，ほどなくして，別の方向性での探求を始め，それは1900年の『夢解釈』に結実する。そこでは，実際に起こった出来事よりも，心的現実や幼児性欲が強調されるようになり，一般にこれが精神分析のはじまりと理解されている。この性的誘惑説の撤回は，20世紀後半にジュディス・ハーマン（Judith Herman）によって，性的虐待の事実とその有害性を見えなくさせたと批判されることになる。

転移

フロイトは，神経症は親子関係における未解決の葛藤から生じると考えた。そのような葛藤は抑圧され意識化されず症状を形成する。ゆえにそのような**抑圧**された無意識の葛藤を意識化すれば症状はなくなると当初考えた。しかし，実際の分析実践の中で，そのような無意識的葛藤を孕む親子関係は，治療関係の中で患者の分析家への見方や関わり方として現れることが見出された。すなわち親子関係から治療関係への転移されるのである。フロイトはこれを転移神経症と呼び，転移神経症を解明してそれを解釈して意識化することでそれは解消され，結果的に神経症も治癒されると論じるようになった。

その後，クラインの対象関係論においては，転移は，患者の内的対象が，外的対象である分析家に投影（同一化）される事象を指すようになった。

逆転移

当初，逆転移は，分析状況で，分析家やセラピストに生じる未解決の葛藤，神経症的反応を指していた。しかし，転移が，分析状況において，患者の内的対象が分析家に投影同一化されることを指すようになるとともに，このような投影同一化を受け止める中で，分析家もさまざまな感情を喚起されていくという事実に分析家の関心は向いていった。そして分析状況において分析家に喚起される感情全般，分析家の反応全般を逆転移として捉えるようになった。逆転

に持ちこたえ，それについて考えていくことが患者を理解するうえで必須であるとともに，治療的行為の中核を占めることがビオンのコンテインメント理論によって明確にされた。

病理的組織化

現代クライン派により用いられるジョン・スタイナー（John Steiner）の概念。分析状況において分析家との情緒的接触が困難であり，膠着状態を作りがちなパーソナリティのあり方を指す。他者や社会との交流の仕方が非常に制限されるような仕方で防衛が組織化（自己愛的組織化）されていることがその特徴であり，クラインの言う抑うつポジションでも妄想・分裂ポジションでもない「心的退避」状態にとどまっているとスタイナーは論じている。他者や社会との生きた交流が閉ざされることでそれは病理的作用を持っていると考えられ，そこでは羨望が重要な役割を果たすとされている。しかしながら，このような特徴を呈する患者の背景にはしばしば幼少期のトラウマ経験があることも指摘されている。

付着同一化

エスター・ビック（Esther Bick）により提唱された概念。自閉症をもつ子どもなどは，投影を受け止めることのできる3次元的な対象を心に抱くことはできず，表層だけの対象世界にいるので，対象とのつながりがくっつくこと，すなわち付着することしかできない。このような形の対象とのつながりが付着同一化である。これは自閉症を持つ子どもにおいて典型的に現れるが，虐待環境で育った子どもにもみられる。それは，そうした逆境を生き延びるために表層的なあり方を防衛的に作り上げている場合である。

投影

主体の一部を対象に見出す動きを指す。クラインは対象関係論では，乳幼児は養育者との間で投影と摂取のやりとりを繰り返すことで心の中の対象，内的対象，ひいては自己を豊かにしていく。分析状況は，投影の機会を患者に提供し，それは転移現象を生じさせる。

摂取

対象もしくはその一部ないしはその特性を自分の内部に取り入れることを指す。それは対象との関わりから学んでいき，成長できることでもある。**投影**と摂取を通じて，主体はいわば新陳代謝されていくと考えられる。分析状況で，分析家やセラピストの人となりやその特性を摂取できることが治療の焦点となる。

喪の過程

喪は，重要な他者と死別するなどの喪失経験を指し，喪失よるショック状態から回復までの心的過程を喪の過程と呼ぶ。精神分析では，フロイトは「喪とメランコリー」において注目し，メランコリーすなわち病的抑うつ状態は，喪の過程の失敗であるとした。その後，精神分析では必ずしも思い通りにならない現実を受け入れることに伴う重要な過程，すなわち現実受容の過程であるとみなされるようになった。現実にはトラウマの現実も含まれる。

クラインは，喪の過程を抑うつポジションとの関連で論じている。そして，それは，単に回復するだけではなく，償いの欲求により創造的になりうる面があることを指摘している。

妄想・分裂ポジション

クラインにより提唱された心の状態であり，生後数カ月に顕著になる原始的なものであるが生涯にわたって現れうる。自己と対象はそれぞれよい自己とよい対象，悪い自己と悪い対象に**分裂**されている。この状態においては，自己と対象は**理想化**されてとても理想的な状態にあるときと，自己は迫害的対象に脅かされていると感じている状態という極端な状態を行き来する。このポジションでは，自己の主観的判断で対象をよいと悪いに分裂させてしまっているという点で現実をありのままに見ることができていない状態であるともいえる。

抑うつポジション

クラインによって提唱された心の状態であり，生後6カ月くらいから現れ始める。それまでよい対象と悪い対象に分裂されていた対象が同じ対象であるという現実に気づき始める。そうした気づきは，理想化された対象と自己という錯覚の喪失を意味し，喪の過程を引き起こす。抑うつポジションにおいて生じるこの

喪失の不安や痛みへの防衛として，主に**否認**に基づく**躁的防衛**が挙げられる。

理想化

　主に妄想・分裂ポジションにおいて用いられる防衛である。対象や自己の悪い面を分裂もしくは否認してよい面を過度に強調している状態である。通常は，迫害的に感じていることが隠されている。虐待的環境などで育った子どもの場合，理想化は生き残るために「よい対象が存在する」という錯覚にしがみつくやり方であるかもしれない。

分裂

　クラインは，対象や自己の悪い面をよい面と切り離すこと，すなわち分裂させることが発達にとって非常に重要な動きであると考えた。しかし，同時にそれは現実の中の不快な面をどんどん切り取っていくだけではなく，現実に気づく自我の一部を切り取っていくことにつながればそれは病理的なものとなる。

　クライン派では，主体が能動的に現実の気づきを分裂させることを主に扱ってきており，より受け身的な分裂として理解される解離現象はあまり問題にされてこなかったように思われる。概念的にはクライン派における分裂概念においては，分裂の責任は主体に帰属するのに対して，解離においてはその責任は必ずしも主体に帰属させることはできず，トラウマ経験やその想起に誘発されていることを無視することは難しい。

否認

　不都合もしくは苦痛な現実を認めない防衛を指す。しばしば，否認は解離と密接に関わり，解離そのものの場合もある。否認は躁的防衛の一部の場合がある。

躁的防衛

　心的苦痛を認めない防衛であり，抑うつポジションにおいて典型的に用いられるが，迫害不安など妄想・分裂ポジションにおいても用いられる場合もある。苦痛の否認とともに，優越感を伴う。当初は苦痛な経験に対処するために用いられるものの慢性的に使用するようになりパーソナリティ特性になる場合もある。

虐待者への同一化

フェレンツィによって提唱された概念である。虐待を受けた子どもは，被虐待という耐え難い苦痛な経験をしている無力な自分であり続けることは難しく，強力であり，苦痛を被るよりも与える側である虐待者に同一化する傾向がある。これは，被虐待の子どもが長じて虐待者や加害者になる傾向があることだけでなく，被虐待の子どもとの分析的心理療法において，セラピストが子どもによって脅かされていると感じてしまう状況が生じることも説明する。

［トラウマ関連］

（櫻井 鼓）

犯罪被害者等基本法

犯罪被害者等の団体による働きかけなどにより，2004 年に議員立法として成立した。わが国における犯罪被害者等施策の原点ともいうべき法律である。この法律において，「犯罪被害者等」とは「犯罪等により害を被った者及びその家族又は遺族」のことを指すとされ，国や地方公共団体は，これらの犯罪被害者等に対してさまざまな施策を講じる責務のあることなどが定められている。

いじめ

わが国でいじめが社会的に広く議論されるようになったのは 1980 年代からであり，2013 年には，教育現場での課題であったいじめ対策に特化した，わが国初めての法律「いじめ防止対策推進法」が成立した。いじめの定義は時代とともに変遷しているが，いじめ防止対策推進法では，第 2 条に「児童等に対して，当該児童等が在籍する学校に在籍している等当該児童等と一定の人的関係にある他の児童等が行う心理的又は物理的な影響を与える行為（インターネットを通じて行われるものを含む。）であって，当該行為の対象となった児童等が心身の苦痛を感じているもの」と示されている。

児童虐待

「児童虐待の防止等に関する法律」における「児童」とは 18 歳未満の者を指

し，法第2条において，児童虐待は，「身体的虐待」（例：殴る，蹴る），「性的虐待」（例：子どもへの性的行為，性的行為を見せる），「ネグレクト」（例：家に閉じ込める，食事を与えない），「心理的虐待」（例：言葉による脅し，無視）の四つに分類されている。子どもの目の前で家族に暴力をふるう，いわゆる面前DVは心理的虐待に含まれる。2022年度に児童相談所が対応した件数では，心理的虐待が全体の59.6%を占め，最も多かったことが報告されている。

心的外傷後ストレス症（Posttraumatic Stress Disorder：PTSD）

アメリカのベトナム帰還兵の精神的問題をきっかけとして，1980年にアメリカ精神医学会刊行のDSM-Ⅲ（精神障害の診断と分類の手引）に収載された。2022年に刊行されたDSM-5-TRによると，トラウマ出来事を経験した後に，侵入・回避・認知と気分の陰性の変化・過覚醒症状の四つの中核症状が1カ月以上持続する場合に診断される。

複雑性心的外傷後ストレス症（Complex PTSD：CPTSD）

ハーマン（Herman, J.）によって提唱され，ICD-11で公式診断として収載された。児童期の虐待などによる影響を捉えるために提案された診断であるが，出来事基準はPTSDと同一である。PTSDの主要症状に加え，自己組織化の障害に関する症状を満たすことが必要である。

持続性不動状態（Tonic Immobility：TI）

恐怖が強く，避けられない状況に陥ったときに，足がすくんでしまい動けなくなる状態のことで，ヒト以外の動物にも生じるとされる。近年では，トラウマ体験の最中に起こり得る状態についての研究が進み，被害に遭った人が抵抗できないのは，TIに陥るためであることなどが知られるようになってきている。

⦿文献

厚生労働省　令和4年度福祉行政報告例（児童福祉関係の一部）の概況. Retrieved from https://www.mhlw.go.jp/toukei/saikin/hw/gyousei/222/index.html（2024年11月25日閲覧）

あとがき

　本書の刊行は，2021年に開催された日本精神分析的心理療法フォーラム大会において，「心理療法で語られるトラウマの物語」と題する大会企画分科会を企画した櫻井鼓氏が提案し，私（平井）が共同編者として加わる形で進められた。この3年程前の2018年には，日本精神分析学会において「精神分析におけるトラウマ」というテーマのシンポジウムが開催されている。本書の第4章と第5章，そして第8章は，それらの機会に私および櫻井氏が発表した論考に基づいている。

　本書のいくつかの箇所で触れられているが，わが国で，トラウマの問題について社会的注目が集まり，臨床家たちが本格的な臨床研究をし始めたのは，1995年の阪神・淡路大震災以降と思われる。しかし，わが国の精神分析コミュニティがトラウマの問題を学会のシンポジウムなどで取り上げるようになったのは上記のようにごく最近である。ここ数年，本書以外にも，精神分析の観点からトラウマの問題を論じた本が，相次いで刊行されている。

　第1章で福本氏が指摘しているように，精神分析はいわばトラウマ問題の発見に大きく貢献してきたはずであり，概ね初期の精神分析はトラウマとその治療という枠組みで理解されていた。にもかかわらず，このような後れを取ってしまったのはなぜなのだろうか？

　それにはさまざまな理由が挙げられるだろう。第3章で私が指摘したように，トラウマの問題の特徴の一つは，社会的，政治的側面が大きいというものである。トラウマは，私たちが持つ，世界や自分自身について考えを揺るがせてしまう。したがって，社会は，そうしたトラウマやそれを被った人々の存在を隔離し，その存在をないものにしようとしがちである。このように，トラウマの問題は，トラウマの被害者が社会の中でどう位置づけられるかということと密接に関わる。第8章のBさんの夢のように，犯人（トラウマ経験）は過小に評価され，袋に詰め込まれ，見えなくさせられるのかもしれない。こうした傾

向はおそらく世界共通の普遍的なものであると思われるが。第9章で堀氏が指摘している日本的ナルシシズムではとりわけ強い傾向があるのかもしれない。これはどこかで第7章で上田氏が述べている，排除の論理としてのいじめの構造に通じるところがあるのかもしれない。

このようにトラウマの問題は，社会との関係で個人を考えることなしに扱えないのであるが，これまでの精神分析はまさしく個人中心で個別面接主体の思考に傾きすぎていたのかもしれない。それにより，トラウマの問題が見えなくなってしまっていたかもしれないし，またうまく扱えないできたのかもしれない。

第6章で西村氏が，最近の英国での子どもの精神分析的心理療法においては専門家のネットワークを通じて抱えていくことが強調されてきていることを指摘している。実際のところ，トラウマの問題は，ある特定の「クライエント」や「患者」に限定されるものでもなく，専門家自体が何らかの形で，例えば第2章で森氏が述べている「知らない出来事」の影響を受けているのかもしれない。よく考えれば，震災，事故，犯罪，戦争，虐待など，トラウマ経験となりうるものを挙げていけば，家族や親戚が全く無傷な人は殆どいないのではないかと思われる。

精神分析の言説，特に臨床研究は，それ以外の研究や実践とは異質に思える，独自の視界を私たちに提供してくれるように思われる。第4章や第5章で私が述べたクライエントたちは，この世界の中に受け入れられることをめぐる大きな困難を持つことを示している。彼らは「私たちの世界」の外側に疎外されているか，防壁もなくさらされているように思われる。第6章のマホは，私たち大人，主流派を愚かな，すなわち思慮を欠く対象と見ていることが，心理療法を通じて露わになっている。と同時に，マホはそうした対象に，主体性の芽を潰され続けてきたようにも見える。彼女の見る世界では，彼女という存在が育っていくことを望まない，愚かな人で満ちているのかもしれない。

このように個人の主観的経験世界を深く理解しようとする実践が精神分析の強みであることには変わりはないだろう。しかし，トラウマの問題はその限界と盲点を露にもしている。精神分析は，トラウマの問題から，そして関連諸分野の知恵から多くを学ぶ謙虚さがもっと必要なのかもしれない。

本書は企画から刊行まで，当初想定していたよりも長い期間を要してしまった。この間，辛抱強く見守っていただき，本書が日の目を見る作業を一手に引き受けていただいた金剛出版の弓手正樹氏には多大の感謝の意を表したい。

　私たちが，トラウマ経験をした人たちを排除するのではなく，ともに生きていくためには，思慮深さを育んでいく必要があるのかもしれない。本書がそのためのささやかな貢献になることを願う。

2024 年師走

平井正三

⦿編著者略歴

平井正三（ひらい・しょうぞう）

1994年京都大学大学院教育学研究科博士後期課程研究指導認定退学。タヴィストック・クリニック児童家庭部門に留学し，1997年タヴィストック・クリニック児童心理療法士資格取得。現職は，御池心理療法センター代表，認定NPO法人子どもの心理療法支援会（サポチル）理事長，精神分析的サイコセラピーインスティチュート・大阪（IPPO）会長，日本精神分析的心理療法フォーラム理事，大阪経済大学客員教授。主な著訳書に，『精神分析的心理療法と象徴化―コンテインメントをめぐる臨床思考』（岩崎学術出版社，2011），『精神分析の学びと深まり―内省と観察が支える心理臨床』（岩崎学術出版社，2014），『新訂増補 子どもの精神分析的心理療法の経験』（金剛出版，2015），『意識性の臨床科学としての精神分析―ポスト・クライン派の視座』（金剛出版，2020），『自閉症世界の探求―精神分析的研究より』（監訳，金剛出版，2014）などがある。

櫻井　鼓（さくらい・つつみ）

東京学芸大学大学院連合学校 博士課程修了 博士（教育学）。警察庁犯罪被害者支援室，神奈川県警察本部被害者支援室及び少年相談・保護センターを経て，現職は，追手門学院大学心理学部 教授。主な著訳書に，『性暴力被害者への支援―臨床実践の現場から』（共編著，誠信書房，2016），『犯罪心理学事典』（共著，丸善出版，2016），『SNSと性被害―理解と効果的な支援のために』（編著，誠信書房，2024），『「だれにも言っちゃだめだよ」に従ってしまう子どもたち』（単著，WAVE出版，2024），『精神分析的心理療法におけるコンサルテーション面接』（訳，金剛出版，2019）などがある。

⦿執筆者一覧（掲載順）

福本　修（代官山心理・分析オフィス）

森　茂起（甲南大学）

平井正三（御池心理療法センター）

西村理晃（19 Bloomsbury Square Psychoanalysis and Psychotherapy）

吉岡彩子（御池心理療法センター／認定NPO法人 子どもの心理療法支援会）

上田順一（横浜思春期問題研究所）

櫻井　鼓（追手門学院大学）

堀　有伸（ほりメンタルクリニック）

精神分析とトラウマ

クライエントとともに生きる心理療法

2025 年 3 月 15 日　印刷
2025 年 3 月 25 日　発行

編著者　平井正三　櫻井 鼓

発行者　立石正信

発行所　株式会社金剛出版
　　　　〒 112-0005　東京都文京区水道 1-5-16
　　　　電話 03-3815-6661　振替 00120-6-34848

装幀　岩瀬 聡

組版　古口正枝

印刷・製本　シナノ印刷

ISBN978-4-7724-2093-8　C3011　　　　　　　　　©2025 Printed in Japan

JCOPY 〈(社) 出版者著作権管理機構 委託出版物〉
本書の無断複製は著作権法上での例外を除き禁じられています。複製される場合は，そのつど事前に，出版者
著作権管理機構（電話 03-5244-5088，FAX 03-5244-5089，e-mail: info@jcopy.or.jp）の許諾を得てください。

意識性の臨床科学としての精神分析
ポスト・クライン派の視座

［著］＝平井正三

●A5判 ●上製 ●268頁 ●定価 **4,620**円
● ISBN978-4-7724-1761-7 C3011

ビオン、メルツアー、アルヴァレズを読み解きながら、
自分自身を知るための作業である
いきいきとした精神分析実践の姿を描きだしていく。

精神分析的心理療法における
コンサルテーション面接

［著］＝ピーター・ホブソン
［監訳］＝福本 修 ［訳］＝奥山今日子 櫻井 鼓

●A5判 ●並製 ●230頁 ●定価 **4,620**円
● ISBN978-4-7724-1729-7 C3011

タビストック・クリニックにおける精神分析的心理療法の
アセスメントはどのようなプロセスを経ているのかを
平易かつ詳細に解説する。

トラウマの精神分析的アプローチ

［編］＝松木邦裕

●A5判 ●並製 ●288頁 ●定価 **3,960**円
● ISBN978-4-7724-1813-3 C3011

第一線で臨床を実践し続ける精神分析家たちによる
豊富な臨床例を通してトラウマ患者の苦悩・苦痛に触れる
手引きとなる一冊。

価格は10％税込です。